Eduardo Borges

O golpe como método político da elite brasileira

KOTTER EDITORIAL

Coordenação Editorial: Sálvio Nienkötter
Editor Executivo: Fernando Lajus
Editor-adjunto: Claudecir de Oliveira Rocha, Daniel Osiecki
Capa e design editorial: Carlos Garcia Fernandes
Produção: Cristiane Nienkötter
Preparação do original: O Autor

Dados Internacionais de Catalogação na Publicação(CIP)
Angelica Ilacqua CRB-8/7057

Borges, Eduardo
Golpe : o golpe como método político da elite brasileira / Eduardo Borges. -- Curitiba: Kotter Editorial, 2022.
256 p.

Bibliografia
ISBN 978-65-5361-048-4

1. Ciência política 2. Sociologia 3. Brasil – História I. Título

CDD 320

22-0923

Kotter Editorial Ltda.
Rua das Cerejeiras, 194
CEP: 82700-510 - Curitiba - PR
Tel. + 55(41) 3585-5161
www.kotter.com.br | contato@kotter.com.br

Feito o depósito legal
1a Edição
2022

GOLPE

Eduardo Borges

O golpe como método político da elite brasileira

Para Mônica, Caio,
Maria Eduarda e
Fred, meus eternos
companheiros de
viagem, razões maiores
de minha existência.

A FUNÇÃO DO HISTORIADOR
É LEMBRAR A SOCIEDADE
DAQUILO QUE ELA QUER
ESQUECER.

Peter Burke

sumário

Prefácio

Nos últimos noventa anos da história política brasileira, apenas quatro presidentes da república eleitos diretamente pelo voto popular concluíram seus mandatos e passaram o cargo a seus sucessores: Eurico Dutra (1946-1951), Juscelino Kubitschek de Oliveira (1956-1961), Fernando Henrique Cardoso (1995-2003) e Luiz Inácio Lula da Silva (2003-2011). Durante a chamada República Velha, os presidentes completavam seus mandatos sem impedimentos ou derrubadas. Observe-se, porém, que eram eleitos por um reduzidíssimo contingente demográfico, correspondente a aproximadamente 5% da população do país. Essa informação por si só ilustra a conveniência e a relevância, na atualidade brasileira, de uma obra dedicada à exposição e a avaliação dos mais recorrentes fenômenos políticos da história do Brasil contemporâneo: os vários golpes de Estado perpetrados e os esforços bem-sucedidos, estes menos comuns, no sentido de evitá-los.

Ao desenvolver uma rica arqueologia conceitual em torno das noções de golpe e revolução, Eduardo Borges também acentua a fluidez das acepções que lhes podem ser atribuídas. Ademais, salienta que a aplicação desses conceitos à caracterização dos acontecimentos sofre a influência das perspectivas e posicionamentos políticos esposados por testemunhas e estudiosos dos episódios enfocados. Concordando com o conteúdo das elaborações de Borges, é possível ir ao encontro das múltiplas significações que a ideia de golpe adquire no imaginário coletivo. Desse modo, a noção de golpe de Estado costuma se vincular à queda de um governo através de uma ação conspiratória, cujo objetivo é destituir autoridades, controlar instituições e impugnar leis constitucionalmente estabelecidas. Caracteriza-se como civil ou militar, parlamentar ou judicial, agressivo e sangrento ou "pacífico" e suave em sua realização imediata, podendo ainda afigurar-se como um ato abertamente disruptivo ou aparentar legalidade.

O golpe pode ser aplicado por forças que se encontram à margem do poder e pretendem empalmá-lo, além disso pode ser aplicado pelos próprios governantes, visando silenciar e neutralizar as forças oposicionistas e estender sua permanência no poder. Circunstância exemplificada por Borges ao mencionar o "estado de autogolpe" de Arthur Bernardes, estabelecido a partir de 1922.

Em determinadas circunstâncias históricas, o golpe político adquire nitidamente conotações de artimanha, logro e alteração capciosa das regras do jogo presentes no senso comum, por exemplo, no caso do chamado Golpe da Maioridade verificado no período imperial (1840). No entanto, essa mesma acepção pode ser aplicada – como o faz Eduardo Borges – à caracterização de eventos como a manobra parlamentarista contra João Goulart em 1961, a posse de Sarney em 1985 (em lugar da convocação de eleições diretas) e a própria destituição de Dilma Rousseff em 2016. Em contrapartida, na maior parte da tradição brasileira, significou a intervenção de círculos militares, frequentemente associados a setores das elites civis, com o fito de derrubar governos, ou, uma vez instalados no comando do Estado, efetuar o fechamento do parlamento, subverter as regras da sucessão presidencial e instituir um estado de exceção (1937, 1968).

O conceito de golpe também mantém níveis variados de conexão com os conceitos de autogolpe, contragolpe e golpismo.

A palavra autogolpe descreve uma situação na qual os sujeitos, ou sujeito, no exercício do poder organizam e executam uma conspiração para neutralizar a oposição e prolongar sua permanência à frente do Estado. Tal situação foi bem retratada pelo autor, como dito antes, ao abordar o expediente usado pelo presidente Arthur Bernardes em 1922.

Um contragolpe é uma ação, cujo intento é evitar, interromper ou anular um golpe de Estado. Sendo assim, pode ocorrer por meio de expedientes de tipo conspiratório, pela força ou por manipulação dos recursos políticos e institucionais disponíveis de modo a abortar a intentona golpista. Por vezes se dá acionando a intervenção dos setores populares para baldar o golpe e, quiçá, desencadear um processo de transformações democráticas e revolucionárias. Articulando as possibilidades descritas acima, Eduardo Borges usa eficientemente o conceito na descrição da iniciativa adotada pelo General Teixeira Lott para garantir a posse do presidente eleito JK no ano de 1955. Porém, permito-me acrescentar aqui uma indagação: não foi de conteúdo semelhante a mobilização de lideranças civis e militares, que teve à frente o III Exército, aliada a setores populares, para garantir o retorno ao Brasil e a posse de João Goulart em 1961?

A noção de golpismo também merece apreciação. Penso que, de maneira geral, ela pode designar:

1. A propensão para atuar (neste caso, na esfera política, porém aplicável também em outras situações) através de expedientes golpistas. Tentando evitar a tautologia: a expressão pode descrever a disposição de alcançar os objetivos almejados através do uso conspirativo da força ou de manobras casuísticas e fraudulentas.
2. O recurso reiterado das práticas referidas acima.

Neste caso, uma observação se faz necessária não obstante sua aparente obviedade: nem toda propensão golpista se concretiza através da realização de um golpe. Desse modo, um golpe arquitetado, mas não concluído, difere, política e historicamente, daquele que foi levado a cabo – por exemplo, a já mencionada conspiração fracassada para impedir a posse de Goulart em 1961 não tem o mesmo significado histórico que o golpe civil militar vitorioso três anos depois –, isto não torna seus idealizadores e seus eventuais perpetradores menos golpistas do que os que eventualmente triunfaram em seus intentos.

Outro elemento importante merece menção: a competência com que o autor explora o tema crucial da democracia. É perfeitamente legítimo que Eduardo Borges, considerada a natureza desta obra, não tenha desenvolvido extensas digressões terminológicas sobre o conteúdo etimológico da expressão, suas origens históricas, as reinvenções de seu significado ao longo do tempo e as origens históricas das disputas atuais em torno do mesmo. Não obstante, a valiosa recuperação das formulações sobre o conceito e o seu uso no Brasil feita pelo autor nos conduz ao encontro de sua matriz lexical, identificando a conexão entre demos=povo e cratos=poder como gênese do conceito de "governo do povo" ou "poder popular". Ao recuperar esse significado radical – no sentido de retorno à raiz –, teremos à disposição uma ferramenta fundamental para a interpelação crítica tanto das combinações antinômicas a que o conceito tem sido submetido, e que Eduardo recupera ("democracia racionada", "democracia pelo alto"), quanto ao astuto movimento de captura do conceito pela ideologia liberal (democracia indireta, vulgo "representativa"). Aqui, abstraio deliberadamente a tentativa de apropriação feita pelos ideólogos do Estado Novo, talvez a mais espúria, fundada na fórmula "democracia orgânica", de perceptível inspiração corporativista. Eduardo aborda tais questões com acuidade e consistência. Dialogando com referências clássicas das ciências humanas, decodifica com propriedade a "demofobia" política de nossas classes dirigentes, a falta de aderência ao tema da participação popular por parte das elites políticas e mesmo a desidratação do conceito de representação e a seletividade com que conceberam, ao longo da história, o próprio direito de representação.

Penso que um regime político que pretenda corresponder ao significado enunciado no conceito de democracia – capaz de atender as exigências, presumivelmente crescentes e em constante transformação, do exercício do governo pelo povo – não pode conceber tal efetivação exceto sob a forma de um processo. Se nos basearmos nesse tipo de compreensão, o uso do conceito de democracia para caracterizar o sistema político existente no Brasil apresenta todos os motivos para ser problematizado. Perenemente protagonizado e dirigido por uma elite política a serviço das classes dirigentes, hegemonizado por concepções política e socialmente conservadoras e economicamente privatistas, a enunciação da soberania popular não passa de uma mera proclamação formal no texto da Constituição. Teríamos, então, uma institucionalidade representativa de inspiração liberal, cuja efetivação estaria permanentemente submetida aos azares do presidencialismo de coalisão, às distorções de seu sistema eleitoral e às desventuras da judicialização da política, como testemunhamos nos dias atuais.

Por outro lado, se a democracia em seu sentido primordial jamais esteve presente entre nós, tivemos, no entanto, a oportunidade de conhecer momentos de democratização. Esses episódios ocorreram nas conjunturas de decomposição política de regimes autocráticos anteriormente vigentes, como o Estado Novo (1937-1945) e a Ditadura Militar (1964-1985), ou num raro contexto de pressão das classes populares sobre os estreitos limites do sistema representativo seletivo legitimado pela Carta de 46 (1961-1964). Temos, portanto, na história do Brasil, um longo histórico de regimes autoritários alternados com períodos de institucionalidade representativa e intercalados por interregnos de democratização inconclusa, interditados pela recomposição da hegemonia dos setores conservadores e liberais.

Eduardo Borges, nesta obra, nos ajuda a compreender que as mesmas classes dirigentes que meticulosamente obstruem o avanço dos processos democráticos e das transformações estruturais são as grandes inspiradoras, promotoras e beneficiárias dos sucessivos golpes que marcaram nossa história política. Dessa forma, a articulação entre a perenidade do desfrute de sua dominação, a prática dos golpes e a reprodução das formas autocráticas de exercício do poder podem ser analiticamente constatadas. Não lhe escapou ao exame que os responsáveis pela operacionalização de golpes antipopulares e antidemocráticos têm sido, frequentemente, as cúpulas militares, as elites políticas e, mais recentemente, também os setores da hierarquia do Poder Judiciário.

Uma das grandes contribuições deste livro é nos recordar que não se pode escrever a história política do Brasil contemporâneo sem inventariar seu planetário de golpes. Sua narrativa nos leva a percorrer a trajetória histórica do país passando de um golpe a outro como pedras dispostas no leito de um rio que nos conduz de uma margem no passado ao presente no qual nos encontramos. Com uma escrita fluente e rica em informações expande e aprofunda a reflexão sobre o tema e, em alguns momentos, também nos instiga o diálogo e o debate.

Não obstante ter procedido a uma recuperação cuidadosa, bem informada e competentemente pesquisada dos episódios relatados, cabem ainda algumas interpelações, por exemplo, sobre o caráter seletivo ou incompleto do inventário; por que alguns eventos de nítido caráter golpista não foram incluídos no mesmo? Entre 1889 e 1964, a historiografia registra quinze momentos em que ações insurgentes de militares armados impactaram diretamente a política brasileira, ocasionando, em boa parte dos casos, inflexões autoritárias nas relações entre o Estado e a sociedade ou, em casos excepcionais, contrapondo-se aos desmandos dos círculos no poder. Seriam:

1889:	Proclamação da República
1891–1894:	Revolta da Armada
1910:	Revolta da Chibata
1922–1924:	Revoltas tenentistas
1930:	Revolução de 30
1932:	Revolução Constitucionalista
1935:	Insurreição Nacional – Libertadora
1937:	Golpe do Estado Novo
1945:	Deposição de Vargas
1954:	Nova deposição e morte de Vargas
1955 (10/11):	O General Teixeira Lott garante a posse de JK
1956–1959:	Revoltas de Jacareacanga e Aragarças
1961:	Tentativa de impedir a posse de Goulart (Operação Mosquito), Cadeia da Legalidade no Rio Grande do Sul (com apoio do III Exército)
1964:	Golpe Civil-Militar

A Revolta da Chibata discrepa de todos os outros casos por se tratar de um movimento reivindicatório de caráter corporativo, sem pretensão de alterar ou preservar o sistema político ou a composição do governo. Já a intervenção de Teixeira Lott e a cadeia da legalidade foram mobilizações de setores militares, que visavam garantir a posse na presidência da república de sujeitos habilitados para o cargo nos termos da Constituição em vigor. Todos os demais movimentos foram insurreições militares voltadas para a destituição do governo ou a mudança do regime político.

Tendo se debruçado com acuidade, espírito crítico e uma apreciável verve polêmica sobre os episódios contidos em seu inventário de golpes, Eduardo Borges, talvez devesse submeter a exame também a Revolta da Armada dos anos 1891-1894 contra os governos de Deodoro da Fonseca e de Floriano Peixoto. Esse movimento tem sido habitualmente retratado na historiografia como um fator de resistência às inclinações autoritárias dos dois primeiros presidentes militares. Entretanto, penso que também poderíamos indagar: a julgar pelo protagonismo desempenhado pelas cúpulas da Marinha no processo, seu caráter obviamente militar, seu sentido conspirativo e a ausência das massas no processo, não teria sido esta revolta uma tentativa de golpe?

Indagações que também se aplicariam a outros episódios, como as insurreições tenentistas de 1922 e 1924 contra a "República Oligárquica" (não obstante a afirmação de Juarez Távora, reproduzida na página 58 deste livro); a chamada "Revolução Constitucionalista" de 1932 contra o governo provisório de Getúlio Vargas e também, apesar dos objetivos qualitativamente distintos, os levantes de Jacareacanga e Aragarças (1956/1959) contra o governo JK. Todos esses levantes armados, protagonizados por setores militares contra os governos estabelecidos e os sistemas políticos em vigor que, em alguns casos – nomeadamente a insurreição paulista de 1932 –, conduziram o país ao limiar da guerra civil. Não obstante, ainda com a honrosa exceção de 1932, quase todos eles constituíram insurreições militares de caráter conspirativo, com exígua ou nula participação de civis e ostentando os requisitos essenciais para serem considerados golpes, ou mais precisamente, em minha avaliação, como tentativas de golpes militares.

O competente estudo de Eduardo Borges, por sua qualidade e originalidade analítica, também pode suscitar em seus leitores a curiosidade sobre as práticas do golpe e do contragolpe verificadas em plena vigência dos governos militares. Seria, por exemplo, o caso do *golpe* de 31 de agosto de 1969 que – subvertendo os termos da Constituição em vigor e das regras instituídas por ocasião da "eleição" indireta de Costa e Silva – impediu a posse do vice, Pedro Aleixo, nomeando em seu lugar uma Junta Militar. Outro caso seria o *contragolpe preventivo* aplicado por Ernesto Geisel, abortando as manobras golpistas do General Silvio Frota com o fim de interromper a distensão política e instituir mais um governo da "linha dura" militar no poder.

Incluo também no repertório das elaborações polêmicas do autor a caracterização da passagem do último governo militar para o primeiro governo civil após o golpe de 1964 como o "golpe" (aspas do autor) conciliador da Nova República, assim também o impedimento do primeiro presidente eleito pelo voto popular após a Constituição de 1988 como "o autogolpe reformista da elite dirigente" (nesse caso, as aspas são minhas). Episódios substancialmente distintos por sua contextualização e conteúdo, tiveram em comum o controle da mesma elite política liberal conservadora, que, apostando na dissipação das mobilizações populares verificadas nas origens dos dois processos ("Diretas-já" e manifestações pró-*impeachment*), encaminharam soluções conciliatórias adequadas aos seus interesses e das classes por elas representadas. Penso que a chave para a compreensão desse comportamento golpista (ainda que não se expresse necessariamente na manifestação clássica do golpe de estado) já fora fornecida pelo autor no começo do livro, ao escrutinar a bibliografia que disseca o caráter essencialmente antipopular e antidemocrático das classes dominantes brasileiras e suas elites políticas, suas persistentes propensões autocráticas e sua incontornável predileção pelo golpe. Se, como advogou um gênio da reflexão e da práxis política, o critério da verdade é a prática, não apenas a história pregressa, mas também as tempestuosas realidades de nossos dias certificam a veracidade seminal das elaborações de Eduardo.

O livro de Eduardo Borges não é apenas uma introdução concisa, erudita, bem fundamentada e talentosamente redigida ao estudo da história do Brasil republicano, é também uma chave interpretativa de grande utilidade para a compreensão dos dilemas políticos vividos no momento presente e um convite irrecusável ao questionamento e ao debate em tempos de declínio do pensamento e crepúsculo da razão.

Muniz G. Ferreira
Universidade Federal Rural do Rio de Janeiro (UFRRJ)

Introdução

Inventariar os golpes de Estado no Brasil republicano é a ousada pretensão deste livro. Não obstante a pretensão, tenho o dever de informar ao leitor de que a composição da lista dos episódios contemplados neste livro não se constitui em um inventário completo. Esse fato já foi devidamente frisado, de maneira perspicaz, por Muniz Ferreira em seu prefácio. Mais do que isto, alguns dos eventos aqui retratados, podem, inclusive, sequer serem admitidos como golpe de Estado como é o caso da transição para a Nova República com a eleição de Tancredo Neves e a ação política que retirou do poder o ex-presidente Fernando Collor de Mello. Portanto, o que utilizamos como critério de escolha, foi adequar cada ocorrência histórica analisada a uma narrativa que apresentasse momentos considerados nevrálgicos em termos de transição política do nosso período republicano. Alguns episódios, mesmo não representando modelos de golpe de Estado clássico, caracterizam facilmente instantes de evidente intervenção política de nossa elite dirigente sobre o funcionamento de nossa democracia pelo alto. Finalmente, quando nos colocamos diante do desafio de construir listas, o resultado será sempre fruto de um desagradável exercício de escolha pessoal. Certamente ficará em cada leitor uma leve sensação de algumas ausências, mas isso também é parte da estratégia provocativa da obra. Feito isso, sigamos.

O curso da história é constituído dos conflitos entre as forças sociais em sintonia com as transformações estruturais ocorridas em cada época. No entanto, afirmar a primazia das forças sociais na condução do curso da história não significa a negação de que certos indivíduos ou segmento social, que por alguma razão assuma uma posição de poder, podem "desempenhar papéis excepcionais".[1] Ainda assim, o que precisa ficar claro é que esses chamados "indivíduos excepcionais" não são mais poderosos do que a tendência secular dos fatos que resulta da dinâmica sistêmica do capitalismo mundial. Não se enganem com a importância das datas comemorativas, elas são somente a culminância simbólica de transformações estruturais que a antecederam em muitos anos. Entre 1889 e 2020, a história política da sociedade brasileira foi sendo tecida progressivamente em sintonia com os interesses estruturais de sua classe dominante em franca aliança oportunista com setores da classe média. Como somos uma nação gestada a partir da vontade dos donos do poder, alijar o povo da efetiva participação da vida nacional e encobrir a "guerra civil oculta"[2] representada pelos conflitos de classes, sempre foi a estratégia de nossas elites dirigentes. Em mais de cem anos de República fomos conduzidos politicamente por indecentes acordos de bastidores o que resultou na formação de um *ethos* golpista na classe política brasileira. Na história da República a renovação dos grupos de poder mediante transições políticas decorrentes de ações autoritárias se transformaram em tática comum e regular a ser reivindicada sempre nos momentos extremos de necessidade de reorganização do sistema político. Dessa forma, a história que vai ser contada nas páginas seguintes deste livro deve ser entendida sob esse prisma.

Admito, de antemão, que neste livro optei deliberadamente em correr riscos conceituais. A abordagem da história política da República brasileira desde 1889 através dos inúmeros momentos de crise ou de ruptura institucional que se desdobraram em ações golpistas, nos pôs diante do desafio de apresentar ao leitor um olhar específico sobre o exercício do poder no transcorrer histórico do período republicano brasileiro.

Este livro foi pensado para todos os leitores, não somente para especialistas, mas para quem se interessa pelos meandros da história política brasileira e seus bastidores. Entretanto, independente do público a quem se destina, é imprescindível um básico preâmbulo conceitual que ajude o leitor a organizar as ideias e a acompanhar a construção dos argumentos presentes na narrativa da história aqui relatada.

A primeira proposta conceitual que oferecemos ao leitor é o de analisar a democracia brasileira com base na ideia e uma "democracia pelo alto" que consiste em entender a dinâmica do exercício do poder político no Brasil republicano a partir da perspectiva de uma democracia de baixa densidade popular cujo grande símbolo de participação política resume-se ao ato de votar. Essa conclusão, contudo, não significa a desqualificação da importância do voto como instrumento de intervenção popular. Historicamente, o sufrágio universal, ao estabelecer na Europa do século XIX a igualdade política entre os indivíduos, cumpriu uma tarefa até certo ponto revolucionária para a época e continua servindo de base para a sustentação de nosso modelo de democracia. Contudo, o que estamos chamando aqui de "democracia pelo alto" é a velha "democracia liberal burguesa" que em sintonia com a visão de mundo liberal "identifica o ato elementar da democracia, tal como concebido de forma ordinária, com a ação solitária e até silenciosa e secreta de indivíduos".[3]

Os defensores da chamada "democracia liberal" gostam de afirmar seu "progressismo" valorizando uma defesa intransigente do sufrágio universal. Esse é mais um engodo liberal na medida em que ao naturalizarem as diferenças sociais e os acessos ao capital cultural disponível à formação intelectual da população, restringem esse acesso a uma parcela reduzida da população deixando uma grande massa de pessoas sem a possibilidade de produzir uma opinião pessoal baseada em uma análise crítica sobre a função e o significado do ato de votar.

O sociólogo Pierre Bourdieu foi preciso ao afirmar que "o voto só será verdadeiramente o sufrágio universal que se pretende que seja quando se universalizarem as condições de acesso ao universal".[4] Quanto mais se restringe o exercício democrático à exclusividade do solitário ato de votar, mais a elite dirigente consolida sua visão liberal de enxergar o mundo de forma atomística baseada exclusivamente em individualidades. Esse é o melhor retrato do que representa o ato de votar em um regime de baixa densidade popular. O direito à privacidade do voto com a instituição do voto secreto é uma conquista importante, porém, só fazia sentido como instrumento de resistência democrática em conjunturas autoritárias a exemplo do período oligárquico dos primeiros trinta anos do século XX. Também nesse período foi se consolidando uma mentalidade na elite brasileira que se materializou no uso do voto como moeda de troca. Nesse contexto, de pouco ou nenhum "espírito republicano", se impôs a lógica da fraude no processo eleitoral que, segundo Lilia Schwarcz, funcionou "como uma forma de ingerência dos interesses privados na lógica pública do Estado".[5] Por mais que isso possa parecer algo que nos remete a um passado supostamente já superado, a "lógica da fraude", mesmo que dificultada em tempos de urna eletrônica e avanços tecnológicos, incorporou novos elementos da modernidade a exemplo das *fake news* e dos algoritmos e se manteve até hoje mediando as relações de poder pouco republicana de nossa democracia pelo alto. Nossa elite continua reprocessando o velho mandonismo dos tempos do cabresto.[6]

Para a elite liberal seria interessante que o ato de votar se resumisse a uma ação solitária, silenciosa e secreta, quando a verdadeira prática democrática, deveria ser coletiva, pública e barulhenta. O que estamos chamando aqui de democracia pelo alto não significa, entretanto, a inexistência, no Brasil, de condições de exercício democrático representado por algumas instituições da ordem liberal. Porém, a representatividade em nosso modelo de democracia sempre foi algo mais formal do que real. Em períodos considerados democráticos como entre os anos de 1945 e 1964, no fundo, vivenciamos uma "relativa liberdade, mas absolutamente estática, incapaz de desencadear dinamismos irreversíveis de democratização".[7] Ouso dizer que ainda hoje se faz presente as consequências dessa falta de dinamismo de democratização. Um regime democrático, funcionando sob a tutela de uma ordem liberal, será sempre uma constante disputa de espaço e de poder entre a elite dirigente e o restante da sociedade civil organizada. Os momentos em que os golpes de Estado triunfam, representam, justamente, a ocasião em que a vontade da elite dirigente prevalece sobre a vontade do restante da sociedade.

Não podemos cair na armadilha do discurso liberal burguês que insiste na universalização de seu conceito de democracia como se fosse a única alternativa representativa de princípios civilizatórios em termos políticos e morais. Quando identificamos na democracia pelo alto, imposta pela ordem liberal, o único referencial de relações modernas de poder, corremos o risco de abrir mão da reflexão sobre quem efetivamente manda e decide sobre os rumos do nosso modelo democrático. Nesse momento, descortina-se uma série de necessárias interrogações: A quem tem servido historicamente a democracia liberal burguesa e capitalista?

Qual classe social é contemplada com seus privilégios? Qual o seu compromisso com a efetiva justiça e inclusão social? A quem interessa, na democracia liberal, a defesa intransigente da flexibilização das relações de trabalho em um mundo em que a maioria maciça dos indivíduos têm somente sua força de trabalho a dar-lhe dignidade? A democracia se tornou algo vulgar e aparentemente desprovida de conteúdo consistente em termos conceituais. Seria cômico se não fosse trágico observar os indivíduos mais explicitamente autoritários se reivindicarem como democratas. Por outro lado, admitir a ideia de que um modelo de democracia pelo alto triunfou no Brasil desde 1889 e de lá para cá tem ditado o ritmo e a dinâmica de nossa história política, não significa abdicar da luta popular e não reconhecer as importantes conquistas sociais advindas dessa luta. Muito pelo contrário, a história move-se em decorrência dos atritos e do bom combate de ideia e ações dos que tentam permanentemente construir um modelo alternativo de democracia que responda de forma equânime os anseios da sociedade como um todo. É preciso termos sempre a ideia de que política e economia não podem ser analisadas em separado. Diante disso, somos levados ao entendimento de que a elite política representa, no interior da democracia pelo alto, a manutenção da ordem econômica que assegura o ambiente perfeito para o desenvolvimento da acumulação de capital por parte da elite dirigente.

Até aqui o leitor já entrou em contato com os termos "elite política" e "elite dirigente". Ambos se mostrarão imprescindíveis para compreender o argumento narrativo deste livro. Vejamos o que entendemos conceitualmente sobre cada um deles. O primeiro, a "elite política", é composta pelos membros do campo político ou o que tradicionalmente identificamos como os "políticos profissionais". Para o economista belga Ernest Mandel existe uma "divisão funcional dentro da classe capitalista"[8] que explica o fato de normalmente - existem exceções - empresários e políticos profissionais caminharem lado a lado "como fluxos separados de carreira dentro do estrato burguês".[9] Para Mandel, apenas a parte da burguesia que não atua diretamente como empresária será capaz, ou desejará, optar por carreiras políticas. Entretanto, nada impede que em determinados momentos possa ocorrer uma "união pessoal entre os altos capitalistas financeiros e o topo do aparelho de Estado".[10] Mas, de maneira geral, os altos capitalistas, preocupados com o lucro de seus negócios, preferem terceirizar à elite política a defesa de seus interesses privados.

O segundo conceito proposto é o de "elite dirigente" formada pela própria elite política e complementada pelas grandes empresas de mídia, a burguesia econômica, os militares e o judiciário. Juntos, eles formam a base estrutural da democracia pelo alto e agem sobre a sociedade como uma espécie de "mão invisível" mediando e definindo o funcionamento da ordem liberal. No século XXI, algumas importantes mudanças na lógica de operar o capitalismo acabou por fomentar a captura do Estado pelo mercado financeiro colocando as decisões do campo político a reboque dos interesses do rentismo revelando a natureza antipovo de nosso regime democrático. Além disso, entendo que nos últimos anos a elite dirigente vem ganhando um novo membro que cada vez mais se consolida como uma engrenagem poderosa das relações de poder no Brasil. Refiro-me a segmentos neopentecostais do cristianismo cujas instituições têm funcionado como verdadeiras "corporações religiosas". Fundamentadas em uma teologia da prosperidade combinado a um discurso sobrenaturalista, algumas dessas Igrejas faz tempo vêm funcionando como verdadeiros grupos corporativos gestados não por um "líder religioso", mas por um "CEO". Essas "empresas", ao incorporarem em uma espécie de holding outros setores da atividade econômica como grupos de mídia, editoras, gravadoras, produtora cinematográfica entre outros, têm que necessariamente inserir-se no jogo do grande capital e disputar as oportunidades e privilégios da economia de mercado. Ao se posicionarem como sujeitos ativos no mercado, tendem a transformar-se em conglomerados de poder o que inclui fundar partidos políticos, disputar eleições e influenciar diretamente na atividade política do país. Portanto, todos esses atributos já são suficientes para coligar essas "corporações religiosas" ao grupo da elite dirigente. Além disso, depois da ascensão do projeto político representado por Jair Bolsonaro tem tomado forma, no interior da democracia brasileira, uma estrutura de poder amparada em forças de segurança pública com potencial de atingir em cheio o equilíbrio de poder do sistema político brasileiro.

Faço, contudo, uma necessária observação metodológica. No decorrer deste livro sustentaremos a ideia de que em última instância a elite política vai cumprir, à frente da gestão do Estado, a função de caixa de ressonância dos interesses da elite dirigente principalmente sua fração formada pela burguesia econômica. Entretanto, a conclusão de que a elite política é somente uma simples correia de transmissão da vontade da elite dirigente não pode ser interpretada de forma mecanicista, sob o risco de transformarmos as relações de poder no Brasil em simplória relação de causa e efeito. É preciso sempre termos a devida clareza, como bem percebeu Armando Boito Jr., da distinção entre "representação política num sentido estrito e representação política num sentido amplo".[11] Portanto, as construções dos diversos golpes políticos que serão retratados neste livro, e que ditaram o ritmo da vida política brasileira desde 1889, tiveram nos bastidores de suas respectivas tramas a participação direta de nossa elite dirigente, no entanto, não podemos negligenciar as vontades ditadas pelos interesses específicos da elite política. No fundo, no decorrer da República brasileira, a relação de interesses entre elite dirigente (leia-se burguesia econômica) e elite política sempre foi bastante complexa e dialética.

Já que estamos apresentando uma narrativa história centrada na ação das elites, nesse caso, antes que surjam cobranças antecipo que o povo está deliberadamente ausente deste livro visto que esse não conspira nem participa das intrigas e dos acordos de bastidores. Nos momentos de ruptura institucional, no máximo, uma parcela do povo legitima nas ruas os atos golpistas. Contudo, isto não significa negar a força política da vontade popular na história do Brasil. Sua presença nas ruas continua sendo imprescindível, mesmo em modelos formais de democracia como o nosso. O povo na rua no mínimo cria situações de constrangimento e de contraponto à zona de conforto da elite política e da elite dirigente. Porém, nas conjunturas evidenciadas neste livro, a resistência popular, se mostrou pouco eficiente, ou inexistente, diante da força representada pela capacidade de articulação da elite política e da elite dirigente.

O que este livro se propõe a tratar, sem a pretensão de ser a palavra final, é a democracia funcionando pelo alto como um manipulável instrumento de poder a serviço dos interesses de nossa classe dominante devidamente materializado pela ação antidemocrática de nossa elite dirigente. Assim também se constrói um modelo de democracia, que pode não ser a mais democrática, mas é aquela que a elite dirigente consegue nos fazer crer que é. Logo, nesta história pelo alto, o povo existe e até ganha certo protagonismo em alguns momentos, mas, definitivamente, tem decidido de maneira muito periférica sobre o curso da história política brasileira.

O fato de estar propondo os conceitos analíticos de "elite política" e "elite dirigente" se faz necessário uma breve ideia do que entendemos como elite de poder. Neste livro nos pautamos em um conceito de elite até certo ponto tradicional, mas legítimo para caracterizar um grupo social privilegiado no interior de uma sociedade estruturada de forma hierárquica como a brasileira. Antônio Manuel Hespanha apresenta o que ele considera a forma tradicional de enxergar o grupo de elite: "quem ocupa os lugares de destaque num grupo (numa cidade, num país) são os que detêm poder político ou os que se destacam pela fortuna, ou os que dominam pela cultura ou os que detêm ou o carisma ou a jurisdição religiosa".[12] Já Norberto Bobbio define o que ele entende por teoria das elites ou elitismo como a "teoria segundo a qual, em toda a sociedade, existe, sempre e apenas, uma minoria que, por várias formas, é detentora do poder, em contraposição a uma maioria que dele está privado".[13] Wright Mills apresenta a elite do poder como sendo "composta de homens cuja posição lhes permite transcender o ambiente comum dos homens comuns, a tomar decisões de grandes consequências".[14] Não obstante haja uma interpretação crítica do conceito de elite, tributaria, por exemplo, do próprio conceito marxista de classe, a ideia da existência de um grupo social privilegiado, que forma o *establishment* brasileiro, com poderes consideráveis para colocá-lo no topo da pirâmide decisória é uma realidade conceitual aceitável para dialogar com a tese central deste livro que se propõe a analisar os sobressaltos do exercício do poder político no Brasil republicano como resultado de decisões de cúpula em meio a um regime formal de democracia.

Quanto ao conceito central do livro, ou seja, o golpe de Estado, em alguns momentos será analisado sob a perspectiva do chamado "golpe branco" em decorrência de ações jurídico-política como o *impeachment* ou ainda será visto no contexto de práticas de regime de exceção materializado na figura jurídica do estado de sítio. Em capítulo específico, quando for demandado, cada um desses conceitos receberá tratamento analítico adequado.

O leitor vai perceber também que no decorrer da narrativa alguns dos acontecimentos históricos que compõem o livro serão nomeados de "Movimento" no sentido de ação política, sem representar nenhum juízo de valor conceitual. A intenção é não comprometer a análise dos fatos e não se afastar do objetivo central do livro que visa somente apresentar a história da República brasileira sob a perspectiva de um encadeamento de ações de rupturas institucionais que em conjunto formam a dinâmica do modo antidemocrático de operar a política que tem caracterizado o *ethos* golpista de nossa elite dirigente.

Por último, declaramos abertamente nossa incorporação ao conceito de contrarrevolução prolongada desenvolvido pelo sociólogo Florestan Fernandes em seu livro "A revolução burguesa no Brasil: ensaio de interpretação sociológica". Para explicar os motivos que levaram o movimento histórico da burguesia brasileira a romper com a dinâmica do padrão democrático-burguês clássico, Fernandes parte de uma premissa básica, ou seja, o desenvolvimento do capitalismo brasileiro de forma periférica ao centro do capitalismo mundial. Essa condição periférica do capitalismo brasileiro fomentou a formação de um *ethos* contrarrevolucionário e subserviente da burguesia brasileira ao imperialismo imposto pelo centro do capitalismo mundial. É justamente esse *ethos* subserviente que vai servir de base para o *ethos* golpista de nossa elite dirigente. Portanto, a burguesia brasileira vai cumprir, desde sua formação, uma função periférica no contexto do sistema-mundo capitalista. Essa condição acaba por marcar em nossa burguesia uma posição contrária a uma possível revolução nacional burguesa. Teremos sempre uma evolução da classe dirigente baseada em recomposições e reabsorções entre "as velhas classes" e as "novas classes". Para Florestan Fernandes, a "crise oligárquica", que podemos enquadrá-la na passagem entre a República Velha e o pós 1930, significou uma "recomposição das estruturas econômicas, sociais e políticas herdadas do passado, pela qual os estratos sociais de origem oligárquica, antiga ou recente, foram reabsorvidos pela organização da sociedade de classe em constituição e expansão".[15] José de Souza Martins, ao analisar com acuidade a política do Brasil contemporâneo sob a perspectiva de nossa elite agrária, também identifica uma matriz arcaica na formação da elite brasileira ao afirmar que "desde o século XIX, suas elites oligárquicas vestem a máscara do liberalismo e das concepções políticas modernas sem abrir mão de seus compromissos com a tradição e o latifúndio antiempresarial".[16]

Essa dinâmica da consolidação da burguesia brasileira vai reforçar seu perfil conservador e oligárquico. Florestan Fernandes chega a se referir a uma "segunda natureza humana"[17] que o escravismo incutira em nossas "classes possuidoras". Os quatro séculos de escravidão dificultaram a redefinição de ideologias e de utopias da burguesia brasileira aos moldes da burguesia europeia. Para tanto, seria preciso "extrair o *ethos* burguês do cosmos patrimonialista"[18] da burguesia brasileira sedimentada na tradição escravista e em um "tosco capitalismo comercial".[19] O capitalismo desenvolvido internamente no Brasil não foi suficiente para forjar uma burguesia reformista e nacionalista, muito menos revolucionária. Por mais que setores civis e militares tomassem, em determinada conjuntura histórica, uma postura de cariz nacionalista, os nossos burgueses não tiveram coragem de romper com a dominação imperialista. Em consequência disso ocorreu, no campo político, o apelo a ações populistas e demagógicas[20] que não só não resolveram os problemas sociais do país, como agravaram os conflitos de classe e acabaram por reduzir o espaço político democrático.

Ao naturalizar as soluções golpistas nos momentos de necessidade de uma transição política controlada, a elite dirigente brasileira preocupa-se somente com a manutenção de uma ordem que não perturbe o equilíbrio e a sintonia existente entre o capitalismo doméstico e sistema capitalista mundial. Com base nesse pressuposto, fica patente a necessidade de nossa elite dirigente flertar permanentemente com movimentos autocráticos, baseados em regimes repressivos e de exceção, sempre contando com o apoio externo do centro do capitalismo mundial. A própria tradição liberal europeia, referência cabal de nossa elite dirigente, não se furtou em diversos momentos históricos em apoiar golpes de Estado. No século XIX, o golpe de Estado liderado por Luís Napoleão Bonaparte, em 1851, derrubou a Segunda República francesa e engendrou o imperador Napoleão III. Karl Marx, em seu magnífico livro "O 18 de Brumário de Luís Bonaparte" ao usar a luta de classes como chave de análise, trouxe para si o desafio de explicar como um "personagem medíocre e grotesco desempenhou um papel de herói".[21] Não se enganem, personagens medíocres ocupando o papel de herói é mais comum na história do que imaginamos. Sobre golpes de Estados semelhantes ao bonapartista, Domenico Losurdo afirma que alguns deles, antes de desaguar em ditaduras abertas, "podem contar com apoio ou a simpatia de expoentes renomados do mundo liberal".[22] Ou seja, mesmo entre os "progressistas" liberais europeus, fonte de inspiração para os liberais tupiniquins, o apoio conjuntural a ações de natureza autoritária e antiliberal não foi algo completamente ausente. Com bastante razão escreveu Pedro Serrano de que "a superação do Estado policial e das formas absolutistas de governo não sucumbiu face aos avanços dos ideais iluministas e das revoluções liberais que instauraram as bases do Estado de direito".[23] O que houve foi uma continuidade das formas autoritárias ao longo de todos os períodos históricos agora envoltos de novas conformações. Não esqueçamos de que o pensamento neoliberal tributário de Friedrich Hayek, uma das principais referências do neoliberalismo à brasileira, incorporou, sem constrangimento, o conceito de "demarquia"[24] para sugerir uma democracia limitada no sentido de estabelecer as fronteiras da vontade popular na gestão do governo. Tudo isso resultou, ouso afirmar, em que nossos "expoentes" liberais não tivessem dificuldade em manter um nefasto regime escravista, quando respondia a seus interesses de classe, nem demonstrassem qualquer constrangimento em tramar golpes e, se preciso fosse, em consolidar ditaduras.

No Brasil, sob o ponto de vista da fração de classe burguesa formadora de nossa elite dirigente, uma democracia ampliada sempre foi muito mais um obstáculo do que uma solução. Desde 1889 que vivenciamos somente "ensaios de democracia" entrecortados por regimes de exceção. Portanto, a consolidação de uma democracia plena, ampla, estável e duradoura não só não esteve nos planos da elite dirigente brasileira, como ainda se encontra à espera de ser estabelecida. Essa história melancólica de nossa deliberada instabilidade democrática republicana será contada nas páginas que se seguem. Boa leitura.

1889: um golpe chamado Proclamação

O fator chave a embalar qualquer ato golpista é achar o melhor pretexto mesmo sabendo que um golpe, independente da justificativa, será sempre um golpe. Em tempos democrático e republicano, o primeiro argumento contrário a um ato golpista é justamente o desrespeito às regras do jogo democrático e republicano. Mas em se tratando de uma Monarquia, em que não existe sucessão de poder pelo voto, como justificar o duplo objetivo de destituir quem está no poder e ao mesmo tempo propor uma nova forma de governo? Esse foi o desafio dos homens que estiveram por trás do movimento político que culminou com o 15 de novembro de 1889.

A transição entre a Monarquia e a República tratou-se de um evento de base militar. Ou seja, a República não só nasceu como resultado de um golpe militar, como ajudou a criar um esboço de certa tradição brasileira de optar pela ruptura institucional em contexto de crise política. Direta ou indiretamente, os militares estarão em todos os bastidores dos processos de ruptura política do período republicano brasileiro. A liderança do movimento de 1889 pelo general Deodoro da Fonseca, um militar em ritmo de aposentadoria, foi um exemplo concreto de como a República nascera de uma estratégica e circunstancial aliança civil-militar com tendência de tornar-se estrutural no decorrer da vida política republicana. Edmundo Campos Coelho é bastante perspicaz ao se referir a um suposto "mito da função moderadora" das Forças Armadas. Apesar de entender que de maneira mais específica o "mito" teria pouca força entre os militares até 1924, Campos Coelho identifica esse discurso da "função moderadora" dos militares já nas vésperas da chegada da República.

Naquela conjuntura pré-golpista de finais do século XIX, a "função moderadora" serviu aos propósitos estratégicos tanto de lideranças militares quanto civis. Entre os militares, se prestou a legitimar sua insubordinação frente ao poder civil, já os civis a utilizaram para estimular os militares e garantir para seus propósitos o respaldo do Exército.[25] Percebam o quanto esse comportamento pactuado entre militares e civis foi se tornando usual na vida política brasileira. Nos diversos momentos de crise política em que civis e militares compartilharam a mesma dinâmica, a "função moderadora" dos militares foi resgatada e adaptada a projetos de ruptura institucional. René Dreifuss, ao identificar as três forças políticas que estão na base das articulações elitistas do Brasil, destacou as Forças Armadas chamando-a de Sociedade Política Armada.[26] Dreifuss buscou argumentos diversificados para consolidar as Forças Armadas como um setor decisivo no exercício do mando no Brasil. Segundo ele, "no interior desta Sociedade Política Armada, foi gestado o seu próprio 'Estado', pelas 'comunidades político-ideológicas' de informação, coação e coerção, e pelas instâncias legais-normativas e administrativas particulares a esta sociedade."[27] Enxergar nas Forças Armadas essa dimensão político-ideológica e, ao mesmo tempo, não perder de vista que se trata do setor da sociedade que controla os instrumentos de força e coerção, nos exige atenção redobrada e permanente às sinalizações externas dos militares.

Desde o seu nascedouro que a República incorporou com naturalidade as Forças Armadas como parte de seu ordenamento político e social. Durante todo o século XX seguindo pelo XXI, o esboço de democracia existente no Brasil não teve a coragem de enquadrar as Forças Armadas no seu devido lugar, que corresponde exclusivamente à defesa da soberania territorial diante de adversários externos. Em 1988, na conjuntura de uma pós-ditadura militar, os constituintes perderam essa oportunidade e em nome de uma covarde transição pactuada tiveram que engolir de forma subserviente o texto do artigo 142 da Constituição Federal que concede às Forças Armadas "a defesa da Pátria, a garantia dos poderes constitucionais e, por iniciativa de qualquer destes, da lei e da ordem".[28] Em uma sociedade democrática madura e que se respeita não é função do setor militar ser garantidora da lei e da ordem interna. Rompemos com uma ditadura que nos impôs anos de autoritarismo, mas deixamos fecundo, com o artigo 142, o terreno em que germina essa mentalidade. O mais assustador é o fato de que nos últimos anos, no Brasil, uma parcela da própria sociedade civil tem perigosamente tomado a iniciativa de reivindicar esse lugar de centralidade política das Forças Armadas. Esse propósito tem se dado em nome da defesa de ideias conservadoras e reacionárias em oposição ao que eles entendem supostamente como valores "ameaçadores" ao equilíbrio da ordem democrática.

Nos referindo agora ao processo político que antecedeu ao 15 de novembro de 1889, entre os historiadores é comum identificar alguns acontecimentos estruturais na sociedade brasileira da segunda metade do século XIX, que se constituíram em condições objetivas para que alguns setores da classe dominante avançassem no sentido de impor a transição entre o regime monárquico e o republicano. Um destes fatores foi a abolição da escravatura. Mas o que havia por trás da abolição a ponto de transformá-la em "causa" da queda da monarquia? Não entremos nas respostas rápidas e simplórias. É fato que a abolição, acontecida um ano antes da chegada da República, esteve intimamente vinculada a esse movimento político. Mas a abolição foi somente a culminância de um conjunto de mudanças estruturais que já estava sendo colocada em prática no país desde o fim do tráfico negreiro em 1850. Uma parcela dos grandes proprietários rurais já vinha se condicionando ao trabalho livre em direta adequação à dinâmica econômica da época. Aos poucos, a elite política e econômica do Brasil foi se estruturando em torno de dois segmentos compostos pelos setores agrários conservadores e fortemente vinculados com a mentalidade escravista e por grupos agrários mais modernizantes economicamente que tendiam a demandar mudanças estruturais no sistema político que resultasse em benefícios econômicos privados. A Monarquia se tornou refém da disputa no interior do setor agrário, grupo responsável por sustentá-la desde a formação do Primeiro Reinado. Entre os membros dos partidos Conservador e Liberal, responsáveis por manter o equilíbrio de poder no jogo político monárquico, estavam basicamente os membros do setor agrário. A unidade entre eles, mediada pela "mão invisível" do poder Moderador do imperador, sustentou a monarquia por quase todo século XIX. Quando a abolição veio de encontro aos interesses econômicos de um segmento do setor, a base ruiu e criou as fissuras necessárias para um possível rompimento definitivo do sistema que os nutria. Uma modernização, representado pelo regime republicano, colocava-se no horizonte da elite dirigente brasileira como forma de reorganização conservadora do sistema político classista. Essa dinâmica de acomodação, trabalhada no limite de ações reformistas, esteve por trás de todos os movimentos de ruptura política do período republicano.

Não podemos esquecer, contudo, que houve um movimento abolicionista que criou no país um ambiente hostil não só ao próprio escravismo, como ao próprio regime que o sustentava. O abolicionismo, por outro lado, estava devidamente integrado ao movimento político liberal que ensaiava forte oposição ao funcionamento do regime. Só para termos uma ideia do quanto, no Brasil, o abolicionismo e a política estavam imbricados, veja o que escreveu Joaquim Nabuco, um dos mais destacados abolicionistas brasileiros: "No Brasil, porém, o abolicionismo é antes de tudo um movimento político, para o qual, sem dúvida, poderosamente concorre o interesse pelos escravos e a compaixão pela sua sorte, mas que nasce de um pensamento diverso: o de reconstruir o Brasil sobre o trabalho livre e a união das raças na liberdade".[29] Nabuco escreveu isto em 1883, seis anos antes do 15 de novembro de 1889, mas já nos dava uma pista da mentalidade que fazia a cabeça de uma parcela mais "progressista" da elite da época. Havia setores da classe média, formada por profissionais liberais, que encamparam o abolicionismo e propunham avanços no sistema político. Mas qual o alcance do movimento abolicionista no interior da sociedade brasileira? Possivelmente muito pequeno se não tivesse como aliado o embrionário movimento republicano.

Ideias alternativas ao sistema vigente, seja em qualquer conjuntura histórica, tendem a nascer em ambientes fora do campo político institucional. Foi assim em diversos momentos a exemplo da resistência à Ditadura Militar instaurada em 1964. As teses defendidas pelos abolicionistas saíram dos centros universitários e acadêmicos e ganharam a sociedade através da imprensa[30] transformando-se em um projeto de pretensões nacionais. Em paralelo, a tensão subia no debate político entre conservadores e liberais sob a mediação do Imperador D. Pedro II. No projeto de país dos liberais não mais cabia a escravidão e o programa abolicionista foi incorporado ao programa de reformas liberais. O capital agrário brasileiro, depois de anos empatados com a sustentação do regime escravista, percebia a possibilidade de diversificar o investimento em áreas econômicas do setor urbano. Uma incipiente modernização batia às portas do país e uma parcela do grupo dirigente se viu motivado em acelerar o processo. Pedro Calmon fez uma síntese objetiva ao escrever:

"A 13 de maio de 1888 encerrava-se a crise do elemento servil; abria-se a crise das instituições políticas".[31]

Um fato político concreto, a queda, em 1868, do Gabinete[32] presidido pelo baiano, natural de Valença, Zacharias de Góes e Vasconcelos, foi o pretexto esperado para uma virada radical de parcela do partido liberal. O Gabinete do progressista Zacharias agia como uma espécie de muro de contenção aos ventos extremos soprados por conservadores e liberais. Zacharias de Góes e Vasconcelos foi uma das lideranças de um movimento político que se transformou, com o perdão do anacronismo, em uma espécie de "centrão" quando fundaram a "Liga Progressista" visando abrigar liberais e conservadores moderados. A abertura do programa da Liga já deixava claro de que na política brasileira, desde o Império, a estratégia do velho em apresentar-se como o novo já servia como instrumento de sobrevivência política de determinados segmentos no interior do próprio sistema. Dizia o programa da Liga Progressista:

> O partido progressista é um partido novo. Não toma sobre si a responsabilidade das crenças e tradições dos extintos partidos, a que pertencerem os indivíduos que o compõem, e aceita sem distinção, e qualquer que fosse o seu passado, o concurso de todos os que o quiserem acompanhar no pensamento de fazer realizar na administração pública do País os princípios e regras consagradas no seguinte programa.[33]

O Gabinete Zacharias foi substituído pelo conservador Joaquim Rodrigues Torres, visconde de Itaboraí, que ao chegar ao poder dissolveu imediatamente a Câmara, convocou novas eleições e formou uma confortável maioria conservadora no Parlamento. Naquela conjuntura, a queda do Gabinete Zacharias abriu o caminho para o desequilíbrio político do Segundo Reinado. O Gabinete de Itaboraí funcionou apenas como um instrumento de resistência dos valores conservadores em franca decadência. Em oposição, os liberais de postura mais radical se sentiram livres para empreenderem um modo mais incisivo de crítica ao regime simbolizado no Manifesto do Centro Liberal, publicado pelo Jornal do Comércio no dia 31 de março de 1869. No ano seguinte, o jornal A República, órgão do Clube Republicano, publicou o Manifesto Republicano de 1870 e lançou as bases do ideário que culminaria com o 15 de novembro de 1889. No documento de 1869 o movimento abolicionista seria devidamente contemplado. Nessa conjuntura, a política brasileira já vinha sendo conduzida por três grupos: os conservadores, os liberais históricos e os liberais progressistas (Liga Progressista). Esse último representava uma combinação conciliadora entre dissidentes conservadores e liberais mais moderados.

A derrubada do gabinete de Zacharias de Góes e Vasconcelos foi um pequeno esboço de "golpe" e demonstrava o *modus operandi* que se tornaria usual no fazer político da classe dominante brasileira. É prática comum dos donos do poder no Brasil provocar cisões no interior do próprio grupo, no limite da manutenção do *status quo*. De tempos em tempos, o que é possível perceber ao longo da história é uma espécie de freio de arrumação em que segmentos da elite política se articulam internamente marginalizando os indivíduos que insistem em se colocar como resistência às mudanças exigidas pela própria sobrevivência do sistema que os alimenta. É assim até hoje. Como foi assim em 1930 com a cisão do sistema oligárquico. A elite política está sempre se renovando através da ação de reagrupamento interno. Em 1870 os ventos modernizadores que sopravam vindos da Europa da Revolução Francesa e da República americana, colocaram parte da elite política brasileira em rota de colisão com o "arcaico" regime monárquico. Uma modernização de perfil conservador visava a "democratização" das instituições e a laicização do Estado.[34] Nesse período, até mesmo o sistema eleitoral já sofria críticas e a eleição direta foi defendida por alguns indivíduos.[35]

Um ambiente inóspito para a sobrevivência da monarquia se firmava de forma contundente no decorrer da segunda metade do século XIX. Outros temas foram incorporados ao processo como a chamada "Questão religiosa". Em síntese, a "Questão religiosa" foi desencadeada quando o Padre José Luís de Almeida Martins proferiu um discurso em uma loja maçônica em homenagem ao visconde do Rio Branco. Em sintonia com o Vaticano, que naquele momento se impunha contrário à relação da Igreja com a maçonaria, o Bispo do Rio de Janeiro, D. Pedro Maria de Lacerda, exigiu que o padre se afastasse da maçonaria. A confraria veio imediatamente em defesa do padre Luís Martins. Em contrapartida, os Bispos do Pará, D. Antônio Macedo Costa e de Olinda, D. Vital Maria Gonçalves de Oliveira, não só se posicionaram em defesa de D. Lacerda como determinaram o afastamento dos padres em relação à maçonaria e o impediram que celebrassem missas a pedido de maçons. Isto foi considerado um ultraje e uma ingerência do poder religioso sobre o poder temporal. É sempre bom lembrar que um número bastante expressivo da elite política imperial era formado por membros da maçonaria.

O ministro do Império, João Alfredo, enviou correspondência a D. Macedo solicitando um recuou em relação às determinações impostas aos padres. Não houve recuo. Os Bispos foram presos, julgados e condenados a quatro anos de encarceramento.[36] A sociedade se dividiu entre o apoio à maçonaria e aos Bispos. Não podemos julgar de forma assertiva de que a "Questão religiosa" foi fato suficiente para desencadear uma cisão entre a Igreja e a monarquia com impacto negativo na imagem do governo. Não temos a dimensão exata de como a sociedade brasileira se posicionou no conflito. No fundo, a influência da "Questão religiosa" sobre a queda da monarquia pode ser identificada como mais um ato que provocaria, em longo prazo, uma condição de vulnerabilidade no regime que seria cobrado mais tarde nos idos de novembro de 1889.

Mas não sejamos precipitados, mesmo depois de 1870 em que o movimento republicano ganhou uma cara e um discurso definitivo, ainda não significava que a queda da monarquia estava na próxima esquina. Foi necessário um incessante processo de maturação que levasse a uma clara distinção entre os elementos formadores do universo social monárquico e uma possível realidade republicana. À proclamação definitiva da República precedia uma transição de mentalidade e de ação. Era a tal das condições subjetivas tão necessárias em tempos de rupturas institucionais. Algumas das mais radicais lideranças liberais, como Joaquim Nabuco e Rui Barbosa, não se desligaram de imediato de seus postos na burocracia estatal monárquica. Diria Raimundo Faoro, "o ambiente antimonárquico não desabrocha desde logo, estimulado pelo artificialismo das instituições".[37] O republicanismo precisava incutir mais fortemente o antimonarquismo entre os grupos situados no topo da pirâmide social. Entre os profissionais liberais e os estudantes da Faculdade de Direito de São Paulo sairiam os primeiros radicais. Mas ainda tinha o Exército e o setor agrário. Sobre o primeiro, de quem falarei mais tarde, vivenciava a condição de marginalizado do ordenamento político imperial. Sobre o segundo, que se tornou a base social mais poderosa nas primeiras décadas da República, Faoro fez uma definição que merece ser endossada pela capacidade de ter captado a subjetividade que motivaria a adesão do grupo à causa republicana: "O fazendeiro, o fabricante de açúcar, o criador de gado não se sentem mais senhores, são apenas lavradores e pecuaristas; os poderosos não se aperfeiçoam no título de barão ou visconde, mas percebem que seu privilégio depende de assentos artificiais, sem futuro".[38]

Finalmente, entre todas as supostas causas que minaram a Monarquia criando um ambiente político propício à instauração da República, aquele de maior visibilidade foi a chamada "Questão militar". 1870 foi o ano de lançamento do Manifesto Republicano, mas foi também o ano do fim da Guerra do Paraguai com vitoriosa participação brasileira o que daria ao Exército o fortalecimento institucional necessário para transformá-lo em um importante ativo no jogo político da época.

Formado basicamente por membros da classe média, principalmente os grupos do baixo oficialato, até a Guerra do Paraguai o Exército não se caracterizava como uma força política com capacidade de intervir institucionalmente na ordem monárquica. O que havia era a participação política isolada de alguns de seus membros mais destacados como Caxias e Bento Gonçalves. Por outro lado, no período da guerra (1864 – 1870) os membros do Exército vivenciaram uma situação de ascensão, principalmente em termos de promoção da própria carreira, decorrente da nova condição projetada pela posição de destaque no campo de batalha. Terminada a guerra, o longo período de paz acabou por fechar-lhes "a carreira, matando o estímulo".[39] Outrossim, afora o alto oficialato ou figuras como Floriano Peixoto e Deodoro da Fonseca, os grupos médios e baixos foram mantidos à margem da ordem política e social do Império. No final dos anos oitenta, em muito dos Gabinetes ministeriais, as pastas militares não contemplaram o segmento. A indisfarçada marginalidade dos militares da vida pública se manifestou na situação de militares se submetendo a civis em questões militares.

Com efeito, os militares buscaram se aproximar dos grandes temas que moviam, na época, a vida nacional. Muitos acabaram por abraçar a causa abolicionista, outros incorporaram as bandeiras liberais e teve os que se juntaram aos republicanos. Criou-se no país um ambiente beligerante entre militares e civis. O espírito de corpo tendeu a unificar o discurso entre os militares e estabelecer uma unidade de apoio a seus membros envolvidos nos debates públicos com os civis. A imprensa tomou o lugar de tribuna pública e transformou-se no espaço de contraponto dos quarteis aos discursos dos parlamentares civis na Câmara e no Senado.

Em 1886 ocorreu o mais destacado e polêmico desses embates entre o coronel Cunha Matos e o Deputado Simplício de Resende. Cunha Matos fizera denúncia de irregularidades na Companhia de Infantaria do Piauí. Simplício saiu em defesa do comandante da companhia, também como ele membro do partido conservador, atacando Cunha Matos da tribuna da Câmara. Cunha Matos revidou à altura nas páginas da imprensa. Em sua defesa o coronel apontou até mesmo para o Ministro da Guerra, o civil Alfredo Chaves. O ministro impôs sua autoridade prendendo o coronel. Em tempos normais um Ministro da Guerra mandar prender um oficial insubordinado é parte natural da regra do jogo. Mas já não estávamos vivenciando tempos normais. Naquela altura um civil ou pejorativamente um "casaca", não estaria mais no direito de repreender publicamente um militar. Da tribuna do Senado, declarou o militar e senador visconde de Pelotas: "os oficiais do Exército deviam ver no que acabava de sofrer o seu camarada uma ofensa a todos eles feita".[40] A guerra estava declarada.

Ainda em 1886, o Coronel Sena Madureira, comandante da Escola de Tiro de Rio Pardo, trocou farpas pela imprensa com outro "casaca" e ex-ministro da Guerra, Franco de Sá. Madureira era homem de temperamento forte e ao ser repreendido não recuou, manteve reincidente, voltou à imprensa e se defendeu. Estavam expostas publicamente as fraturas entre o corpo civil e o militar no Império brasileiro. Sena Madureira contou com a solidariedade de Deodoro da Fonseca, na época Presidente em exercício do Rio Grande do Sul e seu comandante das armas.

Em carta enviada a Deodoro, Cotegipe, presidente do Conselho de Ministros, fez a leitura correta da crise militar que se consolidava, ao escrever: "hoje eram contra o ministro da guerra, amanhã seriam contra os comandantes, os generais e teríamos então um exército deliberante, incompatível com a liberdade civil".[41] Deodoro foi demitido por Cotegipe e retornou ao Rio de Janeiro em janeiro de 1887. Em fevereiro do mesmo ano, uma reunião de militares realizada no Teatro Recreio Dramático, sob a coordenação de Deodoro, com quase duzentos oficiais, entre eles Sena Madureira, Benjamim Constant e Cunha Mattos, aprova uma moção cujo primeiro artigo dizia:

> Os oficiais de terra e mar, presentes a esta reunião, não julgam terminado com honra para a classe militar o conflito suscitado entre esta e o governo, enquanto perdurarem os efeitos dos avisos inconstitucionais, que foram justamente condenados pela imperial resolução de 3 de novembro último, tomada sobre consulta do venerando conselho supremo militar.[42]

Demitido, e de volta para casa, Deodoro recebeu o apoio de diversos colegas de farda e sem ainda ter noção de sua representação simbólica, parecia começar a se preparar para tornar-se o líder do movimento que derrubaria a monarquia três anos depois. Usando de sua amizade com D. Pedro II solicitou ao Imperador um recuo na punição a Cunha Matos e Sena Madureira. O máximo que conseguiu foi a demissão do ministro da Guerra, Alfredo Chaves. Achou Deodoro que a crise militar chegava a bom termo. Ledo engano, o novo ministro da Guerra, Joaquim Delfino Ribeiro da Luz, manteve a punição sobre os coronéis. O desdobramento desse episódio acabou por unir dois pesos pesados do Exército, Deodoro da Fonseca e o Visconde de Pelotas. Ambos passaram a fazer política, mandando recados ao governo, Deodoro através da imprensa, Pelotas na tribuna do Senado. Em um de seus discursos, Pelotas se utilizou de ameaças indiretas, o que parece ter feito escola entre a corporação até os dias de hoje. Contando com a presença de Cotegipe na Casa legislativa, lembrou que uma "revolução depusera D. Pedro I em 1831 e aquele já era um fato bem aceito por todos".[43] Seguiu renitente e em tom de ironia e ameaça falou diretamente para o presidente do Conselho de ministros de que caso não fosse resolvida a "Questão militar" não se podia saber "o que poderá acontecer amanhã, apesar de confiar o nobre presidente do Conselho na força armada que tem à sua disposição".[44]

Naquele momento estava se impondo a doutrina do "cidadão fardado" no sentido de justificar a atuação política dos militares.[45] Ao mesmo tempo, a Escola Militar se firmava como baluarte intelectual do movimento, muito por conta de um de seus professores mais influentes o major Benjamin Constant Botelho de Magalhães, referência do pensamento positivista no Brasil. Contudo, nada disso significava que o conjunto dos oficiais haviam se filiado à bandeira republicana. Por mais que se diga que os militares foram decisivos na derrubada da Monarquia não havia entre eles uma unanimidade de pensamento.

Em junho de 1889 formou-se o último Gabinete do Brasil imperial. Como presidente do Conselho de Ministros estava o visconde de Ouro Preto. Assumiu tendo que ouvir viva à Republica em pleno parlamento. Tinha pela frente o desafio de arrefecer os ânimos e colocar ordem na casa. Apresentou um projeto ousado de reformas que incluía a regulamentação sobre bancos de emissão de moedas visando substituir o papel-moeda pela circulação metálica; concessão para o Banco do Brasil emitir bilhetes ao portador conversíveis em ouro e à vista; investimento em um amplo programa de obras públicas, crédito agrícola entre outras iniciativas.[46] Não conseguiu levar à aprovação do parlamento, foi atropelado pelo evento de 15 de novembro. Durante o gabinete Ouro Preto, Deodoro exonerou-se do cargo de comandante das armas e presidente da província do Mato Grosso, retornando definitivamente ao Rio de Janeiro em setembro de 1889.

Em casa e doente Deodoro da Fonseca não tinha ainda incorporado o personagem do republicano convicto. Sua amizade com D. Pedro II o faria hesitante até o último momento. Talvez, no máximo, Deodoro tivesse em seu horizonte mais radical a derrubada do Gabinete Ouro Preto. Seu republicanismo de última hora foi devidamente impelido por aliados republicanos como Benjamin Constant, Quintino Bocaiuva e Aristides Lobo que buscavam levar o velho militar a reconhecer que urgia a mudança do regime. Nas palavras irônicas de Oliveira Viana, "juntava-se o grupo numeroso dos "colarinhos de couro" liderados por Deodoro com a pequena fração dos "cadetes filósofos" chefiados por Benjamin Constant".[47] Ao convencerem Deodoro para a causa republicana, os "cadetes filósofos" consolidavam a conspiração nos bastidores, o golpe final era questão de tempo.

Como toda boa conspiração, urgida nas entranhas do próprio sistema, as estratégias vão sendo construídas na intimidade das conversas privadas com poucas testemunhas. Em 31 de outubro de 1889 o movimento ganhou a participação de um personagem, a princípio pouco provável, pois monarquista de primeira hora, o major Frederico Solon de Sampaio Ribeiro, comandante do Primeiro Regimento de Cavalaria do quartel de São Cristovão. Em companhia do capitão Mena Barreto, Solon Ribeiro se encontrou com o civil Aristides Lôbo. Esse encontro marcou a efetiva aliança entre militares e civis nos bastidores da conspiração. O movimento tomava um esboço civil-militar, sem necessariamente retirar a condição vanguardista dos militares. Seria de Solon Ribeiro a responsabilidade de entregar pessoalmente ao Imperador, na tarde de 16 de novembro, a mensagem de Deodoro participando a destituição da Monarquia e a deportação do Soberano e sua família.[48]

As reuniões se mantiveram nos dias seguintes já no mês de novembro. Solon Ribeiro fez reunião com oficiais em sua casa e Mena Barreto se reuniu com outros militares como o Major Marciano de Magalhães, irmão de Benjamim Constant, e os capitães Osório de Paiva e Silva Travassos. Quanto a Silva Travassos, podia ser considerado suspeito, pois além de próximo ao governo, não tinha boa relação com Deodoro, mas diante do eminente quadro conspiratório, não teve receio em afirmar que marcharia com o desafeto caso ele comandasse um movimento visando a defesa da classe ou dos "brios do exército".[49] Ficava claro na fala do capitão Travassos a principal motivação da tropa ao movimento que seria encabeçado por Deodoro. O movimento estava sendo gestado nas "barbas do imperador" que dificilmente já não tinha se dado conta de que algo fora da ordem estava sendo tramado. Preferiu subestimar a força dos revoltosos. No fundo, tinha certa razão a imobilidade de D. Pedro II, a derrubada da monarquia, mesmo para Deodoro, ainda não era o objetivo final, o alvo maior era o Conselho de ministros. É Benjamim Constant o homem a mudar a chave e radicalizar.

Em 8 de novembro chegou ao Rio de Janeiro, depois de uma série de correspondências trocadas com a facção civil carioca, o republicano paulista Francisco Glicério. Campos Sales foi a ponte paulista com o grupo do Rio. Em torno dele se juntaram a fina flor dos republicanos de São Paulo como Bernardino de Campos, Rangel Pestana, Prudente de Morais e o próprio Francisco Glicério. Uma vez no Rio de Janeiro, Glicério manteve-se em contato com Campos Sales atualizando-o da dinâmica do movimento. Depois de um encontro com Deodoro e de ter a certeza de que algo grande estava por acontecer, Glicério escreveu a

Campos Sales a seguinte mensagem "o Exército estava resolvido a fazer a revolução".[50] Aproveitou para recomendar a Sales que procurasse seus contatos militares, entre eles os da 10ª Cavalaria.

Em 9 de novembro, quando o Imperador e um seleto grupo de convidados ofereciam um baile na ilha Fiscal, o último do Império, em homenagem aos oficiais do navio chileno Almirante Cochrane, o Clube Militar se reunia sob a liderança de Benjamin Constant. Foram muitos discursos e todos voltados para um único tema: a falta de respeito do governo com os brios a honra e a dignidade da classe militar. O Clube Militar tinha sido recém criado e Deodoro foi seu primeiro presidente. Talvez não imaginasse seus primeiros sócios fundadores a força e a liderança que o clube viria ter na história política da República brasileira. Quanto ao baile da ilha Fiscal, o último da monarquia dos Bragança, Heitor Lyra transcreve o trecho de um depoimento de um jovem que estava presente na festa, trago aqui as linhas finais: "Embevecido na maravilha daquela noite e no deslumbramento daquela festa, o velho Monarca não imaginava que, naquela mesma hora se estava concertando, num pequeno sobrado do Campo de Sant'Ana, o trambolhão do Império, e que os dias de seu reinado estavam contados(...)".[51]

A partir da reunião no Clube Militar a República se aproximava, ainda que de forma cambaleante e insossa. O estado de saúde de Deodoro impressionou o amigo Benjamim Constant que se viu diante de um moribundo.[52] Era necessário acelerar o processo conspiratório. No dia 11, uma reunião na casa de Deodoro selou o encontro entre o general e os civis do movimento. Estiveram presente Quintino Bocaiuva, Rui Barbosa, Glicério e Aristides Lobo. Nessa reunião também se acertou o melhor dia para a conspiração. Muitas datas foram apresentadas destacando-se o dia 16 por tratar-se de um sábado dia de habitual reunião do Conselho de ministros. Teria surgido também a sugestão do dia 20, mas as incertezas em torno dessas datas e suas justificativas perduram até hoje. O 16 de novembro talvez fosse a data mais provável, essa era a vontade de Solon Ribeiro, ansioso por resolver logo a questão.

Raimundo Magalhães Junior apresenta o que pode ter sido as palavras decisivas de Deodoro ao se reconhecer líder do movimento que mudaria a história política do Brasil:

> Eu queria acompanhar o caixão do imperador, que está idoso e a quem respeito muito. Mas o velho já não regula. Se ele regulasse não havia esta perseguição contra o Exército. Se não há outro remédio e se ele mesmo assim o quer, que leve a breca a monarquia! Não há mais o que esperar dela... Façamos a república.[53]

Alguns eventos do dia 14 foram decisivos para a antecipação da data. Solon Ribeiro tinha sido convocado por Floriano Peixoto e recebeu dele ordem para aquartelar na Praia Vermelha o 9.ª de Cavalaria e o 2.° de Artilharia[54] que faziam parte da 2.ª Brigada e eram os regimentos com que contavam os conspiradores. O objetivo de Floriano Peixoto, talvez já pressentindo os ventos conspiratórios, era o de deixar os regimentos longe do centro da cidade. Isto foi a senha para que Solon Ribeiro desconfiasse de que o governo preparava uma resistência ao movimento. Na oportunidade, também chegou a ele o boato de que Deodoro seria preso. Já não tinha mais retorno, no alvorecer do dia 15 de novembro as tropas estavam em prontidão e partiram em direção ao centro da cidade. Muitos dos que marcharam desconheciam que estavam indo derrubar a monarquia. Enfermo, Deodoro não estava à frente da tropa. Tirado da cama, não esperou sequer uma avaliação médica, se vestiu e partiu de carro em direção ao restante dos conspiradores. Os alcançou, trocou o carro por um cavalo e assumiu definitivamente o comando. Não adiantaram os pedidos desesperados de Ouro Preto para que os oficiais assumissem a defesa do governo. Eram 8 horas da manhã quando Deodoro da Fonseca chegara ao Quartel General do Exército, local para onde tinha sido transferida a sede do governo. Floriano Peixoto foi destacado por Ouro Preto para liderar a reação, mas se negou a abrir fogo contra seus amigos de farda. O último suspiro de resistência monárquica desaparecia diante da atitude de Floriano.

Deodoro da Fonseca se dirigiu ao gabinete em que se encontrava em reunião Ouro Preto e seus ministros. O encontro entre os dois teve de Pedro Calmon um relato literário que independente da verossimilhança histórica, ilustrou a forma melancólica em que a monarquia se despedia do Brasil. Vejamos o que escreveu o renomado historiador baiano:

> Frente a frente de Ouro Preto, o general explicou-lhe os fins da revolta, os dissabores pessoais que curtira, as queixas do Exército, terminando por declarar deposto o ministério e preso o presidente do Conselho. A cena era impressionante pela estatura moral daqueles dois homens, pela energia do seu olhar, pelo vigor de suas vontades, encarnado uma força que triunfava, o outro o regime que caía e tinha ainda, no seu chefe civil, um defensor indomado. A resposta de Ouro Preto foi incisiva, dizendo que, mais do que Deodoro, que alegava três ou quatro noites passadas num charco, em defesa da pátria, sofria ter de ouvi-lo; entregava-se preso, porque nada mais podia fazer.[55]

Se tomarmos a reunião do Conselho de ministros como exemplo simbólico de pleno funcionamento do governo de D. Pedro II, na manhã do dia 15 de novembro de 1889 o Brasil imperial amanhecera em plena vigência. A fala de Deodoro diante de Ouro Preto não tinha sido, entretanto, suficiente para declarar como proclamada a implantação da República no Brasil. O desfile da tropa pelas ruas do Rio de Janeiro deu ao povo, sempre ausente, a impressão de tratar-se de uma parada militar.

Quanto a D. Pedro II, aos 64 anos, a saúde debilitada já não mais lhe possibilitara a atuação efetiva à frente de seu governo, as notícias já lhe chegavam com os devidos atrasos. Veraneava em Petrópolis, quando a monarquia lhe derramava pelos dedos. Tentou de forma derradeira reorganizar um novo ministério que pudesse retomar as rédeas do governo, era mais uma pista de que Deodoro não deixara claro o fim da monarquia. No dia 16 de novembro a imprensa tratou o evento sem grande alvoroço. O termo República apareceu no título de um editorial da Gazeta de Notícias, mas o texto trazia a informação de que o jornal tinha tomado conhecimento, através de um participante do movimento, de que haveria uma consulta popular para que o povo decidisse "sobre a forma de governo que ele quer adotar, decisão que o governo provisório por si e em nome da força armada se compromete a aceitar".[56] A história que pode realmente ter sido a verdadeira razão de finalmente o general Deodoro optar pela República foi a informação que recebeu de Benjamim Constant de que a liderança do novo governo, que estava se formando sob a coordenação do Imperador, seria entregue a seu desafeto, o Conselheiro Gaspar da Silveira Martins. Dessa maneira nascia, de forma pitoresca, a nossa República.

É inevitável reconhecer que a República brasileira nasceu de uma trama conspiratória de bastidores levada à frente por um pequeno grupo de militares e muito poucos civis. Quando Deodoro partiu à frente da tropa na madrugada do dia 15 de novembro em direção ao Campo de Santana, somente dois civis o seguiam, seu irmão Pedro Paulino e um funcionário da Contadoria da Guerra chamado Antônio Campos. Deodoro fizera questão que o movimento fosse visto como uma iniciativa do corpo militar. Diferente do movimento de 1964, o de 1889 não foi um movimento de generais. Além do general Deodoro da Fonseca, somente o general Almeida Barreto marchou ao lado dos conspiradores. Em suma, a Monarquia brasileira foi derrubada, sem muita convicção, por uma quartelada golpista de "republicanos" de segunda hora.

1891: Deodoro da Fonseca e o primeiro golpe de Estado do Brasil republicano

Proclamada a República, restava legitimá-la. Isto foi desafio de grande monta. A República nascera sob a liderança de monarquistas, sendo natural que os anos que a procederam evoluíssem sobre bases frágeis, confusas e imponderáveis. Havia uma sociedade em transição cujos principais referenciais ainda estavam no antigo regime que, em tese, deveria ser superado. Os republicanos de hoje, eram os monarquistas de ontem e isto impactou diretamente no *modus operandi* do "novo" campo político que se estruturou em tempos de ventos republicanos. Um regime autocrático ficava para trás com a Monarquia, mas a elite política brasileira desconhecia o que efetivamente caracterizava uma democracia. No fundo, o que eles entendiam como democracia seria uma sociedade funcionando dentro dos limites de seus interesses privados. Diria corretamente José Murilo de Carvalho: "Era uma ordem liberal, mas profundamente antidemocrática e resistente a esforços de democratização".[57]

Um novo tabuleiro político foi montado e teria que acomodar figuras de mentalidades distintas como Deodoro da Fonseca, Quintino Bocaiuva e Benjamim Constant. Se os militares saíram na frente ao se posicionarem como principal base de sustentação do governo, aos civis cabia estabelecer um ambiente que possibilitasse a estabilidade política necessária não só para solapar de vez o risco do retrocesso monárquico, como para incluí-los no jogo como agentes ativos do novo regime.

No dia 16 de novembro de 1889 os homens que derrubaram a Monarquia tinham um país pela frente para governar. O Decreto de 15 de novembro de 1889, entre outras questões, criou o Governo Provisório da República dos Estados Unidos do Brazil. Depois dele, vieram mais uma série de decretos que ajudaram a consolidar provisoriamente o novo regime. Deixando claro em que bases o novo regime iria provisoriamente se assentar o Decreto de 23 de dezembro de 1889 criou uma comissão militar para julgar crimes de conspiração contra a República. Um trecho do Decreto dizia o seguinte: "que, em circunstâncias tais, o maior de todos os deveres impostos ao Governo é a firmeza absoluta e a mais inexorável severidade nas medidas tendentes à preservação da paz e à manutenção dos interesses fundados na segurança da propriedade".[58] Em defesa da paz e da propriedade, a República brasileira nascia se ancorando na mentalidade da "guerra justa". A imprensa foi uma das principais vítimas desse decreto. O jornal monarquista Tribuna Liberal foi proibido de circular. Em momento de profunda tensão política Deodoro chegou a falar em uma "ditadura progressista". A República brasileira, já desde o seu nascedouro, flertava sem constrangimento com a repressão.

Uma comissão foi nomeada sob a presidência do velho Saldanha Marinho, estadista destacado do antigo regime, para elaborar o projeto de Constituição da República. Um Governo Provisório se organizou em torno do marechal[59] Deodoro da Fonseca e sua composição contemplou os que com ele estiveram no processo de construção da quartelada do dia 15 de novembro. O primeiro ministério foi formado justamente pelos que estiveram na casa de Deodoro no dia 11 de novembro na reunião em que foi selado o encontro entre militares e civis que marcharam juntos no movimento conspiratório. Rui Barbosa ficou responsável pela Fazenda, Quintino Bocaiuva pelas Relações exteriores e Aristides Lobo o Interior. Campos Sales, representando os republicanos paulistas, foi contemplado com a Justiça. Benjamim Constant, uma das principais lideranças militares do movimento, ficou com o ministério da Guerra.

A dinâmica do Governo Provisório refletiu a instabilidade do grupo que liderou o golpe de Estado. Diria Pedro Calmon: "o governo provisório, composto de homens cujas responsabilidades no momento se equivaliam, ressentia-se da falta de confiança recíproca".[60] Em agosto de 1902, por conta do aniversário de falecimento de Deodoro, foi a vez do Jornal do Comércio fazer uma leitura pouco elogiosa ao corpo de ministros na sua relação com o líder do Governo Provisório: "O marechal confiava cegamente neles. Pode dizer-se que cada ministro do Governo Provisório era um ditador na sua pasta. Mas, ingratos, bem ingratos foram eles no tratamento que afinal deram ao pobre homem que lhes fizera todas as vontades e que tanta lealdade os sustentara".[61] Uma coisa é fato, o marechal Deodoro, sempre cismado com os civis, nunca deixou de ser um militar na presidência. O Brasil era, para ele, uma grande caserna.

A política entrou na vida do alagoano Manuel Deodoro da Fonseca por acidente, desconhecia as artimanhas do jogo, foi sempre um militar fazendo momentaneamente política. A vacilante e autoritária postura do marechal diante das reformas defendidas pelos republicanos acabou por afastá-lo de seu grande aliado, Benjamim Constant. Os atritos entre os ministros, em um governo que não definia sua diretriz, gerou a saída de vários deles. Em alguns casos, o desligamento se dera em decorrência de vaidades internas ou como disse Calmon, falta de confiança reciproca, como a que gerou a saída do ministro da Agricultura, Demétrio Ribeiro, que ao conflitar com Rui Barbosa, figura momentaneamente fulgurante do governo de Deodoro, optou por exonerar-se. Rui Barbosa, como ministro da Fazenda, viu sua luz durar no governo o tempo de maturação e desastre de sua política econômica conhecida como "encilhamento"[62]. Buscando inserir o Brasil em um desnorteado capitalismo moderno de vocação comercial e industrialista, o liberal Rui optou pela livre emissão de créditos monetários e, através do decreto de 17 de janeiro de 1890, definiu em seu artigo primeiro que "as companhias ou sociedades anonymas, seja civil ou commercial o seu objecto, podem estabelecer-se sem autorização do Governo"[63]. Foi uma desburocratização sem nenhum respaldo na vida real. O resultado foi uma desenfreada abertura de empresas e uma inundação de títulos na Bolsa de estabelecimentos comerciais e industriais fantasmas. A necessidade do governo em honrar seu compromisso com o crédito fácil inundou o país com a emissão de moedas fazendo explodir a inflação. O desastre do "encilhamento", assim como outras medidas de fundo econômico empreendidas pelos diversos governos republicanos que o procederam deve ser lido à luz do desenvolvimento desigual e combinado do capitalismo. O Brasil da República Velha nada mais era do que a periferia do sistema-mundo capitalista.

Brilhante jurista, Rui Barbosa aparentava não ter consciência da função periférica e dependente da economia brasileira naquela conjuntura. Desde aquela época, a economia brasileira demonstrava não ser um laboratório para amadores e aventureiros. Todavia, é possível analisar a ação econômica de Rui, não obstante tenha se mostrado desastrosa, como um primeiro esboço de formação de uma pequena burguesia urbana no

Brasil. Segundo Guerreiro Ramos, do ponto de vista social a política financeira de Rui Barbosa foi uma "tentativa de redistribuir recursos do setor latifundiário para o da indústria".[64] Nesse sentido, ao privilegiar a indústria, setor diretamente ligado à atividade urbana, resultou na criação de empregos para a classe média fortalecendo a pequena burguesia.[65] Uma coisa é fato, nos governos de Deodoro e Floriano não houve uma deliberada criação de um ambiente favorável à formação de poderes oligárquicos vinculados ao latifúndio e ao setor agrícola, isso só viria acontecer a partir da eleição do paulista Prudente de Morais e se consolidaria com outro paulista Campos Sales e sua "política dos governadores".

A crise na economia, causada pelo "encilhamento" de Rui Barbosa, impactou diretamente na condução do governo e as trocas ministeriais marcavam seu ritmo. Francisco Glicério substituiu Demétrio Ribeiro e um agora desprestigiado Benjamim Constant deixou o ministério da Guerra para Floriano Peixoto, indo se abrigar na recém-criada Pasta da Instrução. Rui Barbosa seguia em declínio depois de sua desastrosa política econômica. O marechal Deodoro, cada vez mais se exilava em seu próprio governo. Algumas de suas atitudes, resvalando no arbítrio, fizeram com que opositores e membros do governo cobrassem celeridade na conclusão da nova Carta Constitucional. Rui Barbosa, em discurso no Congresso Constituinte, deixava transparecer a vontade de que o texto constitucional fosse apressado: "nossa primeira ambição deve consistir em entrar já na legalidade definitiva, sem nos deixarmos transviar (...)".[66] Os hábitos autoritários do velho marechal inspiravam cuidados. A própria Constituição era escrita de dia e à noite, na casa de Deodoro, era pressionada a adequar-se a seu projeto de poder. Sob a batuta de republicanos de tendência federalista, a futura Carta teria que responder aos anseios de uma nação organizada aos moldes da República federalista dos Estados Unidos da América. O centralismo de Deodoro era um obstáculo a esse objetivo.

Sentiu-se o cheiro de uma incipiente fumaça golpista quando, um mês antes da promulgação da Constituição, o marechal buscou usar de sua influência para passar a concessão do porto de Torres, no Rio Grande do Sul, a um amigo próximo. Os ministros perceberam que o velho havia cruzado a linha do bom senso, frearam a concessão e em seguida fizeram uma renúncia coletiva em janeiro de 1891. O grande marechal, herói da República, declinava isolado. Com uma oposição republicana recrudescendo, restou-lhe um retorno às suas origens monárquicas e conservadoras ao convidar o barão de Lucena para compor um novo governo. Esse movimento político de Deodoro ilustrava o quanto vacilante foi a Proclamação da República.

A Constituição, primeira da República, foi promulgada no dia 24 de fevereiro de 1891. Porém, o Congresso Constituinte que a promulgou precisava, antes de transformar-se em Congresso Nacional, cumprir a tarefa de eleger indiretamente o presidente da República. A eleição ocorreu no dia seguinte à promulgação da Magna Carta. Apesar de o texto constitucional garantir o voto direto, havia uma legislação anterior que previa a eleição indireta para o primeiro pleito presidencial. A disputa eleitoral ocorreu em meio aos conflitos de poder que colocaram em lados opostos Deodoro da Fonseca e seus desafetos e opositores. Duas candidaturas se formaram. De um lado, Deodoro, apoiando[67] para vice o almirante Wandenkolk ministro da Marinha. Na oposição, firmou-se uma aliança civil-militar entre Prudente de Morais, que fazia o primeiro grande movimento da burguesia republicana paulista em direção ao centro do poder, apoiando para vice o marechal Floriano Peixoto.

A eleição foi um retrato do quanto a República ainda engatinhava na configuração do organograma de suas forças políticas. A candidatura de Deodoro da Fonseca representava, além dos militares, uma facção de republicanos de última hora encastelados no Governo Provisório. A candidatura Prudente de Morais contou com o apoio da maioria dos parlamentares, que naquele momento estavam em franca oposição ao rumo que tomara o governo de Deodoro. Além disso, o lançamento do nome de Prudente de Morais simbolizava um ensaio da ópera dos cafeicultores de São Paulo cuja estreia se daria em 1894 com a eleição de Morais à presidência da República. Outro grupo de republicanos e dissidentes contrários a Deodoro se aproximara de Floriano Peixoto. A presença de três militares como candidatos fez com que o Clube Militar se posicionasse contrário à intervenção das forças armadas no processo eleitoral defendendo que os atos do poder soberano, representado pelo Parlamento, fossem devidamente respeitados.

Deodoro da Fonseca foi eleito sob muita pressão da oposição. No fundo, o que deve ter assegurado sua vitória foi o risco de alguma instabilidade política provocada pelo setor militar. Ainda não havia ambiente para apostas altas. No entanto, Prudente de Morais foi muito bem votado, e a oposição deu seu recado elegendo como vice-presidente Floriano Peixoto. Deodoro da Fonseca foi vitorioso com 129 votos contra 97 de Prudente de Morais. Já Floriano Peixoto chegou a 153 votos na eleição de vice-presidente, com Wandenkolk obtendo somente 57. Encerrava-se a fase do Governo Provisório e iniciava-se o primeiro governo constitucional do país. Nascia sob a liderança de um presidente acuado e de uma oposição em torno de uma nova liderança, o marechal Floriano Peixoto. No Senado, Floriano Peixoto, que tinha a prerrogativa constitucional de exercer sua presidência[68] desdenhou estrategicamente da função, ficando a liderança da oposição na Câmara alta a cargo do derrotado Prudente de Morais que ao ser eleito vice-presidente do Senado iria liderar com mão de ferro a oposição criando todas as dificuldades ao governo. Ironicamente, o responsável por defender os projetos do primeiro governo republicano foi ninguém menos do que o barão de Lucena, representante disfarçado do *ethos* monárquico.

O ambiente de desgaste político de Deodoro foi ampliado por uma severa oposição que enxergava na liderança política do barão de Lucena, a simbologia da Monarquia. O governo foi praticamente estagnado. A estratégia do Congresso era o de não votar o orçamento ou criar o máximo de constrangimento ao presidente, praticamente inviabilizando o exercício do governo. Declinava também o estado de saúde do marechal. Entre os membros da oposição estavam alguns daqueles que tinham marchado a seu lado em 15 de novembro de 1889. A eminência da possível morte do líder do movimento que proclamou a República, e a consequente possibilidade do reforço do poder do "Consulado" do "monarquista" barão de Lucena, criou um ambiente de angústia na oposição, diante da probabilidade de enfraquecimento ou retrocesso do regime que eles ajudaram a implantar. O barão de Lucena tentou de todas as formas costurar acordos com a oposição na tentativa de salvar o governo. Apelou para o vice-presidente Floriano Peixoto no sentido de que esse viesse a assumir sua função de presidente do Senado e criasse condições de governabilidade. Teria lhe dito Floriano alegando problemas de saúde: "Eu não posso sair à rua. Não vê como o meu nariz está vermelho e inflamado?".[69] Por conta de um nariz inflamado a República brasileira seguia tropeçando. Floriano deixara claro ao barão de Lucena que Deodoro não privava mais de sua amizade, mas fez questão de declarar sua lealdade ao espírito de corpo militar e que estaria ao lado da República e do governo quando afirmou: "Eu sou carneiro de música de batalhão. Para onde vai a música, lá vai o carneiro".[70]

A gota final que encheria o copo foi a aprovação pelo Senado da Lei das Responsabilidades do Presidente que poderia levá-lo ao *impeachment*. Esboçava-se, nesse episódio, outra possível tradição brasileira, a de transformar a figura jurídica do *impeachment* em um instrumento de disputa política. O governo veta a lei, mas o veto é rejeitado pela Câmara e pelo Senado. Desesperado, o velho marechal se "esquecera" de que estava em tempos republicanos e resgatou sua memória afetiva dos tempos do imperador cujo poder moderador lhe possibilitava fechar e abrir parlamentos ao sabor dos interesses do poder executivo. Teria dito em tom de desesperança: "Isto que aí temos não é um Congresso Legislativo, mas um ajuntamento anárquico, que deve desaparecer para a felicidade do Brasil".[71] Em 3 de novembro de 1891 a profecia se realizou. Deodoro da Fonseca dissolveu o Congresso e registrou mais um golpe de Estado nos Anais da história política brasileira. Esse ato ficaria conhecido como "golpe Lucena", o nome é autoexplicativo. Dos governadores, somente Lauro Sodré, do Pará, manifestou-se publicamente contra o golpe. No dia seguinte, o presidente decretou o estado de sítio que alcançava o Distrito Federal e Niterói.

O Brasil republicano, além de ter sido filho dileto de um golpe de Estado trouxe, junto com ele, a figura do estado de sítio legando outra marca indelével de nossa história política. Este livro se propõe a debater o golpe de Estado na República brasileira, mas é impossível fazê-lo negligenciando o estado de sítio como uma espécie de legitimador e organizador dos atos golpistas no Brasil. Governar sob estado de exceção nunca causou constrangimento à elite política brasileira. Muito pelo contrário, nosso traço autocrático, herdado da Monarquia, não morreu em 15 de novembro de 1889. Tradicionalmente estabelecendo a estratégia de uma "democracia" sem povo e de uma "modernização" conservadora, os donos do poder no Brasil tiveram sempre como referência de estabilidade do ordenamento político, o limite de seus interesses de classe.

Deodoro da Fonseca foi o primeiro, mas não seria o único presidente brasileiro a fazer uso do estado de sítio como dispositivo de governo. A Constituição de 1891 previa, no Título V no artigo 80 das Disposições Gerais, o instituto do estado de sítio. Sendo prerrogativa do Congresso Nacional, poderia ser instituído "quando a segurança da República o exigir, em caso de agressão estrangeira, ou comoção intestina".[72] Por toda a República Velha foi utilizado com desenvoltura pelos diversos presidentes. No governo Deodoro da Fonseca o estado de sítio durou exatos 20 dias. Seu sucessor, o marechal Floriano Peixoto, fez uso desse dispositivo por 295 dias.[73] Prudente de Morais que tomou posse em novembro de 1894 governou 104 dias sob estado de sítio.[74] Não houve estado de sítio no governo Campos Sales, mas seu sucessor, Rodrigues Alves, governou 121 dias sob regime de exceção.[75] Nos governos Afonso Pena e Nilo Peçanha não houve decreto de estado de sítio. No governo Hermes da Fonseca, que viveu a crise gerada pelo motim dos marinheiros liderados por João Cândido, foram 268 dias.[76] Wenceslau Braz o usou por 71 dias.[77] Epitácio Pessoa, que foi empossado em 1919, já no final de seu governo fez uso do estado de sítio por 132 dias.[78] O governo do presidente Arthur Bernardes, o penúltimo da Primeira República, foi um exemplo clássico da fragilidade do sistema político republicano em sua fase de gestação e consolidação. Bernardes governou por 1.287 dias sob estado de sítio.[79] Finalmente, Washington Luís, o presidente que antecederia o movimento de 1930 liderado por Getúlio Vargas, fez uso do estado de sítio por 87 dias.[80]

Uma soma simples nos mostra que entre 1889 e 1930 a "democracia" brasileira foi governada sob 2.385 dias de estado de sítio. Isto é tempo suficiente para se estabelecer uma mentalidade. É quase um esboço de cultura política. Esses números nos levam a uma reflexão cara a Giorgio Agamben que sinaliza para a necessidade de um debate em torno da ideia da transformação do estado de exceção como paradigma de governo dominante na política contemporânea. Em outras palavras, o que foi criado pelo legislador para ser uma exceção tem virado regra e condicionado a ação de uma série de agentes políticos no exercício do poder. Ao ser previsto constitucionalmente, o estado de exceção se constitui em um "ponto de desequilíbrio entre direito público e fato político".[81] O estado de sítio esteve presente em nossas constituições seja em período democrático ou não. A diferença nas duas situações se encontra na forma em que o regime de exceção é reivindicado e aprovado. Nas constituições de 1937 e 1967, períodos de regimes fechados, cabia ao presidente da República de forma autocrática impor unilateralmente sua vontade. Na Carta de 1946, em seu artigo 206, a responsabilidade foi remetida ao Congresso Nacional de decretar o estado de sítio nos casos "de comoção intestina grave ou de fatos que evidenciem estar a mesma a irromper".[82] Na Constituição de 1988, vigente no Brasil atual, diz o artigo 137 que "O Presidente da República pode, ouvidos o Conselho da República e o Conselho de Defesa Nacional, solicitar ao Congresso Nacional autorização para decretar o estado de sítio".[83] Em qualquer época a tendência última do uso do estado sítio será sempre o silenciamento das vozes dissonantes e a construção de um ambiente antidemocrático que favoreça ações autocráticas do governante de plantão.

A Primeira República brasileira e seus inúmeros usos do estado de sítio, exemplo concreto do estado de exceção, reafirmou a contemporaneidade dessa prática que transformou uma medida que deveria ser provisória e pontual em uma "técnica de governo".[84] Para o século XXI cabe, nesse caso, utilizarmos o conceito de autoritarismo líquido proposto por Pedro Serrano para caracterizar "traços de autoritarismo fragmentados e cirúrgicos, que têm destinatários específicos e podem ser capitaneados por diferentes agentes".[85] É uma estratégia inteligente de aperfeiçoamento do autoritarismo que se apresenta de maneira difusa dialogando com institutos e medidas democráticas possibilitando a manutenção de uma aparência de respeito às instituições e ao Estado de direito.[86] De maneira geral o estado de exceção, autorizado pelo ordenamento jurídico, é a resposta imediata do poder estatal aos conflitos internos mais extremos.[87] Porém, da forma que tem sido usado no decorrer da história tem se apresentado como "um patamar de indeterminação entre democracia e absolutismo".[88] Nas diversas conjunturas históricas apresentadas neste livro o uso do dispositivo jurídico do estado de sitio foi naturalizado como ação estratégica de governo e vem caracterizando a experiência democrática brasileira como um laboratório para pequenas experiências de regimes de exceção.

O período conhecido como Primeira República foi um palco de conformação da burguesia brasileira no interior de uma nova ordem social, política e econômica. Havia, naquele período embrionário de formação da sociedade brasileira, um relutante equilíbrio de forças entre os nostálgicos do retrogrado escravismo e uma incipiente e frágil mentalidade liberal. A burguesia esteve sempre ancorada nessa "eterna" transição entre o arcaico e o moderno. Entre o estável e o arriscado. Os interesses privados de natureza econômica ditaram o ritmo do exercício controlado da política. Ao analisar o estado de sítio na República Velha, Rafael Vieira foi preciso ao caracterizá-lo como um "prodigioso achado institucional utilizado quando às pomposas declarações de direitos atravancam o desejo de manutenção e reprodução de uma determinada ordem histórica".[89] Estado de sítio, *impeachment* e golpe de Estado foram se firmando, no decorrer da República, como variáveis estratégicas de transição política pelo alto, utilizadas de forma oportunista pela elite política brasileira.

Voltemos ao governo Deodoro e ao dia seguinte ao fatídico 3 de novembro de 1891. Foram dias de ação e reação. Deodoro publicou um "Manifesto à Nação" cuja análise da conjuntura nos presenteou com um documento bastante expressivo sobre a continuidade histórica de como nossa elite, desde sempre, opera a política. Depois de fazer um longo relato sobre o que foi seu período à frente do governo, Deodoro, já no final do texto, conclui: "Contemporizei até agora. Se na crise em que se encontra a República eu não apelasse para a Nação, dissolvendo, como dissolvo o atual Congresso, eu seria um traidor à Pátria".[90] Getúlio Vargas iria repaginar esse argumento quando resolveu instaurar sua ditadura em 1937. É a institucionalização da atitude golpista como instrumento de resgate da lei e da ordem institucional. Deodoro fez escola e suas palavras seriam ressignificadas em conjunturas posteriores. O marechal presidente também traçou um retrato fiel e contemporâneo de parcela da imprensa brasileira, escreveu ele: "A linguagem da imprensa partidária, filiada à causa da restauração, é um brado de insurreição diária e audaz".[91] Finalmente, definiu o *modus operandi* do Congresso Nacional brasileiro:

> Os discursos do Congresso estabelecem diariamente profunda divisão entre os poderes públicos, e são verdadeiras armas de guerra contra a República. Não há uma lei votada firmando princípios; há, porém, a lei dos subsídios aumentados em proveito dos próprios que a decretaram, quando, aliás, tratando-se de melhorar a condição do País, eles a tudo se recusavam sob o pretexto de que estamos no domínio da bancarrota.[92]

A reação da oposição viria também em forma de manifesto público e buscou fazer o contraponto às acusações e justificativas golpistas de Deodoro. Nesse momento, um contragolpe já estava sendo organizado e materializou-se na madrugada de 23 de novembro quando unidades da Marinha, fundeadas na baía de Guanabara, articulada com o apoio de parte do Exército, iniciaram o levante militar de mar e terra. O almirante Custódio de Melo, a bordo do encouraçado Aquidaban, deu um tiro de advertência ao governo. Doente e isolado politicamente, só restou ao marechal evitar um derramamento de sangue e renunciar no dia 23 de novembro de 1891. Morreria no ano seguinte em 23 de agosto de 1892. Com a mesma debilidade que nascera a República brasileira finalizava de forma melancólica seu primeiro ciclo presidencial.

1892: o golpe branco florianista

Quando o presidente Deodoro da Fonseca saiu de cena em 23 de novembro de 1891 a tormenta da recém-criada República brasileira somente tomava novo fôlego. Não tinha como ser diferente, o curto período do governo Deodoro deixou o regime assentado em terreno pantanoso. Os governadores que apoiaram o golpe do marechal, e o fizeram não por posicionamento ideológico, mas somente para salvarem seus postos, tentaram repetir o mesmo comportamento oportunista ao cerrarem fileira ao lado de Floriano Peixoto, o vice que se tornara presidente. Floriano não se sentiu seduzido por tamanha "lealdade" repentina e mandou depor a todos eles. Em dois anos de fundada, a República recuava perigosamente.

No dia 24 de novembro de 1891 o Brasil amanheceu com outro marechal na presidência da República, chegava ao poder, Floriano Vieira Peixoto, tal qual seu antecessor, também alagoano. A espada seguia governando o país. Os Estados Unidos da América têm uma tradição de demarcar sua história a partir das características pessoais de seus presidentes, copiamos muitas coisas dos americanos do Norte, mas essa tradição não vingou entre nós. Entretanto, se fossemos listar um número de presidentes que deixaram sua marca na República em decorrência de suas respectivas personalidades, Floriano Vieira Peixoto teria lugar cativo nessa lista.

Não vamos traçar aqui sua biografia, mas o personagem Floriano Peixoto ainda se encontra em aberto a ressignificações históricas. Foi o homem a consolidar a República, mesmo sem ter participado ativamente do movimento que a implantou. Foi um sujeito intrigante que liderou o país no momento em que sua estrutura política de perfil oligárquico tomava esboço e forma. O Brasil que se configurou depois do governo de Floriano é, em parte, o resultado da relação política ocorrida entre os florianistas e sua oposição. Um retrato pouco lisonjeiro lhe fez a seguinte descrição: "de aparência insignificante, magro, franzino, pálido, feições de caboclo, mas parecia um sargento escriturário que um marechal".[93] No que se refere à descrição física do marechal, analisei uma série de imagens e a descrição acima me parece próxima da realidade. Para uma ideia que temos dos oficiais militares, geralmente garbosos e altivos, Floriano Peixoto não foi a melhor expressão. Mas o marechal foi daqueles personagens que dividiu paixões e a imparcialidade não foi um atributo comumente usado pelos que os descreveram. Como homem público, optou sempre pela discrição, o que pode ser evidenciado quando acompanhamos sua participação nos anos que antecederam à proclamação da República. Brilhou no momento certo da história. Foi o homem a quem o destino colocara nas mãos, como Ajudante-general do Exército, no dia 15 de novembro de 1889, a segurança do Gabinete Ouro Preto e por consequência a manutenção ou derrocada final da Monarquia. O resto é história.

O fato é que no dia 23 de novembro de 1891 mais uma vez o destino do Brasil caíra no colo do militar alagoano. Nascia uma forma florianista de fazer política que se tornou perene e atravessou gerações. Com exceção dos apoiadores de Deodoro da Fonseca, Floriano teve de imediato o apoio dos históricos políticos republicanos, o Congresso Nacional e os novos governadores. O novo governo já nasceu reorganizando o ordenamento político, implodido pelo golpe de Deodoro, ao revogar o decreto de 3 de novembro que estabeleceu o estado de sítio e fechara o Congresso. A mensagem passada por Floriano era a de que teríamos um legalista no poder. Durou pouco tempo para que o legalismo florianista fosse colocado à prova ou a interpretações. O artigo 42 do Capítulo I da Constituição, que versava sobre o presidente e o vice-presidente, dizia o seguinte: "Se, no caso de vaga, por qualquer causa, da presidência ou vice-presidência, não houverem ainda decorridos dois anos, do período presidencial, proceder-se-á a nova eleição".[94] O mandato de Deodoro se encerrara antes dos dois anos. O quatriênio do primeiro governo constitucional só se encerraria em 15 de novembro de 1894. Ainda havia muito tempo a governar. Aqui temos o primeiro grande impasse político-jurídico da era florianista.

Floriano Peixoto, para desespero da oposição deodorista, se negou a seguir à risca o texto frio da lei. Havia a possibilidade de interpretá-la de forma alternativa. O texto constitucional não fazia ressalvas sobre se o artigo 42 valeria somente para presidentes e vices eleitos diretamente. O mandato constitucional de Deodoro da Fonseca lhe foi concedido pela via indireta. Cabia, portanto, interpretações, e Floriano Peixoto lhe deu a que melhor correspondia a seu próprio interesse. Estaríamos diante de um esboço do que se tornaria conhecido como "golpe branco"?

Eis um conceito que precisa ser constantemente debatido. Golpes são rupturas seja lá qual for seu modelo. Tradicionalmente, principalmente na América Latina, o golpe de Estado clássico é praticado pelo setor militar. Geralmente configura uma ação violenta e autoritária e apesar de ser liderada pelos militares comporta os outros segmentos da elite dirigente do país. Porém, nos últimos anos, vem se consolidando no continente, como instrumento de ruptura institucional, o chamado "golpe branco". Na história do Brasil o uso de dispositivos como o golpe branco sempre esteve presente no *modus operandi* de nossa elite política. Por golpe branco podemos entender todos os exemplos de trama e ação golpista que renuncia ao uso da violência explícita em favor de uma suposta legalidade. Por trás dos argumentos que sustentam o golpe branco está uma narrativa de respeito às regras do jogo democrático e da conformidade com o texto constitucional. Partindo da premissa de que na democracia pelo alto o Estado e suas instituições de poder estão a serviço e sob a tutela da classe dominante, é muito conveniente para ela envolver com a aparência de legalidade uma trama política de bastidores que corresponda a seus interesses de rompimento ou reorganização do sistema político em conjunturas de instabilidade da ordem liberal. Entre 1889 e 2020 esse comportamento se fez comum na ação política de nossa elite dirigente.

Sob Floriano Peixoto e seu "golpe branco" a segunda presidência do Brasil republicano se assentava em bases jurídicas controversas. O que viria pela frente foi um presidente que somente tratou de se manter no poder. Não havia ambiente pacificado para governar. Tal qual Deodoro da Fonseca, Floriano Peixoto se tornou um governante que lutava para sobreviver no cargo. Civis e militares se alternavam nas ações de sabotagem ao governo.

O que vem a seguir, e interessa diretamente para os objetivos deste livro, é um resumo do quanto o restante do mandato de Floriano Peixoto se configurou como um retrato da dinâmica política brasileira por todo o século XX e alcançou com desenvoltura o século XXI. Disse Floriano Peixoto sobre a participação da Armada e do Exército na derrubada de Deodoro da Fonseca: "A história registrará esse feito cívico das classes armadas em prol da lei, que não pode ser substituída pela força".[95]Com essa assertiva o segundo presidente brasileiro "inventava" a tradição da falaciosa legalidade das Forças Armadas. O 31 de março de 1964 foi uma prova de que essa falácia se tornou uma continuidade histórica que cruzou gerações e manteve as Forças Armadas como "farol" do ordenamento político e social do Brasil. Nasceu com Floriano Peixoto outro mito do corpo militar: a "função regeneradora" da sociedade civil. O Exército tomou para si essa quase "missão" de regenerar a sociedade sempre que houvesse risco de "desvirtuamento" do curso da moral e dos valores. Usando de uma retórica sutilmente religiosa, diria o próprio Floriano Peixoto: "como liberal que sou não posso querer para meu país o governo da espada; mas não há quem desconheça, e aí estão os exemplos, de que é ele o que sabe purificar o sangue do corpo social que como o nosso está corrompido".[96] Em 2018, a mitigada democracia brasileira elegeu como presidente da República um capitão reformado que retomando uma mentalidade de matriz florianista, não teve constrangimento em afirmar que "quem decide se um povo vai viver numa democracia ou numa ditadura são as suas Forças Armadas". Nosso atual republicanismo liberal foi forjado com base nessa mentalidade explicitamente contraditória e autoritária.

Dos 1.087 dias do governo Floriano Peixoto, 295 foram passados sob estado de sítio. Quando um grupo de generais se manifestou publicamente no sentido de convocação de novas eleições após a saída de Deodoro da Fonseca, Floriano Peixoto reagiu reformando prematuramente a todos eles. Em 10 de abril de 1892, esboçando um projeto conspiratório por parte da oposição, ocorreu uma passeata em homenagem ao marechal Deodoro da Fonseca, liderada pelo tenente-coronel Mena Barreto e com a presença de civis como o político baiano J. J. Seabra e o poeta Olavo Bilac, fiel deodorista. O presidente enxergou o ato como um ultraje a seu governo e recorreu ao texto constitucional que se refere à "grave comoção intestina" e baixou o decreto 791 que não só declarava o estado de sítio por 72 horas como mandava para prisão e desterro vários participantes. Pouco restava a Floriano que não fosse fazer um governo que alternasse entre a ação e a reação. Ao conseguir se impor a todas as tentativas da oposição em minar seu governo, Floriano foi construindo em torno de si a casca necessária para chegar até o final de seu mandato. Em meio ao permanente furacão causado pelas ações dos oposicionistas, o governo ainda conseguiu apresentar um esboço de projeto com impacto direto no desenvolvimento econômico do país. Todavia, a nova ordem política, econômica e social brasileira seguia sendo gestada entre trancos e barrancos.

Em setembro de 1893 a Armada se revoltou e impôs o golpe mais duro a Floriano Peixoto. O líder do movimento conspiratório foi o almirante Custódio de Melo, que já tinha sido ministro da Marinha do próprio governo que decidira derrubar. A historiografia não seria tão condescendente com Custódio de Melo. Foi pintado como um oportunista que lutava uma guerra pessoal. Seu projeto era o de tornar-se candidato a presidente com o apoio de Floriano, não o teve, e reagiu. A Revolta da Armada chegou a ser percebida como uma tentativa de restauração da Monarquia. Talvez um exagero de interpretação. Contudo, esse movimento liderado pela Marinha, cujo desfecho final, favorável a Floriano, se deu em Santa Catarina, nas imediações da atual Florianópolis, serviria para intensificar ainda mais a veia autoritária do depois chamado "marechal de ferro".

Floriano Peixoto cumpriu seu mandato até o final em 15 de novembro de 1894. Ao ser o presidente da verdadeira transição entre a Monarquia e a República pagou o preço gerado por um ambiente político e social de profunda vulnerabilidade. O novo Brasil que deixara para trás a ordem monárquica ainda não tinha elementos suficientes para estabelecer uma identidade própria. A sociedade engatinhava diante de um regime que se achava republicano, liberal e democrata, mas não tinha a menor ideia de como materializar isto na vida real. A classe dominante que se tornaria nos anos que se seguiram nos verdadeiros donos do poder, a ditar o ritmo e o estilo do exercício de mando no Brasil, também vivenciava uma fase de transição econômica e mesmo de cultura política. Dois grupos trataram de assumir o vácuo de liderança: os cafeicultores de São Paulo e o corpo militar. Guardando as devidas medidas e proporcionalidades, pois atualmente cabe à Federação das Indústrias do Estado de

São Paulo (FIESP) ocupar o papel da oligarquia cafeeira, esses dois segmentos continuam, até hoje, a ditar o ritmo do poder político no Brasil. Ao consolidar a ordem republicana, Floriano Peixoto facilitou a ascensão do Partido Republicano Paulista, mesmo que isto não significasse uma sólida aliança programática entre ambos. O progressismo que podemos enxergar no projeto político de Floriano, estava longe de dialogar com o projeto de hegemonia oligárquica do baronato paulista. Se a República Velha, com seus vícios condenáveis, pode ter sido gestada nas entranhas do governo Floriano Peixoto, certamente não foi parida por ele. Foi necessário que a classe dominante paulista entronizasse na presidência da República seu representante civil, Prudente de Morais, e consolidasse o modelo oligárquico de operar a política que durou toda a República Velha. Disso decorre a intricada teia de fisiologismo e oportunismo que caracteriza as relações políticas no Brasil atual. Moral da história: É difícil se compreender o presente quando não se percebe em que momento do passado ocorreu sua gestação.

1922: o "estado de autogolpe" de Artur Bernardes

A chamada *Fake News* foi o grande cabo eleitoral na eleição presidencial brasileira em 2018. As redes sociais divulgaram em massa notícias falsas sobre determinados candidatos criando, na campanha, um ambiente de incertezas e instabilidade moral. A leitura feita sobre esse tipo de atitude é a de que estaríamos vivenciando um mundo em que a verdade dos fatos teria se transformado em pós-verdade. As informações que chegavam ao grande público flertavam abertamente com a mentira. Um ano antes das eleições, com a campanha em seu momento mais acirrado da disputa, um importante jornal divulgou a cópia de uma carta supostamente escrita por um dos candidatos e endereçada a um correligionário. O receptor da correspondência teria perdido a carta que acabou chegando, não se sabe como, ao referido órgão de imprensa. Sem nenhum constrangimento e preocupação com a checagem da fonte, o jornal estampou a carta em sua edição do domingo em uma coluna intitulada: "Injurioso e Ultrajante" e registrou no texto de apresentação: "um documento de um caso patológico prova provada de cretinice, de falta de senso, e de cinismo". Além da divulgação do conteúdo na íntegra, o jornal fez questão de destacar os trechos mais picantes como o fato do autor ter chamado um conhecido oficial do Exército de "sargentão sem compostura" e se referir aos militares como "essa canalha precisa de uma reprimenda para entrar na disciplina".[97] O estrago foi grande na campanha do suposto autor da carta. A caserna se agitou diante de tamanha ofensa. A possibilidade de posse, em caso de vitória do candidato denunciado como o suposto autor da carta, foi colocado em risco por parcela do Exército. Sentia-se o cheiro de uma conspiração golpista. Uma análise pericial da carta mostrou um laudo inconclusivo. Apesar da persistente negativa do denunciado, o documento pairou sobre toda a campanha. Ainda assim, o acusado venceu as eleições. Tempos depois os verdadeiros autores confessaram a falsificação. Não se surpreenda leitor, pois este enredo que aparentemente poderia ter acontecido em 2018, aconteceu em 1921. A história continua se repetindo em forma de farsa ou tragédia.

O candidato acusado de ter sido o autor das cartas foi o mineiro Artur Bernardes, presidente do Brasil entre 1922 e 1926. Entre Floriano Peixoto e Artur Bernardes, dez outros indivíduos ocuparam a cadeira presidencial. Com o fim do governo Floriano findava também o período conhecido como República da Espada. Artur Bernardes foi o penúltimo presidente da segunda fase de nossa Primeira República, a assim chamada República Oligárquica. Apesar de alguns dos governos que o precederam terem feito uso do dispositivo constitucional do estado de sítio para governar, no governo Bernardes o estado de sítio transformou-se em regra e não em exceção. Foram 1.287 dias governando sob um regime de exceção. Se um governo foi eleito para governar respeitando os parâmetros estabelecidos pelo regime democrático, pressupõe que ele irá adequar-se às regras do equilíbrio de poder imposto pelo sistema de freios e contrapesos que caracteriza a equidade de ação entre os poderes institucionais. Quando um dos poderes envolvidos rompe com a dinâmica do jogo democrático, e centraliza suas ações a partir de um dispositivo discricionário de governo, talvez não possamos entendê-lo como um modelo clássico de golpe, porque respaldado na Constituição, mas nada nos impede de distinguir tal ação como um "estado de autogolpe". Não por acaso, Artur Bernardes entraria para a história com a alcunha de "Presidente do sítio".

Para entendermos o "estado de autogolpe" de Artur Bernardes, ao recorrer ao estado de sítio para legitimar seu mandato presidencial, é necessário enxergar seu governo como uma espécie de antessala do movimento que explodiria em 1930 e que levaria Getúlio Vargas ao poder. A candidatura Bernardes, apesar do respaldo do tácito acordo entre Minas Gerais e São Paulo, na denominada política do café com leite, foi construída em fase crítica da ordem oligárquica. É sempre bom mitigar a força impositiva do "café com leite", pois as sucessões presidenciais nem sempre eram estabelecidas em bases estáveis e previsíveis.[98] O antecessor de Artur Bernardes, Epitácio Pessoa, não deixara uma herança política gloriosa para seu sucessor. Em 1922 o sistema oligárquico dava sinais de fadiga, e ainda que não fosse suficiente para implodir o sistema, abria brechas para a consolidação de fraturas internas. A elite dirigente de membros semiperiféricos do sistema como Bahia, Pernambuco e Rio Grande do Sul viram, na eleição de 1922, a possibilidade de ensejar uma candidatura própria dentro da ordem oligárquica. Surgia a Reação Republicana que ao lançar um Manifesto e candidatura própria, dava o primeiro sinal de que o pacto que sustentava a "Política dos Governadores", idealizada em 1898 pelo presidente Campos Sales, começava a criar ferrugem. Os conflitos intra-oligárquicos ensaiavam furar a bolha dos estados e penetrar nos meandros da política nacional.[99] O sistema não foi criado para suportar conflitos de âmbito nacional. O grupo dissidente lançou em oposição a Artur Bernardes, candidato da situação, os nomes de Nilo Peçanha e J. J. Seabra para presidente e vice, respectivamente. Foi a política do "custe o que custar" encampada pelos dissidentes, contra o "haja o que houver" dos apoiadores de Bernardes.[100] Mas a oposição ao governo Epitácio Pessoa, transferida para a candidatura Bernardes, não viria exclusivamente de lideranças oligárquicas, dela fizera parte setores outros da sociedade, principalmente os militares, mais especificamente os tenentes. O final de governo de Epitácio Pessoa foi melancólico. A crise atingia todos os setores da sociedade. Foi o ambiente propício para reacender a chama do *ethos* intervencionista das Forças Armadas e o episódio da "carta falsa" caiu como uma luva.

Em 1922, a República desfraldada e consolidada pelas espadas de Deodoro e Floriano, crescera, tomara corpo e atingiu uma identidade própria. O arranjo oligárquico, inicialmente funcionando sob a hegemonia da burguesia cafeeira paulista, conseguiu se estruturar em torno de uma máquina bem azeitada que incluía um federalismo fincado em bases antidemocráticas, com os coronéis limpando as engrenagens com os indecentes dispositivos do voto aberto, do cabresto e da manipulação das atas eleitorais. Em trinta anos, poucas foram as vezes em que uma derrota eleitoral foi frontalmente contestada no âmbito da máquina oligárquica. A Campanha Civilista de Rui Barbosa, em 1910, expôs parte das vísceras do funcionamento do sistema, mas somente doze anos depois, em 1922, com a vitória de Artur Bernardes, o sistema voltaria a ser questionado com veemência. Os alicerces que o sustentavam até então foram colocados à prova por aliados do próprio sistema como Nilo Peçanha, Hermes da Fonseca e Borges de Medeiros acompanhados de oligarquias dissidentes fortes como Bahia, Pernambuco e o sempre rebelde e "temperamental" Rio Grande do Sul. As grandes lideranças não pregavam nada de tão radical, mantinham-se fieis a seus dogmas conservadores, mas buscavam ampliar de forma mais equânime o butim da República. A corda da República Oligárquica continuava esticando, restava saber o quanto ainda suportaria. Tudo estava pronto para estourar em 1930.

Entender os bastidores que levaram ao "estado de autogolpe" de Artur Bernardes, que praticamente governou a quase totalidade de seu mandato respaldado em um estado de sítio, nos permite o exercício, nem sempre muito confiável, mas de certa forma necessário, de construção do longo processo histórico de origem e consolidação de uma cultura política brasileira. De 1889 a 2020, o sistema político brasileiro foi conduzido com base em uma cultura política que nasceu na Primeira República e foi sendo reprocessada até os dias atuais. Um gráfico do funcionamento do que estamos chamando neste livro de "democracia pelo alto" certamente configura uma montanha russa de picos alternantes entre momentos de êxtase e de profunda depressão, mediado por um *ethos* conciliador de perfil autoritário e antidemocrático. Na democracia pelo alto o povo, chamado somente a se posicionar através do ato solitário do voto, no fundo, cumpre bem o papel reservado a ele de legitimador dos acordos de bastidores da elite dirigente.

A corda da República Oligárquica começou a ser puxada com mais força já em 5 de julho de 1922 com o movimento militar que entraria para a história com o nome de 18 do Forte de Copacabana. Artur Bernardes já tinha sido eleito presidente desde março, mas a revolta dos 18 do Forte, em julho, ainda entrava na conta do fragilizado governo Epitácio Pessoa. Diante de uma eleição desprovida de qualquer tipo de civilidade, os bernardistas, uma vez vitoriosos, somente tinham pela frente o gosto amargo do revanchismo. Na Câmara Federal a eleição da mesa e das comissões parlamentares foi completamente dominada pelos aliados do novo presidente. Houve um verdadeiro expurgo da oposição. Uma declaração de Nilo Peçanha e J. J. Seabra, líderes da oposição, prenunciava o ambiente hostil que Artur Bernardes teria pela frente, disseram eles: "A dissidência retira-se do Congresso e só a esse caberá a responsabilidade do que acontecer de hoje em diante".[101] Dava-se o passo decisivo para uma aliança entre dissidentes oligárquicos e os setores médios do

Exército. Ledo engano, a política brasileira também se notabilizou pelos recuos e traições. Os tenentes que marcharam em Copacabana em 5 de julho foram abandonados à própria sorte. Teriam que derrubar sozinhos a ordem oligárquica. Restou-lhes uma marcha solitária e vulnerável, nem mesmo seus companheiros de farda o apoiaram em massa. Entre os civis, as principais lideranças recuaram se escondendo sob o manto da conciliação diante da dura contraofensiva do presidente Epitácio Pessoa que tratou logo de solicitar ao Congresso a instituição do estado de sítio o que foi prontamente atendido. Homens como Nilo Peçanha e J. J. Seabra, com receio de perda de prestígio em suas bases eleitorais, fizeram o movimento de recuo, típico do oportunismo atávico da classe política brasileira. Naquele momento, a corda ainda não atingira o estágio necessário a uma transição controlada. Independentemente de ter sido desastrosa, o movimento dos 18 do Forte colocou na ordem do dia a contestação explícita ao poder oligárquico.

Em 15 de novembro de 1922, Artur Bernardes tomou posse e teve pela frente o desafio de manter a estabilidade da República. Chegou sob fogo cruzado. A imprensa não lhe deu sossego. Uma parcela dos militares sinalizava, com o movimento de 5 de julho, que a tendência seria aprofundar o nível de radicalidade das ações. A oposição, derrotada nas urnas, iria demonstrar sua insatisfação pelos próximos quatro anos. Bernardes teve que optar entre a negociação e o conflito, a conjuntura o impeliu à segunda opção. Em 1924, na metade do governo, seria a vez de São Paulo ser o palco de mais uma revolta dos tenentes. O objetivo era o de derrubar Artur Bernardes. Diria na época o tenente Juarez Távora que marcharia ao lado de Vargas em 1930: "É uma leviandade afirmar que, em tal hipótese, cabe ao povo e não à Força Armada derrubar o governo que o tiraniza. A massa imbele da nação dificilmente poderá vencer, sozinha, a guarda pretoriana que defende déspotas".[102] Távora descrevia, com uma antecipação de seis anos, a ação do que viria a ser conhecida como "Revolução de 30". Tal qual em 1922, o movimento de 1924 foi devidamente abortado pelas forças do governo. O estado de sítio seguia sendo a única arma de Artur Bernardes para manter o governo funcionando com certa estabilidade. É com essa estratégia que ele chega a 1926 e entrega o poder a seu sucessor, Washington Luís. Em 14 de novembro faria seu último discurso como presidente da nação. Foi uma espécie de prestação de conta, desabafo e justificativa. Talvez o primeiro parágrafo do discurso contemple todos estes sentimentos:

> Ao terminar o período constitucional do Governo, de que a vontade soberana do povo nos deu honroso encargo, julgamos de nosso dever relatar à Nação de como nos desobrigamos da promessa solene de manter e cumprir, com perfeita lealdade, a Constituição Federal, promover o bem geral da República, observar as suas leis, sustentar-lhe a união, a integridade e a independência.[103]

O governo Artur Bernardes, com todas as suas idiossincrasias, foi um exímio laboratório do *modus operandi* da elite política brasileira. O pacto firmado na "Política dos Governadores", em 1898, deu sentido e estabilidade ao sistema oligárquico. Fez gerar mais tarde a "política do café com leite", que em última instância, não obstante às limitações inerentes à própria dimensão da aliança entre Minas Gerais e São Paulo, possibilitou ao sistema político republicano o equilíbrio necessário para sobreviver em sua fase embrionária. Contudo, o período do governo Bernardes ajudou a expor os pés de barro do gigante. O pacto oligárquico, além de deixar surgir uma perigosa hierarquização na relação entre as oligarquias estaduais, não se preocupou em incluir as outras camadas da sociedade. O período entre 1922 e 1926 foi o palco em que atores, antes excluídos, reivindicaram seu lugar no espetáculo. Militares e setores oligárquicos descontentes, ao se posicionarem contra o governo, cada um a seu modo, possivelmente não se davam conta de que estariam gestando a cultura política brasileira contemporânea. O oportunismo, a conciliação conservadora e excludente e o individualismo de classe, tão caros à contemporaneidade política brasileira, tomava sua forma sob os holofotes autocráticos do estado de sítio bernardista.

1930: uma Revolução com jeito de Golpe?

Seria um ultraje identificar a "Revolução de 30" como um golpe de Estado? Isto implicaria em sua "desqualificação" histórica? Em tese, nesses casos, a nomenclatura faz alguma diferença pelo fato de ser, além de um nome, um conceito. Mas os conceitos são diacrônicos por excelência, logo, estão sob o permanente risco de serem reelaborados. Conceitos são palavras teorizadas, portanto, se todo conceito é também uma palavra, nem toda palavra é um conceito.[104] O título deste capítulo é tão somente uma provocação. Mas não é uma provocação destituída de qualquer base conceitual ou desconectada de uma realidade histórica. O que vem nas linhas que se seguem é a apresentação de uma perspectiva alternativa de se pensar um fenômeno histórico buscando unir o significado do ato fundante em consonância com a dinâmica histórica que o tornou possível acontecer. A dúvida entre golpe ou revolução não se trata logicamente de uma simples tecnicalidade. A opção por um ou outro pressupõe certo julgamento hierárquico da dimensão social do movimento. O fato é que em 1930 um governo eleito foi derrubado e outro, não eleito, tomou seu lugar. Contudo, para se chegar a esse ponto, vamos estabelecer algumas noções tanto no que diz respeito ao conceito de revolução e golpe de Estado - e seu desdobramento na vida política brasileira pós 1930 - quanto sobre o cenário, os atores e o enredo que formaram a conjuntura política brasileira nos anos vinte do século XX e se constituíram na condição concreta que possibilitou à ação política de ruptura institucional em outubro de 1930.

A diferença entre os conceitos de revolução e golpe de Estado é um desafio complexo para as ciências sociais. O fato de se reivindicar universal, conceitos como o de revolução "traz uma dificuldade de clareza e precisão em sua intensão e sua extensão pelas variações ao longo do tempo e espaço".[105] Uma vez formulados, os conceitos vão sofrendo releituras no decorrer do processo histórico em conformidade, até mesmo, com as mudanças ideológicas e de mentalidade de um determinado tempo histórico. Entre os caminhos encontrados por uma específica sociedade na busca por transformações sociais, políticas e econômicas um deles pode ser o caminho da ruptura violenta em contraposição ao da opção gradual. A revolução é a materialização da primeira opção. Vejamos como fica a tentativa de enquadrarmos o movimento de 1930 no conceito de revolução. A premissa é a de que uma revolução "deve ser avaliada como processo, e não apenas a nível dos fatos que a caracterizam num dado período".[106] O processo pré-revolucionário deve compreender, portanto, uma série de pequenas fissuras no sistema vigente cujo acúmulo desembocaria na ruptura revolucionária. Seriam os movimentos tenentistas de 1922 e 1924 exemplos dessas pequenas fissuras? Teriam eles força suficiente para estruturar um corpo revolucionário no tempo e no espaço? Poderíamos comparar o processo brasileiro com as pequenas revoluções que precederam o movimento revolucionário russo de 1917? Além disso, um processo revolucionário que já tem seu início na fase pré-revolução, deve incorporar também em seu conceito os desdobramentos políticos, sociais e econômicos do pós-revolução.

Atentemos para uma definição da diferença entre revolução e golpe de Estado feita por Gianfranco Pasquino: "A Revolução se distingue do golpe de Estado, porque este se configura apenas como uma tentativa de substituição das autoridades políticas existentes dentro do quadro institucional, sem nada ou quase nada mudar dos mecanismos políticos e socioeconômicos".[107] A pergunta é: Em 1930, o grupo que se reuniu em torno de Getúlio Vargas, abrigados na Aliança Liberal, se constituiu de autoridades políticas existentes dentro do quadro institucional brasileiro? A depender da resposta o movimento de 1930 pode se aproximar mais ou menos de uma revolução ou de um golpe de Estado. É preciso matizar sempre o nível de transformação do Brasil "refundado" após 1930.

Pasquino apimenta o debate de revolução versus golpe de Estado quando diz que "a tomada do poder pelos revolucionários pode, de resto, acontecer mediante um golpe de Estado (...), mas a Revolução só se completa com a introdução de profundas mudanças nos sistemas político, social e econômico". [108] Teriam os "revolucionários" de trinta se utilizado de um golpe de Estado para impedir a posse de Júlio Prestes e "entronizar" Getúlio Vargas na presidência? Uma vez vitoriosos, teriam eles completado a revolução através de mudanças profundas na sociedade brasileira? Aqui se abre a possibilidade de se enxergar, de forma equivocada e perigosa, o golpe de Estado como uma espécie de "revolução menor".

Outra premissa conceitual da revolução é a introdução de um novo ordenamento político e jurídico, mas no caso do Brasil pós trinta, mesmo que tenha ocorrido alguns ajustes no antigo ordenamento oligárquico, somente com a ditadura, em 1937, sucede as mudanças de maior impacto no ordenamento jurídico e político brasileiro. Ou seja, não seria sequer necessária uma revolução para se instaurar um novo ordenamento jurídico, essa função poderia ser devidamente cumprida até mesmo por um golpe de Estado.[109] Perceba o quanto é complexa e desafiante a construção de um argumento conceitual.

Marco Napolitano, ao fazer uma demonstração de como a tradição marxista interpreta o golpe de Estado, além de caracterizá-lo como uma resposta autoritária a situações de anomia institucional, também chega à conclusão de que esse seria uma "resposta a demandas por uma democracia ampliada ou por políticas redistributivas, sejam reformistas, sejam revolucionárias".[110] Portanto, o golpe de Estado teria uma premissa enganosa ao se articular "frequentemente a ditaduras de classe, ainda que disfarçadas de defesa dos interesses nacionais e policlassistas".[111] Em 1937, o golpe do Estado Novo foi justamente condicionado aos interesses nacionais o que poderia ser muito bem considerado uma "premissa enganosa". Uma raiz histórica do golpe de Estado vai ter que partir necessariamente da obra do francês Gabriel Naudé que em seu livro "*Considérations politiques sur les coups d'État*", de 1639, usou o conceito de Razão de Estado, de inspiração maquiav*élica, para justificar o golpe de Estado como "o recurso último do governante que enfrenta uma grande ameaça à segurança de seu povo"*.[112] Naudé inaugurou o conceito de golpe de Estado, mas como todo conceito é diacrônico, o conceito de Naudé é completamente diferente do contemporâneo. O uso atual do conceito implica entendê-lo como uma ação ilegítima de tomada do poder, já no tempo de Naudé, o princípio da Razão de Estado assegurava ao governante o direito da ação política em nome da paz e da segurança de seu povo.

Entre o século XVII e o XXI o conceito foi se deslocando de uma condição de legitimidade para uma de ilegitimidade nos dando a possibilidade de chegar à conclusão, juntamente com Carlos Barbé, de que "em si mesmo, o golpe de Estado constituiria pura e simplesmente um método para conquistar o poder, sem conotações políticas ou socioeconômicas".[113] Porém, nesse caso, ao enxergá-lo simplesmente como um método de tomada do poder, estaríamos minimizando seu impacto no sistema político e social. Utilizar o conceito de golpe de Estado para entender a ação política desencadeada pela dissidência oligárquica em 1930, é caminhar por uma linha bastante tênue e difusa. Mas o conceito de revolução não é menos complexo. A premissa de que uma possível modernização brasileira tenha iniciado a partir de 1930, sob a liderança dos setores agrários vitoriosos, possibilita analisar o movimento de 1930 a partir do conceito gramsciano de revolução passiva e pelo alto, ou seja, da revolução sem revolução.[114]

Em geral, a tradição histórica entende o golpe de Estado como ação realizada por atores institucionais de Estado que pode ser constituído de civis, mas principalmente pela força militar. Aqui se apresenta um argumento que aproxima o movimento de 30 de uma ação revolucionária, afinal, a vanguarda do movimento estava fora do Estado, mas isso não acontece quando se usa o argumento de que "as consequências mais habituais do golpe de Estado consiste na simples mudança da liderança política".[115] A ordem política que se organizou depois de 1930 foi composta, basicamente, por remanescentes da ordem anterior. Mesmo porque, se relativizarmos um pouco mais o conceito podemos entender que "os golpes podem forçar a entrada em cena de novos atores políticos, mesmo sem retirar os antigos donos do poder de maneira completa e irresoluta".[116] Com a vantagem da visão retrospectiva, o golpe do Estado Novo, em 1937, pode ser visto como um desdobramento, com alguns anos de atraso, do reforço da máquina burocrática e policial do Estado, outra importante consequência de um golpe de Estado. Nesse caso, a ruptura institucional de 1937 teria sido o recrudescimento golpista dentro do processo desencadeado por um "golpe" acontecido em 1930. De resto, a provocação conceitual que estamos propondo visa somente o objetivo geral deste livro que consiste em analisar os processos de rupturas institucionais do Brasil sob uma perspectiva voluntarista com perfil autoritário bem ao estilo de nosso *ethos* golpista. Se o que aconteceu em 1930 foi resultado de uma revolução ou um golpe de Estado[117], o fato é que ambos partiram e chegaram de uma mesma matriz pouco democrática.

Independente de qual tenha sido o ato fundante da Segunda República brasileira houve, nos anos vinte do século XX, uma série de fissuras no tecido político do sistema oligárquico que impeliu as forças políticas em colisão a apostarem radicalmente em uma ruptura institucional em 1930. Uma breve identificação e análise desses bastidores nos permite entender os meandros do jogo da elite política brasileira que foi se tornando prática estrutural em nosso processo de formação social.

O sistema oligárquico já vinha sofrendo os impactos das transformações da sociedade brasileira desde o início dos anos vinte. Segundo Claudia Viscardi "a falta de flexibilidade do regime em mudar os critérios de distribuição de poder entre os atores tornou suas estruturas incompatíveis com a nova realidade, gerando contestações".[118] Politicamente, o acordo inspirado na "Política dos Governadores" estava sendo minado por dentro. Os envolvidos já não falavam a mesma língua. O Partido Republicano Paulista (PRP) via sua hegemonia ser duramente questionada em uma conjuntura em constante ebulição. Em 1926 foi fundado, em São Paulo, o Partido Democrático, que se equilibrou sobre uma política de conciliação, ao alternar um discurso dissidente em relação ao PRP, mas mantendo o projeto conservador e legalista do suposto adversário.[119] A palavra de ordem a ser cantada em versos e prosas foi indiretamente nomeada pelo inquieto João Neves da Fontoura, herdeiro do velho caudilhismo gaúcho, quando afirmou ter a bandeira dos exércitos do Rio Grande do Sul o lema sagrado "São Paulo para os paulistas". João Neves foi figura de proa nas articulações políticas que intensificaram o rompimento entre Minas e São Paulo. A indicação de Júlio Prestes para a sucessão de Washington Luís alijou da disputa o candidatíssimo Antônio Carlos, governador de Minas Gerais, e o aproximou da dissidência que naquele momento se aglutinava em torno do Rio Grande do Sul. Quando a Aliança Liberal foi fundada, em setembro de 1929, a ordem oligárquica, configurada aos moldes do "café com leite" e da "Política dos Governadores", já agonizava. Mas que transformações teriam efetivamente criado as condições objetivas de radicalização em 1930? A historiografia especializada elegeu alguns elementos básicos que podem ser separados entre "imediatos" e "em longo prazo".

Na categoria "em longo prazo" os acontecimentos que teriam ajudado a criar um ambiente estrutural de questionamento daquilo que Boris Fausto chamou de "arranjo oligárquico",[120] teria sido a Reação Republicana e os movimentos dos tenentes em 1922 e 1924. Do ponto de vista político, sem dúvida que esses eventos impactaram nos alicerces que sustentavam o pleno funcionamento da Primeira República. Todavia, estavam longe de apresentar uma alternativa de mudanças estruturais do sistema, no máximo visavam adequá-lo aos interesses de uma embrionária, porém crescente, pequena burguesia urbana. Entre os anos 1924 e 1927 as ações de grupos de oposição frontal ao governo somente se ampliaram. Nessa época, destacou-se o gaúcho Assis Brasil como a grande liderança civil ao lado dos tenentes. Um exemplo de movimento que mostrou estratégia alternativa e pouco usual, mas que deixou marcas importantes na história da Primeira República foi a chamada Coluna Prestes-Miguel Costa. Formada por militares e civis, a Coluna pode ser incorporada ao amplo movimento identificado como Tenentismo.[121] Uma leitura do Tenentismo feita por Nelson Werneck Sodré identificou o "movimento" como uma forma possível do setor militar demonstrar seu inconformismo contra as velhas estruturas coloniais, sendo, portanto, uma expressão reformista da pequena burguesia brasileira.[122] Ideologicamente a Coluna se identificava com ideias liberais de cunho moralizante e legalista. Mas foi também um movimento elitista que em nenhum momento enxergou na massa de trabalhadores urbanos e rurais a qualidade para tornar-se vanguarda de algum movimento político.[123] Eram principalmente militares, e como tais traziam o arcabouço teórico das academias militares com todas as suas limitações em compreender com criticidade a miserável realidade social brasileira. Entretanto, ao marchar pelo Brasil profundo, por regiões inóspitas e completamente esquecidas pelos agentes do Estado, a Coluna Prestes-Miguel Costa revelou não só o expressivo descaso do Estado oligárquico com a questão social como o fato de que passados mais de cem anos da separação de Portugal, ainda vivenciávamos uma incipiente unidade nacional.

Além disso, o pacto federativo em que a República se referenciou para se consolidar no pós florianismo, estava longe de uma solidez inabalável. Minas Gerais, São Paulo, Rio Grande do Sul, Rio de Janeiro,

Bahia, Pernambuco, cada um, a seu modo, se movimentavam no interior do "arranjo oligárquico" entre seus interesses regionais e nacionais. Outro fato importante da vida política do período, e que correu em paralelo ao arranjo oligárquico, foi a fundação do Partido Comunista, em 1922, que trouxe a classe trabalhadora para a arena pública. Mas a conjuntura do início dos anos vinte para o movimento operário se mostrou difusa no contexto das lutas intestinas entre socialistas, anarquistas e anarco-sindicalistas. O movimento sindical não constituía, na Primeira República, uma teoria coerente e sua prática se fazia pelas federações operárias.[124] A organização da classe trabalhadora buscava uma identidade e o PCB se legitimou em meio a essa disputa de poder com as formas organizatórias alternativas. No período que antecedeu ao movimento de trinta, o PCB teve que conviver com a ilegalidade em sua maior parte. Além disso, greves já se faziam presentes como a Greve Geral em São Paulo em 1917. Não obstante, faço coro com Boris Fausto de que na década de 20 ainda não havia uma conjuntura que levasse o proletariado a tornar-se vanguarda revolucionária. Não podemos descartar também, como um evento "em longo prazo" que impactou diretamente na eclosão do movimento de trinta, o ambiente de vulnerabilidade econômica causada pela Primeira Guerra Mundial e pela crise do capitalismo em 1929. Se posicionando como periferia do sistema-mundo capitalista o Brasil cafeeiro sofreu frontalmente o impacto da desorganização da economia internacional. Internamente isto implicou na necessidade da elite econômica, principalmente os setores ligados ao café, de controlar a máquina pública de forma mais direta visando garantir a funcionalidade do Estado para seus interesses privados.

Em paralelo, ocorreram nos anos vinte os acontecimentos que podemos categorizar como os de "efeito imediato", que impulsionaram as forças políticas envolvidas a darem um passo à frente no sentido de uma ruptura mais radical. O melhor representante dessa categoria foi o rompimento do "café com leite" na sucessão de Washington Luís. São Paulo vislumbrou nessa conjuntura eleitoral a possibilidade de aliar sua hegemonia econômica a uma hegemonia do campo político. Uma breve análise empírica das sucessões presidenciais da Primeira República é suficiente para matizar a força política de São Paulo na dinâmica do "café com leite". A força do Partido Republicano Paulista (PRP), tão visível no início da República, foi se dissipando na medida em que os anos se passavam e oligarquias como a mineira e gaúcha ampliavam sua força política. Nos anos vinte do século XX, não existiu "a coincidência entre o polo dinâmico da economia e o controle do poder político",[125] portanto, mesmo quando esteve distanciado do centro do poder político, em termos econômicos isso significou uma situação desconfortável para a burguesia paulista. Como afirmou Viscardi: "por estar atrelado a uma economia altamente dependente do mercado internacional, São Paulo ficava refém das políticas cambial, fiscal e monetária, controladas pela União".[126] Outro fato novo que antecedeu de imediato o movimento conspiratório de 1930 foi a presença da Aliança Liberal na disputa eleitoral. A Campanha Civilista de Rui Barbosa, em 1910, e a própria Reação Republicana não se constituíram em força eleitoral organizada com a dimensão que tomara a Aliança Liberal. Pela primeira vez, havia uma oposição que partia do próprio sistema e apresentava um projeto alternativo e bastante crítico ao funcionamento do sistema político vigente. O conjunto desses fatores criou uma situação de não retorno. A vitória de Júlio Prestes - candidato dos paulistas - contra Getúlio Vargas puxou a corda do sistema oligárquico ao seu limite, um ato de radicalidade estava bem próximo.

Mas qual foi a base social do movimento que levou o derrotado Getúlio Vargas ao poder? Temos, nesse caso, mais um grande imbróglio historiográfico. Em sua obra já clássica sobre o movimento de 1930, Boris Fausto, de antemão, descarta que a "Revolução" estivesse a serviço dos interesses tanto da burguesia industrial quanto da classe média urbanizada.[127] Muito menos de um proletariado. Nenhuma das duas classes ascendeu ao poder após a "Revolução". À primeira vista temos uma "Revolução" cuja vanguarda nem mesmo é formada pela presença das categorias sociais clássicas como a burguesia e o proletariado urbano e rural. Em termos classistas o movimento de 1930 foi composto por indivíduos, no caso dos militares tenentes, próximos a uma camada média da sociedade - com toda a complexidade que acompanha o conceito de classe média - e por membros das elites tradicionais dissidentes.

Além da base social do movimento, o interessante é saber qual a base ideológica que aglutinava os que estiveram em sua vanguarda. É muito comum, por conta da presença dos tenentes, buscar sua vinculação com a classe média. Não existe categoria social mais difusa e pouco consistente do que a chamada "classe média". Se apresentá-la no plural, "classes médias", fica ainda mais complicado pela amplitude. Escreveu com clareza Simon Schwartzman: "Fora dos extremos superior e inferior da sociedade, todos são 'classe média', um truísmo que não tem demasiado valor explicativo".[128] Escreveu também um historiador bastante ambientando com o tema: "O movimento de 1930 não pode ser entendido sem a intervenção das classes médias, mas não é uma revolução dessas classes, nem no sentido de que elas sejam o setor dominante no curso da revolução, nem de que sejam seus principais beneficiários".[129] Disso deriva a dificuldade de identificar uma explicação puramente classista para a ruptura de 1930, ainda que isto não signifique negar a possibilidade de explicações classistas em diversas conjunturas do curso da história brasileira.

A análise do evento político de 1930 passa, principalmente, pela compreensão do papel do Estado naquela conjuntura. De certa forma, entender o Estado brasileiro no antes e depois do movimento de 1930, é incorporar a ideia de que, em última instância, na história política do Brasil o Estado se colocou como o grande sujeito de transformação social e mediador dos conflitos sociais. Porém, é sempre aconselhável matizarmos essa função do Estado como mediador dos conflitos sociais. Uma premissa marxista, por exemplo, vai enxergar o Estado como um "produto e manifestação do caráter inconciliável das contradições de classe".[130] Portanto, por mais que se apresente supostamente como um mediador de conflitos de classes – essa é a tese que sustenta historicamente o getulismo - o Estado será sempre a expressão da vontade e dos interesses da classe dominante. Essa será a verdadeira função do Estado na história da República brasileira.

Em vista disso, a mentalidade que havia por trás do movimento de 1930 foi construída com base na oposição ao federalismo oligárquico, sem, no entanto, se negar a estabelecer uma composição com os grupos políticos da República Velha que aderissem ao governo Vargas.[131] Com Vargas, o projeto nacional esteve acima do projeto regional, e quem era o condutor do projeto nacional se não o Estado nacional? É comum a ideia de que o movimento de 1930 foi contra o Estado de São Paulo, mas talvez o que tenha realmente acontecido foi o fato de São Paulo, ao defender a lógica da descentralização e da autonomia regional, tenha se posicionado como obstáculo ao projeto centralizador que embalou os atores de 1930. Paulistas influentes como Júlio de Mesquita Filho apoiaram o grupo liderado por Getúlio Vargas, mas se decepcionaram muito rapidamente com o projeto interventor e centralizador varguista, o que os levou a cerrarem fileiras ao lado dos rebeldes constitucionalistas em 1932. Entre as várias "tradições estruturais" da formação social brasileira, surgidas a partir de 1930, destaca-se a caracterização do antagonismo de São Paulo em sua relação com o restante do Brasil. A incômoda situação, vivenciada na Primeira República, de não conseguir conciliar hegemonia econômica com hegemonia política, forjou a mentalidade da elite paulista para as próximas gerações. O problema de São Paulo não é, nem nunca foi, o poder econômico, esse os paulistas sempre tiveram, seu objetivo, portanto, mirava na consolidação do controle dos mecanismos de decisão política visando consolidar seu poder econômico. Recorro mais uma vez à sutileza inteligente de Simon Schwartzman que ao matizar a diferença de objetivos entre São Paulo e os outros estados da federação brasileira, afirmou: "Para os paulistas, a política era uma forma de melhorar seus negócios; para quase todos os outros, a política era o seu negócio. E é nisto que reside a diferença e, em última análise, a marginalidade política daquele estado".[132] Um simples acompanhar dos atuais discursos de candidatos paulistas ao governo estadual, nos coloca diante da continuidade histórica dessa mentalidade que segue reprocessando a narrativa da "locomotiva do Brasil".

No domingo, dia 21 de julho de 1929, o jornal Correio da Manhã publicou com o sugestivo título "Quem?" as três cláusulas do acordo entre Minas Gerais e o Rio Grande do Sul personificado em Antônio Carlos e Getúlio Vargas. Chamo à atenção para a data de julho de 1929, pois com a eleição acontecendo em 1 de março de 1930, o acordo se deu faltando pouco mais de oito meses para o pleito. O que aconteceu nos bastidores, nesse espaço de oito meses, mostrou o quanto o fazer político no Brasil foi processualmente gestado pelo jogo de cena dos acordos espúrios e dos interesses privados de uma elite política patrimonialista e corporativista. Vejamos os itens do acordo publicados no Correio da Manhã:

1. Se o presidente da República apoiar uma candidatura mineira, o Rio Grande do Sul dar-lhe-á todo o seu apoio.
2. Se o presidente não apoiar a candidatura mineira, Minas apresentará a candidatura do sr. Getúlio Vargas, visto o sr. Borges de Medeiros ter declinado do convite a ele feito.
3. Se o presidente da República recusar essa candidatura, Minas e o Rio Grande lutarão juntos. De qualquer modo o governo federal continuará a contar com o apoio das duas bancadas no Congresso para os seus fins administrativos.[133]

Faltando oito meses para a eleição que se transformaria no estopim revolucionário de 1930 os supostos adversários ainda negociavam um possível acordo. Antônio Carlos e Getúlio Vargas entregavam o futuro da ordem oligárquica nas mãos do presidente Washington Luís. O jornal é enfático ao denunciar o jogo de cena da suposta "crise da ordem oligárquica" quando faz a seguinte pergunta: "Com que autoridade virá ele repudiar o sistema da escolha de candidatos impostos pelo governo federal, quando o que esses mesmos políticos têm feito de positivo, até agora, é exatamente angariar o apoio desse governo?". [134] Sobre as reais intenções da chapa liderada por Getúlio Vargas o Correio da Manhã deve ter expressado o sentimento de uma parcela da sociedade ao escrever: "Até aqui, o trabalho em torno da candidatura de resistência ao Catete reduza-se a um jogo oculto de ardis e espertezas, em que ninguém queria, a descoberto, correr o risco de desconcertante codilho"[135]

Se nesse período já havia a motivação por uma ruptura mais extrema com o sistema, certamente ela não tinha ainda alcançado as lideranças de maior calibre. Entre os principais membros "tenentistas" do movimento a confiança nos tradicionais políticos oligarcas, como Getúlio Vargas, era mínima e não faltava motivo para isso. Em carta enviada em agosto a Estilac Leal e Oswaldo Aranha, escreveu Juarez Távora: "Confesso-lhes, com a franqueza que esta hora impõe, que nada espero ou creio de pundonor duvidoso dos senhores Getúlio Vargas e Borges de Medeiros. Todos nós que nos temos sacrificado desinteressadamente nessa luta, devemos estar saturados dos ludíbrios e pusilanimidades de suas palavras e promessas".[136] A conduta pouco ou nada confiável de Vargas e Borges de Medeiros na dinâmica do processo que antecedeu ao movimento de

1930, somente expõe a prática oportunista que se transformou em comportamento comum de uma grande parcela da elite política brasileira por todo o período republicano.

Quanto ao presidente Washington Luís, superestimou a força do cargo, esnobou a iniciativa conciliadora da oposição e tratou de usar a máquina para perseguir os adversários. Usou para isso, por exemplo, o Banco do Brasil para obrigar a Paraíba, Estado do oposicionista João Pessoa, a pagar imediatamente suas dívidas com a instituição financeira.[137] Em setembro, em Convenção, o governo confirmou sua chapa com Júlio Prestes e Vital Soares. As cláusulas do acordo publicadas no Correio da Manhã não faziam mais sentido. Também em setembro de 1929 a Aliança Liberal fez sua convenção e confirmou os nomes de Getúlio Vargas e João Pessoa como candidatos a presidente e vice respectivamente. Houve, porém, uma última tentativa de Getúlio de conciliar com o governo ao mandar o senador Paim Filho, em dezembro, procurar Washington Luís e Júlio Prestes e assinar com eles um conjunto de compromissos secretos que incluía uma espécie de "auto sabotagem" da candidatura Vargas na medida em que o acordo proibia o candidato gaúcho a fazer campanha fora do Rio Grande.[138]

O acordo secreto, entretanto, foi atropelado pela dinâmica da campanha aliancista que tomou o Brasil, e os "medalhões" como Vargas, Antônio Carlos e Borges de Medeiros foram arrastados pela jovialidade de lideranças como Virgílio de Melo Franco, Juarez Távora, Osvaldo Aranha e Lindolfo Collor. Derrotada nas urnas, a Aliança Liberal contestou a lisura do pleito. Uma conspiração já vinha sendo tramada faltava somente o grande gatilho. O assassinato do candidato a vice, João Pessoa, foi a fagulha inesperada. A morte nada tinha de política, foi um crime passional. A Primeira República cairia, por um simples caso de amor. Em síntese, alguns daqueles que entrariam para a história como principais lideranças do movimento de 1930 buscaram evitar até o último minuto o que para eles significaria uma aventura revolucionária, melhor seria o desfecho baseado em uma conciliação conservadora com o sistema oligárquico que preservasse seus privilégios de classe. Coube justamente aos representantes da camada média da sociedade, muito bem representado pelo projeto dos tenentes, a radicalização que levou se não a um golpe de Estado, mas certamente a uma "Revolução à brasileira" cuja melhor expressão, mesmo que não se refira diretamente ao movimento de 1930, foi cunhada pelo governador de Minas Gerais, Antônio Carlos: "Façamos serenamente a revolução, antes que o povo a faça pela violência". Em 1930 até houve violência, mas muito pouco de povo. O movimento seria mais um dos diversos capítulos de nossa história republicana derivada da luta entre as elites[139] que seguia no trilho de forma lenta e gradual desde 1822 até os nossos dias.

1937: o Estado Novo e o golpe depois do "golpe"

Em 1937 finalmente ocorreu um movimento político que correspondeu a todos os critérios que envolvem um golpe de Estado clássico. Vejamos: a) é um ato efetuado por órgãos do Estado b) habitualmente é seguido do reforço da máquina burocrática e policial do Estado c) ocorre a agregação da instância política com a eliminação ou a dissolução dos partidos políticos.[140] Em termos cronológicos, novamente me beneficiando do olhar retrospectivo, é possível afirmar que o golpe de Estado de 1937, denominado de golpe do Estado Novo, foi gestado nas lutas internas das facções envolvidas com o movimento de 1930. O grande arco da Aliança Liberal que esteve na vanguarda da chamada "Revolução de 30" foi formado por "tenentes", oligarcas e outros segmentos sociais que estavam longe de se constituírem em um grupo homogêneo. Portanto, seria pouco provável que o projeto pós 1930 fosse implementado naturalmente sem conflitos, isso seria "negar a complexidade de um processo regido pela ambição que tinham os diversos segmentos da sociedade de assegurar para si o controle da nova máquina de Estado que se montava".[141] Entre 1930 e 1937 houve pequenos ensaios de ruptura em 1932 e 1935 e no próprio processo preparatório para as eleições de 1938. Em cada uma dessas fases foi ocorrendo uma depuração das elites com seus segmentos se posicionando em relação ao centro do poder. Em meio a esses conflitos internos, Getúlio Vargas, ao assumir o poder em 1930, tinha pela frente um projeto de governo a legitimar o que o obrigou a manter uma política permanente de redefinição de alianças. Nas vésperas do golpe de 37 o presidente contava ao seu lado com o que restou do processo de depuração das elites e vários dos aliados do passado tinham se tornado ferrenhos opositores.

Quando alcançou o ano de 1935 o Brasil já vivenciara cinco anos das consequências do movimento de 1930 e o governo Vargas parecia estar seguindo à risca o conselho estratégico traçado pelo mineiro Antônio

Carlos que no contexto da chamada "Revolução de 30" se referia em admitir uma revolta, com reformas, mas longe do "grave risco de perder o domínio sobre as massas"[142] sempre vulneráveis a serem ludibriadas "por amantes inesperados e impetuosos". Em 1935, o movimento que passou a ser conhecido como "Intentona comunista", liderado pelo "Cavaleiro da Esperança" Luís Carlos Prestes, aparentou ser um ensaio da realização da profecia de Antônio Carlos sobre a sedução das massas por "amantes inesperados e impetuosos".

Entre 1935 e 1937 o fechamento do governo através de um ato de exceção foi ganhando força e sendo gestado nas entranhas do próprio governo. A Constituição de 1934 estabeleceu avanços importantes em nosso sistema político, mas não foi satisfatório para criar uma base estrutural que desse à nossa incipiente democracia uma segurança jurídica e institucional suficiente para afastar qualquer possibilidade de retrocesso autoritário do sistema político. O *ethos* golpista de nossa elite política, cujas origens remontam a 1822, foi sendo reprocessado em tempos republicanos a partir das rupturas de 1889 e 1891 e da naturalização dos diversos estados de sítio como ação de governabilidade.

A rebelião dos quarteis que uniu militares e civis sob a liderança de Prestes em 1935 foi o pretexto perfeito para Vargas recrudescer o regime. Já na noite do dia 25 de novembro de 1935, quando a revolta alcançara o Recife e poderia ser ampliada a outros espaços geográficos, Getúlio Vargas solicitou ao Congresso autorização para "declarar em estado de sítio, durante 30 dias, o território nacional". Com maioria tranquila no Congresso, o presidente foi atendido através do Decreto nº 457 cujo Artigo 3º dizia: "Poderão ser detidos ou conservados em custódia todas as pessoas que hajam coparticipado na insurreição extremista ou a respeito das quais tenham as autoridades fundados motivos para crer que venham a participar nela, em qualquer ponto do território nacional".[143] É perceptível no trecho "fundados motivos para crer que venham a participar nela" que o estado de sítio foi valoroso instrumento de quem estava no poder em fazer uso de um preventivo autoritarismo contra qualquer um que representasse um potencial "perigo" à estabilidade política. Isso é claramente um eufemismo para encobrir aquilo que Marcos Napolitano veio a chamar de nosso "golpismo atávico".[144]

Em 18 de dezembro de 1935 foram aprovadas três emendas constitucionais cuja emenda número 1 deu ao presidente da República a autorização para:

> Declarar a comoção intestina grave, com finalidades subversivas das instituições políticas e sociais, equiparada ao estado de guerra, em qualquer parte do território nacional, observando-se o disposto no artigo 175, n. 1, §§ 7º, 12 e 13, e devendo o decreto de declaração de equiparação indicar as garantias constitucionais que não ficarão suspensas.[145]

As emendas 2 e 3 se referiam às punições a militares e civis por praticar "ato ou participar de movimento subversivo das instituições políticas e sociais". Em 24 de dezembro, por meio do Decreto nº 532, Vargas conseguiu prorrogar por mais 90 dias o estado de sítio, tendo obtido a autorização do Congresso para equipará-lo, conforme previa a Emenda nº 1, ao estado de guerra. Em 21 de março de 1936 através do Decreto nº 702 o governo fechou o ciclo das reivindicações jurídicas autoritárias ao alcançar o tão sonhado "estado de guerra" quando o Artigo 1º equipara "no estado de guerra, pelo prazo de noventa dias e em todo o território nacional, a comoção intestina grave articulada em diversos pontos do país desde novembro de 1935, com a finalidade de subverter as instituições políticas e sociais".[146] Passados quatro meses do levante comunista, Getúlio chegou ao ponto de emendar a Constituição para dar-lhe poderes autoritários. O aparato repressivo colocado em prática pelo governo através do estado de sítio, nos leva a pensar se já não havia naquela conjuntura um objetivo golpista em Vargas ou, no mínimo, já se esboçava uma mentalidade golpista. Se havia uma "mentalidade golpista" certamente estaria por trás dela duas eminências militares, os generais Góis Monteiro e Eurico Gaspar Dutra. Ao incorporar o civil Francisco Campos, mentor intelectual do grupo e futuro autor da "polaca"[147], tínhamos a trinca responsável por articular o golpe de 1937. Sobre a relação entre Getúlio Vargas e os dois militares, escreveu com certo sarcasmo Raimundo Faoro: "no 18 de Brumário brasileiro, concertado entre dois generais e um caudilho civil, foi o caudilho civil quem ganhou a partida para os soldados".[148] Sobre o general Góis Monteiro, um dos dois "soldados" citados por Faoro, escreveu Vargas em seu diário no dia 1 de dezembro de 1935, dois dias depois de ter debelado o levante comunista: "Às 6 e meia, recebi o general Góis, com quem conversei sobre os últimos acontecimentos, comunismo etc., fazendo-me as mais positivas afirmações de lealdade e colaboração".[149] A liderança civil de um verdadeiro golpe de Estado não pode prescindir da lealdade de alguns importantes "soldados".

Mas independente das tramas golpistas e autoritárias que mexiam as peças do tabuleiro político nos bastidores do governo, havia uma eleição prevista a se realizar em janeiro de 1938. A oposição lançou o nome de Armando de Salles Oliveira, então governador de São Paulo, pelo partido União Democrática Brasileira (UDB). A trajetória de Salles Oliveira, depois do movimento de 30, foi bem característica de como São Paulo se movimentou politicamente nesse período. Em um espaço de seis anos Armando de Salles foi de aliado a opositor ferrenho de Vargas. Levou junto com ele uma expressiva instituição paulista, o jornal O Estado de São Paulo. Além de ser casado com a irmã de Júlio de Mesquita Filho, Armando de Salles Oliveira chegou a dirigir o jornal no tempo de exílio do cunhado após a revolta de 1932. A conciliação entre o governo Vargas e a elite paulista, depois de 1932, teve na nomeação de Armando de Salles Oliveira, como interventor do Estado, sua melhor expressão. Durante o período em que Armando de Salles Oliveira esteve à frente do governo paulista, o jornal O Estado de São Paulo compartilhou plenamente da gestão do Estado.[150] Formava o grupo, que se reuniam em torno do jornal, homens como Júlio de Mesquita Filho, Armando de Salles Oliveira, Francisco Mesquita, Francisco Morato e Paulo Nogueira Filho.[151] A candidatura presidencial do homem ligado ao jornalão paulista trazia consigo a causa do constitucionalismo liberal e representava os interesses comerciais e industriais de seu Estado. O grande adversário era a centralização do poder nas mãos do governo federal.[152]

Os herdeiros do "tenentismo" de 1930 lançaram como candidato da situação o paraibano José Américo de Almeida que contou com o apoio de históricos "tenentes" como Juarez Távora. Nos dias que precederam à Convenção que indicaria José Américo, Vargas rechaçou alguns nomes que lhe foram sugeridos como os de Venceslau Brás e Medeiros Neto. Apesar disso, aparentou certa falta de entusiasmo com a indicação de José Américo, chegando a registrar de maneira protocolar em seu diário no dia 25 de maio: "Realizou-se a convenção nacional que escolheu o sr. José Américo seu candidato à Presidência da República (...). Recebi depois a comissão de convencionais que veio me participar a escolha".[153] Mais tarde, a guinada de José Américo para uma campanha populista tentando conquistar votos da classe trabalhadora, não agradou positivamente ao presidente. No meio do caminho do processo eleitoral surgiu uma terceira via, a candidatura do integralista Plínio Salgado. O nome do líder fascista não impactou negativamente no humor político de Getúlio Vargas. Mais do que isso, o presidente recebeu os integralistas, em maio de 1937, e em discurso deixou evidenciado o respeito à legitimidade da candidatura Plínio Salgado: "Recebi-vos para declarar que o presidente da República não tem candidato e que garantirá a todos a liberdade de voto e o livre exercício dos direitos políticos".[154] Ao pronunciar essas palavras garantidoras de "todas as liberdades de voto" Getúlio Vargas estava a seis meses de decretar, através de um golpe de Estado, uma ditadura que iria durar quase dez anos.

A eleição de 1938 colocou Vargas diante do desafio de provar sua capacidade de articulação e de mediação com as elites políticas regionais. O movimento de 30 visava justamente atingir a dinâmica do jogo de cartas marcadas da República oligárquica. Portanto, não havia mais um terreno fértil para combinações do tipo da "Política dos Governadores". Na nova ordem pós 1930 os interventores se transformaram, em 1935, em governadores eleitos legalmente por suas Assembleias Constituintes e se sentiram empoderados suficientemente para se posicionar de maneira mais autônoma frente ao governo federal. Do Rio Grande do Sul, por ironia, viria o mais combativo opositor ao projeto golpista de Vargas, o governador general José Antônio Flores da Cunha. O general rompera com Vargas ao enxergar no presidente uma ameaça à autonomia dos governos estaduais. Teria concentrado força nos seis mil homens da Brigada Militar gaúcha e nos 20 mil civis da milícia de corpos provisórios. Durante boa parte da convivência conflituosa com Flores da Cunha, Vargas, com seu estilo de evitar sempre puxar o limite da corda, tenta uma relação pacífica. Flores da Cunha tinha como seu principal opositor, além do presidente, o general Góis Monteiro, fiel escudeiro de Vargas. Sob a liderança de Góis Monteiro o Exército tratou de enquadrar o político gaúcho através de uma série de acusações. O governador foi investigado pela polícia e alguns documentos comprometedores foram interceptados. O cerco estava se fechando contra ele e isso já significava que a trama golpista estava em pleno curso. A estratégia era o de neutralizar possíveis opositores, com destaque para o Rio Grande e a Bahia de Juracy Magalhães. Em julho, Góis Monteiro tornou-se Chefe do Estado-Maior e fez o trabalho sujo de limpar dos comandos militares, oficiais que poderiam comprometer o projeto golpista em curso. Flores da Cunha foi removido do governo gaúcho. A campanha de José Américo, em teoria a candidatura governista, seguia expondo o governo. Em seu diário no dia 10 de setembro de 1937 Getúlio tratou do assunto: "Os elementos políticos que apoiam a candidatura de José Américo, tomados de apreensões pelas suas palavras e atitudes, desejam abandoná-la por outro nome que importe uma maior garantia".[155] É interessante notar como as eleições presidenciais no Brasil e a escolha dos candidatos a representarem a elite dirigente, são conduzidas dentro do limite da manutenção da ordem conservadora, não é a serviço do país que a candidatura deve ser construída, mas a serviço dos interesses do *establishment* vigente.

O cenário político em finais de setembro de 1937 baseava-se sobre três insólitas candidaturas: uma oposicionista, defendendo a descentralização do poder sob a liderança do "baronato" paulista; um candidato da situação que se comportava pior do que o da oposição, e uma candidatura meio *outsider* levando à frente a bandeira imponderável do fascismo. Em carta a Oswaldo Aranha, escreveu Maciel Filho de forma profética: "A força de Getúlio justifica um golpe, para acabar com essa tolice toda".[156] Os meses de setembro e outubro foram agitados para o presidente. Os políticos continuavam o procurando para falar bem ou mal da candidatura oficial. No dia 21 de setembro Getúlio Vargas deu a primeira pista em seu diário que algo à margem estava sendo tramado, escreveu o chefe do governo brasileiro: "Várias ocorrências de importância deram-se nestes dias: o regresso do governador de Minas a seu estado, pronto a cooperar até mesmo num movimento subversivo para alterar a situação criada pela sucessão presidencial".[157] O golpe estava muito quente.

Em 29 de setembro, um documento que ficou conhecido como Plano Cohen se transformaria em uma espécie de "morte de João Pessoa" tão bem utilizada como pretexto final do movimento de 1930. Tratou-se de um texto "explosivo", supostamente apreendido de fontes comunistas, que trazia instruções da Internacional Comunista para um plano de uma revolução no Brasil. Tempos depois, o Plano Cohen seria desmascarado como uma grande farsa forjada por integralistas e que chegara às mãos de Góis Monteiro através do capitão Olímpio Mourão Filho. Já como general, Mourão Filho estaria entre os lideres golpistas de 1964. Getúlio Vargas levou para o túmulo o conhecimento ou não do Plano Cohen. A farsa surtiu o efeito esperado e foi a senha para que o ministro da justiça pedisse ao Congresso o restabelecimento do estado de guerra. Por todo o Brasil membros da Igreja Católica denunciavam o risco do perigo comunista. Ligas anticomunistas foram criadas. No dia 19 de outubro Francisco Campos esteve com Vargas mostrando-lhe o projeto de reforma da Constituição, já seria a futura Magna Carta do Estado Novo? Havia a intenção de controlar militarmente os estados potencialmente rebeldes de São Paulo, Bahia e Pernambuco. A Comissão de Execução do Estado de Guerra acusou o ministro da justiça, Macedo Soares, de estar sabotando o trabalho do grupo. O ministro renunciou em 8 de novembro. Meses antes, Francisco Campos, que seria o novo ministro da Justiça, se encontrou com Plínio Salgado e fizeram juntos a leitura da "polaca", os dois integralistas, antiliberais convictos, sabiam que aquela seria a Constituição de uma nova ordem política que estava prestes a ser estabelecida sob o manto de uma ditadura, filha de um golpe de Estado. Sobre o movimento integralista, o apoio de Plínio Salgado aos planos golpistas de Vargas não teria o apoio integral dos membros da AIB, isso iria refletir na tentativa golpista em 1938.

Porém, no dia 4 de novembro de 1937, o jornal Correio da Manhã vazava, através de uma notinha em uma coluna intitulada "Sob domínio de intenso nevoeiro político", a seguinte informação: "O sr. Negrão de Lima ainda não foi avistado pelo mundo político. Chegando segunda-feira, à noitinha, em voo direto de Natal ao Rio, pouco descansou nessa capital. Mal terminou o jantar, tomava um automóvel, e dirigia-se imediatamente para Belo Horizonte, onde chegou anteontem".[158] O relato do jornal dizia respeito a Francisco Negrão de Lima, chefe da campanha de José Américo, que estaria sondando os governadores do Norte a uma possível adesão para a suspensão das eleições. No dia seguinte o jornal retomou o tema com o sugestivo título "Transformações ...". Fez agora um texto mais longo e analítico e em tom de denúncia, escreveu:

> A missão do sr. Negrão de Lima ainda é o assunto predominante (...). A conjectura lógica seria assim o acordo dos governadores no adiamento do pleito marcado para 3 de janeiro. Mas, acrescente-se, o meio constitucional do adiar o pleito é a aprovação imediata, em uma só discussão, da emenda à constituição para determinar que o mandato do atual Presidente da República termine em 3 de maio de 1939, ou 1940.[159]

O jornal não se dava conta de que estava denunciando um possível "golpe branco" por parte do governo. Vargas recebeu a nota do Correio da Manhã como uma bomba, se sentiu traído, e registrou em seu diário no dia 5 de novembro: "O acontecimento sensacional do dia foi a nota do Correio da Manhã revelando a missão do deputado Negrão de Lima ao Norte e fazendo comentários e intrigas com as forças armadas. Como a censura deixara publicar? Quem fora o responsável pela nota e pela publicação? Tomavam-se providências a respeito sem resultado!".[160] Em decorrência do "caso Negrão de Lima" o controle da censura à imprensa passou imediatamente para a Chefatura de Polícia do Distrito Federal. O golpe chegava à antessala do gabinete presidencial. No dia 7 de novembro Vargas anotou o que parecia o resultado de uma trama antecipadamente orquestrada: "Não é mais possível recuar. Estamos em franca articulação de um golpe de Estado, outorgando uma nova Constituição e dissolvendo o legislativo".[161]

No dia 8 de novembro foi a vez do candidato da oposição oferecer um pouco mais de combustível para a deflagração do golpe. Armando Sales apresentou um documento intitulado "Aos chefes militares do Brasil" e advertiu aos militares que "se alguma força poderosa não intervier a tempo de impedir que se cumpram os maus pressentimentos que hoje anuviam a alma brasileira, um golpe terrível sacudirá de repente a nação, abalando os seus fundamentos até as últimas camadas e mutilando cruelmente as suas feições".[162] No dia 9 de novembro o documento foi lido na Câmara dos Deputados e no Senado e constrangeu publicamente os militares brasileiros a se manifestarem em defesa da legalidade quando afirmou: "A nação está voltada para os seus chefes militares: suspensa, espera o gesto que mata ou a palavra que salva."[163] No dia 9 de novembro, Vargas comentara sobre o pronunciamento de Armando Sales, e ciente que a data do dia 11 de novembro para a eclosão do movimento estava prejudicada resolveu que "em vista disso, era preciso precipitar o movimento aproveitando a surpresa".[164] Às 8 horas da noite do dia 10 de novembro de 1937 o presidente pronunciou, pelo rádio, o seu "Manifesto à nação". O documento é enorme e detalhado e nele Getúlio Vargas buscou justificar a inevitabilidade de instauração de um regime ditatorial. Fez um balanço do que ele entendia sobre o caminho que tomara o sistema político brasileiro depois do movimento de 1930:

> Tanto os velhos partidos, como os novos em que os velhos se transformaram sob novos rótulos, nada exprimiam ideologicamente, mantendo-se à sombra de ambições pessoais ou de predomínios localistas, a serviço de grupos empenhados na partilha dos despojes e nas combinações oportunistas em torno de objetivos subalternos.[165]

Quanto às eleições que ele trataria de excluir da vida nacional, escreveu: "O sufrágio universal passa, assim, a ser instrumento dos mais audazes e máscara que mal dissimula o conluio dos apetites pessoais e de corrilhos".[166]

Colocando-se como salvador da unidade nacional usou uma retórica eufemística para assegurar a liberdade utilizando-se da autoridade:

> A consciência das nossas responsabilidades indicava, imperativamente, o dever de restaurar a autoridade nacional, pondo termo a essa condição anômala da nossa existência política, que poderá conduzir-nos à desintegração, como resultado final dos choques de tendências inconciliáveis e do predomínio dos particularismos de ordem local.[167]

As últimas palavras do pronunciamento voltaram-se, novamente, para a questão da manutenção da unidade que somente seria alcançada através da restauração da autoridade:

> Restauremos a Nação na sua autoridade e liberdade de ação: — na sua autoridade, dando-lhe os instrumentos de poder real e efetivo com que possa sobrepor-se às influências desagregadoras, internas ou externas; na

> sua liberdade, abrindo o plenário do julgamento nacional sobre os meios e os fins do Governo e deixando-a construir livremente a sua história e o seu destino.[168]

A retórica e a prática golpista seguiam colocando mais um tijolo antidemocrático no muro de nossa democracia pelo alto. Anos depois, Getúlio chegou a se referir ao golpe de 37 como um "golpe libertador".[169] Entretanto, não podemos chegar à conclusão simplista de que o golpe que levou ao Estado Novo foi uma ação resultante da astúcia individual de um único homem, seu líder, Getúlio Vargas. Vargas foi seu principal beneficiário, mas a articulação foi tramada por uma rede de atuação entre membros da velha e nova oligarquia política brasileira, parte dela encastelada no Congresso Nacional, sempre pronta a colocar-se a serviço da manutenção da lei e da ordem conservadora e reacionária. Além das forças políticas tradicionais, houve na conjuntura de 1937 a presença dos integralistas e a sempre onipresente ação decisiva do setor militar.

1938: uma Intentona golpista pela direita

Quando em 1937 uma ditadura foi instaurada no Brasil a nova ordem que se estabelecia parecia ser o cenário dos sonhos de qualquer fascista. A Ação Integralista Brasileira (AIB) representante brasileiro do pensamento nazifascista participou ativamente, por intermédio de sua mais destacada liderança Plínio Salgado, nos bastidores conspiratórios que levaram à instauração do Estado Novo. A AIB nascera como um movimento defendendo bandeiras nacionalistas e conservadoras e no Manifesto de Outubro, que lançou o movimento a conhecimento público em 1932, estão todas as ideias do arcabouço moral e ideológico do fascismo à brasileira que de certa forma estão sendo repaginadas no Brasil contemporâneo.

O primeiro parágrafo do Manifesto de Outubro já apresenta a concepção de homem e universo cuja doutrinação foi reprocessada nos slogans de campanha do candidato a presidente Jair Bolsonaro em 2018, vejamos: "Deus dirige os destinos dos povos. O Homem deve praticar sobre a terra as virtudes que o elevam e o aperfeiçoam. O homem vale pelo trabalho, pelo sacrifício em favor da Família, da Pátria e da Sociedade".[170] O discurso da unidade nacional pressupunha a completa alienação da sociedade em relação a suas reais diferenças sociais em nome de um suposto e romântico combate à divisão do povo brasileiro:

> (...)o Brasil não pode realizar a união íntima e perfeita de seus filhos, enquanto existirem Estados dentro do Estado, partidos políticos fracionando a Nação, classes lutando contra classes, indivíduos isolados, exercendo a ação pessoal nas decisões do governo; enfim todo e qualquer processo de divisão do povo brasileiro.[171]

O conteúdo nacionalista do "Manifesto" integralista, se comparado ao do Brasil bolsonarista, de perfil subserviente aos Estados Unidos da América, talvez tenha sido mais genuíno ao caracterizar-se como combativo

> (...) aos costumes, que estão enraizados, principalmente em nossa burguesia, embevecida por essa civilização que está periclitando na Europa e nos Estados Unidos. Os nossos lares estão impregnados de estrangeirismos; as nossas palestras, o nosso modo de encarar a vida, não são mais brasileiros.[172]

Contudo, foram "ingênuos" politicamente quando se posicionaram frontalmente como inimigos de "(...) todas conspirações, de todas as tramas, conjurações, conchavos de bastidores, confabulações secretas, sedições".[173] Em 1937, seu principal líder, Plínio Salgado, compartilhou com muito orgulho as tramas conspiratórias que desembocaria no Estado Novo. Francisco Campos, integralista empedernido, nos brindaria com uma constituição fascista em 1937. Quando escreveram o Manifesto de Outubro, os integralistas aparentavam ainda não entender como funcionava a dinâmica do sistema político brasileiro.

A AIB pode ser vista como um contraponto fascista à ANL comunista e juntas movimentaram radicalmente a política brasileira nos anos trinta do século XX. Getúlio Vargas deu tratamento diferenciado às duas agremiações. Contra a ANL, despejou todos os seus rancores. Quanto aos "camisas verdes"[174] da AIB alternou-se entre fazer vistas grossas a algumas de suas manifestações e uma ação subliminar de pequenas repressões no sentido de não deixar o movimento criar asas e comprometer seu projeto nacional. Em 1936, na Bahia, o governador Juracy Magalhães denunciou ao presidente uma possível conspiração dos integralistas baianos para tirar-lhe do poder. A polícia chegou a invadir a sede da AIB em Salvador prendendo alguns integrantes.[175]

Por outro lado, da parte da cúpula integralista, o apoio ao governo era algo a se orgulhar. No dia primeiro de novembro de 1937 em uma clara mimetização tropicalizada da Marcha sobre Roma dos "camisas pretas" italianos liderada por Benito Mussolini, os integralistas marcharam no Rio de Janeiro, capital federal, diante do palácio presidencial em uma explícita declaração de apoio ao governo. Entre as lideranças da marcha estava o intelectual, membro da Academia Brasileira de Letras, Gustavo Barroso. Já transformado em partido político, o Integralismo usou a "Marcha" para demonstrar força simbolicamente ilustrada não só em sua estrutura organizacional como na quantidade de membros. Os números dos participantes continuam até hoje como uma grande incógnita, vão de 15 mil a 50 mil.

O próprio Vargas descreveu em seu diário que ao conversar com o general Newton Macedo, no Catete, teria começado "o desfile da concentração integralista pela frente do palácio. Fui assisti-la, acompanhado pelos generais Newton e Pinto. Mais tarde chegou o ministro da Guerra, que assistiu o resto do desfile. Decerto 20 mil integralistas desfilaram em continência ao chefe da nação".[176] Mais do que o quantitativo, a marcha integralista trazia nas suas fileiras uma diversificada gama de setores da sociedade de várias regiões do país. Os militares estavam presentes em grande quantidade. O próprio general Newton Macedo era um dos simpatizantes do movimento. Membros da Igreja Católica também cerraram fileiras em defesa das ideias nacionalistas dos liderados de Plínio Salgado. No interior do governo, figuras eminentes como Oswaldo Aranha, Gustavo Capanema e Francisco Campos flertavam e se enamoravam das ideias do movimento liderado por Plínio Salgado. Sobre a presença, entre os integralistas, dessa "enigmática entidade política" chamada classe média Raimundo Faoro assim o definiu: "(...)sem papel político na sociedade, desdenhada pelas camadas dominantes, sente no credo verde[177] a oportunidade de ajustar-se ao Estado, que a banira, durante quarenta anos, como parasitária e improdutiva". Ontem ou hoje, setores da classe média seguem sua sina camaleônica de adaptar-se às migalhas que lhes são jogadas seja pela elite dominante ou por representantes de algum exótico "credo verde".

É certo que em 1937 os integralistas significavam uma força política que não poderia ser desprezada. O lançamento da candidatura de Plínio Salgado à presidência da República para o pleito de 1938 não foi uma simples aventura para demarcar território. Havia uma crença verdadeira de que ele teria realmente chance de alcançar êxito e implantar um projeto de base nacionalista e conservadora. Francisco Campos, ideólogo do novo regime que se instalaria depois de 1937, fez a ponte entre Plínio Salgado e o futuro ditador. Salgado imaginava um Estado Novo à imagem e semelhança dos ideais integralistas. Vargas, sempre muito astuto, levava o líder integralista em rédea curta, pois sabia tratar-se o integralismo de uma força que poderia ser estratégica em seu projeto golpista. O Partido integralista já tinha alcançado certa abrangência tentacular fora das fronteiras da Guanabara. O presidente registrou com certo sarcasmo seu encontro com Salgado no dia 25 de outubro de 1937: "Na noite última, fui com o Macedo à casa do Rocha Miranda – Renato –, onde encontrei-me com Plínio Salgado, que de muito procurava falar-me. Caipira astuto e inteligente, mas entendemo-nos bem".[178] Porém, o integralismo não se restringia ao comando único de Plínio Salgado. Desde sua criação o grupo se organizou em torno de facções muito por conta da diversidade de entidades que estiveram presente na sua fundação tais como a Legião Cearense do Trabalho (LCT) organização de matriz católica, corporativista e anticomunista, cuja principal liderança foi o militar cearense, natural de Maranguape, Severino Sombra de Albuquerque.[179] Severino Sombra foi de aliado a inimigo de Plínio Salgado provando a existência da diversidade de tendências no interior do movimento integralista. Em 1934, no Congresso Nacional integralista realizado em Vitória, capital do Espírito Santo, Plínio Salgado e Severino Sombra bateram de frente e o conflito teve como desfecho o rompimento de Sombra com o integralismo e a consequente hegemonia de Salgado sobre o movimento.

O triunfo de Plínio Salgado sobre Severino Sombra foi a vitória de um projeto mais moderado e adesista do movimento integralista em relação ao governo Vargas. Em 10 de novembro de 1937, quando o governo constitucional, através de um golpe de Estado, sai de cena para a entrada da ditadura do Estado Novo, o integralismo não imaginava que viveria seu inverno mais tenebroso. Plínio Salgado esperava ser contemplado como membro prestigiado do clube estadonovista, Vargas tinha outros planos para ele. A ditadura seguiria o manual clássico do pós-golpismo e extinguiria os partidos políticos, o Partido Integralista brasileiro seria um deles. Vargas, no entanto, sempre buscando, em última instância, uma saída conciliadora, escreveu em seu diário no dia 2 de dezembro seu projeto para o movimento liderado por Salgado: "De um entendimento, no dia anterior, entre o general Góis e Plínio Salgado, e de uma palestra, hoje, com o general Newton, encontrei uma solução que me pareceu satisfatória para resolver o caso dos integralistas: dissolvê-los como partido político, permitindo que subsistam como sociedade civil, cultural, sportiva etc., sem fardas nem distintivos".[180] O novo ditador agiu rápido e no próprio 2 de dezembro de 1937 assinou o Decreto-Lei nº 37 dissolvendo os partidos. Plínio Salgado relutou em acreditar que foi traído. Outros integralistas, principalmente os do setor militar, aderiram rapidamente às condições da nova ordem ditatorial. Salgado via minguar seu capital político que derretia junto com sua organização. A pressão sobre ele, por parte dos integralistas mais radicais, o levou a romper definitivamente com o Estado Novo e seu ditador. A máquina do Estado Novo foi usada abertamente para perseguir, prender e calar o movimento fascista. Integralistas passaram a guardar armas e tiveram suas residências devassadas pela polícia. A ditadura varguista não iria admitir qualquer possibilidade de projeto alternativo ou risco de ameaça à ordem pública.

Uma ação conspiratória contra o governo entrou na ordem do dia dos integralistas. Em 10 de março de 1938, sem muito planejamento, se esboçou uma tentativa que foi malograda diante do cerco eficiente da polícia. Em 11 de maio de 1938, à revelia de Plínio Salgado que se encontrava em São Paulo, e negando um dos princípios presentes no "Manifesto de Outubro" que posicionava o movimento em franca oposição a qualquer tipo de movimento conspiratório e golpista, um grupo de integralistas, liderados pelo médico baiano Belmiro Valverde, levou às ruas do Rio de Janeiro uma segunda tentativa de conspiração golpista invadindo o Palácio do Governo, residência oficial do presidente da República. Valverde tinha assumido o integralismo depois do autoexílio do desapontado Plínio Salgado. A ação efetivamente militar foi entregue sob a responsabilidade do tenente Severo Fournier.

O historiador norte-americano, Robert Levine, resumiu o episódio: "Essa estranha tentativa de sequestrar o presidente e derrubar o governo, num *putsch* que foi desmontado em poucas horas, eletrizou a opinião e fez de Vargas, por breve momento, um herói nacional".[181] O levante também aconteceu contra o prédio do ministério da Marinha e contra os apartamentos do general Góis Monteiro e do chefe de polícia Filinto Muller. Chegaram a ocupar uma estação de rádio onde transmitiram a notícia do levante. Os conspiradores foram presos, mas a opressão não chegou a ter a dimensão que tivera a de 1935 liderada por Luís Carlos Prestes. Quanto a Plínio Salgado, até hoje persiste a dúvida de seu conhecimento ou não do levante. Em 1939 foi preso e exilou-se em Portugal só retornando em 1945. No dia 13 de maio, Vargas fez um discurso no Palácio do Catete intitulado "A repulsa do paiz pelo atentado de 11 de maio" e entre várias análises duras da conspiração escreveu:

> Na madrugada de 11 de maio, os inimigos da Pátria erigiram a violência e o ódio faccioso em norma de ação. Os indivíduos que assaltaram casas residenciais para trucidar os seus moradores, eram, na generalidade, meros sicários sem qualificação social, sem profissão conhecida. Os chefes e seus prepostos imediatos fugiram acovardados; os mandantes e instigadores negam as responsabilidades e lavam, na bacia de Pilatos, as mãos tintas do sangue que fizeram derramar.[182]

Com esse discurso, Vargas mandou uma mensagem direta a todos os que se colocassem à frente de seu projeto de país. O Estado Novo passou por sua primeira prova de fogo ao experimentar do seu próprio veneno, uma conspiração golpista da extrema direita. Em consequência, o regime de Vargas tratou de se colocar estrategicamente como o exemplo de equilíbrio entre duas vertentes com propostas radicais, o comunismo e o fascismo integralista. Assim como acontecera com os comunistas, mesmo que não na mesma proporção, a médio e longo prazo o integralismo foi taxado pelo Estado Novo com todos os adjetivos pejorativos e ofensivos que tivessem a força de transformar o movimento em uma longínqua lembrança de insignificância grotesca e extremista. A tentativa de golpe fascista em 1938 pode até ter entrado para o anedotário político do país, mas a mentalidade que guiou seus participantes é bastante real e segue perene até os dias de hoje.

1945: um golpe contra um golpe e pela democracia

Ao instaurar, em 1937, uma ditadura através de um autogolpe, Getúlio Vargas elegeu o regime de exceção como a única alternativa para implantar uma nova ordem política no Brasil em contraposição ao que ele próprio chamou de "as normas dominantes da hipocrisia política, do puro regime de ficção que imperava".[183] Em 1937, a conjuntura de uma acirrada disputa eleitoral com impacto direto na dinâmica do frágil "pacto" de governabilidade saído do movimento de 30, levou Vargas a costurar um acordo conspiratório que lhe desse a possibilidade de governar sob um regime fechado. Esse regime durou até 1945. Com a ruptura de 1937, Vargas estabeleceu um padrão pouco republicano de governar que de certa forma transformou-se em uma espécie de formula administrativa que consistia em conciliar desenvolvimentismo intervencionista com valores conservadores mediados pela cooptação de classe. Em um arroubo bajulador um certo Olavo Oliveira, professor da Faculdade de Direito do Ceará, representando, possivelmente, parte da mentalidade intelectual da época, chegou ao despropósito de identificar o Estado Novo como um "socialismo brasileiro" que, segundo ele, "protege o fraco e ampara o rico, livra o primeiro da voracidade do segundo, resguarda esse das violências daquele e coloca a ambos, num ritmo comovedor de energias, pelo sensato e devido equilíbrio do trabalho e do capital, na construção da grandeza do nosso amado Brasil".[184] O professor Olavo até pode ter exagerado na conclusão, mas acertou na descrição da dinâmica político-social levada à frente por Vargas durante o Estado Novo.

Indubitavelmente quando implantou a ditadura do Estado Novo, em 1937, Vargas não contava que teria pela frente, poucos anos depois, um constrangedor dilema chamado Segunda Guerra Mundial. Na Europa a Força Expedicionária Brasileira (FEB) lutou um combate devidamente enquadrado na narrativa da democracia (aliados) versus ditadura (nazifascismo). O Brasil esteve ao lado da democracia e isto foi suficientemente embaraçoso para demonstrar a nudez do regime varguista. Diante desse quadro de explícita incoerência, outros elementos foram se ajustando a um novo discurso político cujo desfecho final levaria à renúncia de Vargas em decorrência de um golpe seguindo a sequência republicana brasileira de avanço político através de rupturas de transição pactuadas "pelo alto".

Em 1945, a chamada Era Vargas alcançara quinze anos sendo que oito deles governados sob um regime de exceção. Entre 1930 e 1937, Vargas foi pavimentando um caminho seguro que lhe desse a estabilidade necessária a impor um governo excessivamente centralizado. Para tanto, foi necessário depurar as oligarquias, calando os adversários potencialmente mais poderosos, consolidar a narrativa anticomunista, controlar o integralismo com a oferta de ganhos em longo prazo e se aproximar do Exército através dos generais Eurico Dutra e Góis Monteiro, fortalecendo seu poder junto às Forças Armadas. Foi com base nesse cabedal político que Vargas instaurou o Estado Novo e governou por oito anos. Porém, quando se constrói uma base política a partir do jogo de inclusão e exclusão, é previsível o surgimento de um cenário de disputa e de tensão. Os excluídos do processo serão sempre um potencial candidato a questionar a nova ordem e conspirar contra sua existência. De maneira geral, os opositores do Estado Novo vão sair da parcela descontente das oligarquias estaduais e de liberais pequeno-burgueses. Quanto à ditadura varguista, sustentou-se sobre uma diversificada e nem sempre homogênea base ideológica que incluía figuras como Oswaldo Aranha, que apesar de ter flertado com o integralismo, se curvou rapidamente ao discurso da democracia liberal de cariz norte-americana, até Francisco Campos, abertamente admirador do fascismo. Só se sobrevive politicamente em um ambiente tão instável e potencialmente hostil, fazendo uso de um amplo aparato repressor que consiga calar a voz da oposição ou jogá-la literalmente na prisão. Um fator externo, entretanto, atingiu o centro nervoso da ditadura varguista levando o povo às ruas, em 1942, clamando pela entrada do Brasil na guerra. Entre 1942 e 1945 o regime viveu um profundo turbilhão de acontecimentos internos e externos cujo desfecho seria sua derrocada final.

Nessa conjuntura política havia uma sociedade civil já razoavelmente organizada formada por estudantes, intelectuais e membros do movimento operário, além do partido comunista, renascido das cinzas da opressão varguista. Esse conjunto da sociedade, mesmo que não tenha assumido o protagonismo do processo de ruptura institucional com a ditadura varguista, ajudou à elite política construir as condições objetivas de derrubá-la. A guerra foi o inimigo comum a favorecer a construção de tão diversificada unidade nacional. Quanto ao setor militar, ao lutar na Europa contra o nazifascismo, entendeu a importância de reivindicar a democracia em terreno doméstico. As principais lideranças da Força Expedicionária Brasileira (FEB) no front da guerra, ao retornarem, tomaram a frente do movimento político que se desdobraria no lançamento do brigadeiro Eduardo Gomes como candidato a presidente em oposição ao varguismo.

É comum na tradição literária especializada na "Era Vargas" identificar como marco simbólico do início efetivo do movimento contra o Estado Novo o lançamento do chamado "Manifesto dos Mineiros". Em agosto de 1943 ocorreu no Rio de Janeiro o Congresso Jurídico Nacional e a delegação de Minas Gerais aproveitou a oportunidade para reivindicar o retorno da democracia ao país. Foi o primeiro grande esboço público de uma manifestação mais contundente por parte dos opositores ao regime varguista. A chama da fogueira liberal, momentaneamente abafada em 1937, não se apagou por completo nos anos de repressão. Ademais, ao ser sustentada durante o Estado Novo por membros de uma oligarquia aburguesada, a chama liberal manteve-se acesa e atenta aos ventos conspiradores que sopravam lentamente às margens do regime autoritário. O Estado varguista, por mais poderoso que fosse, sabia ser impossível não permitir a existência, nas franjas do regime, dos setores de oposição ligados à grande elite oligárquica-liberal. É justamente esse grupo, juntamente com o Exército, que esteve em 1945 à frente do golpe que acelerou a saída do ditador do poder.

Os mineiros transformaram, em outubro de 1943, sua indignação em um documento intitulado "Manifesto ao Povo Mineiro". 50 mil exemplares do documento foram impressos e distribuídos de mão em mão para fugir da censura federal.[185] Mais importante do que o próprio documento foi a representatividade dos 89 indivíduos que o assinaram.

Entre eles estava a fina flor da elite política mineira transformada em dissidente do varguismo depois de 1937. Encabeçado por Afonso Arinos de Mello Franco, o grupo conseguiu reunir em torno de uma unidade de luta velhos remanescentes da Primeira República como Afonso Pena Jr, Adolfo Bergamini e Mário Brant. Estava também o ex-presidente Artur Bernardes, esquecido desde a ruptura de 1930, além de dissidentes de peso do próprio regime varguista como Pedro Aleixo e Odilon Braga. Mas havia espaço também para futuras lideranças como José de Magalhães Pinto. Mais tarde, ao se juntarem com o setor militar, esse grupo esteve por trás da fundação da União Democrática Nacional (UDN) principal agremiação política de oposição a Getúlio Vargas.

Por mais que tenha buscado uma reação, o governo sentiu o golpe da ação mineira. A repressão não foi suficiente para frear o ímpeto da oposição que "atravessou o Rubicão" com o Manifesto aos Mineiros. Dirigido diretamente ao povo de Minas Gerias, o texto do manifesto passava uma mensagem para todo o Brasil, Minas era somente sua grande metáfora. O documento falava diretamente ao regime de exceção ao dizer que "as ideias e sentimentos a que buscamos aqui dar expressão cessaram de ser um estado natural de coisas. Uma dúvida paira sobre elas, no seio dos povos cujo espírito de demissão se acomodou com os atentados aos mais imprescritíveis direitos do homem e do cidadão".[186] Em outro trecho, se referiu a uma "compulsória e prolongada abstinência da vida pública".[187] Teve o cuidado de se mostrar progressista no sentido de não transigir a qualquer possibilidade de retorno ao passado oligárquico quando afirmou que "não se infira, porém, (...) que desejamos voltar aos vícios das organizações e práticas políticas anteriores a 1930".[188] O manifesto ainda demonstrou estar conectado com o ponto mais vulnerável do Estado Novo, ou seja, sua incoerência diante da Segunda Guerra Mundial. Para os mineiros: "Se lutamos contra o fascismo, ao lado das Nações Unidas, para que a liberdade e a democracia sejam restituídas a todos os povos, certamente não pedimos demais, reclamando para nós mesmos os direitos e as garantias que as caracterizam".[189] Com o manifesto dos mineiros a conspiração contra o Estado Novo ganhava sua subjetividade narrativa.

O ano de 1944 não foi menos hostil à Getúlio Vargas e seu regime. As pressões continuaram sendo ampliadas pelos conflitos internos como o que levou à saída de Oswaldo Aranha do ministério das Relações

Exteriores. Em agosto de 1944 a Sociedade Amigos da América, entidade criada em 1943 em apoio aos Aliados na Segunda Guerra, elegeu como seu presidente o Ministro das Relações Exteriores Oswaldo Aranha. Essa eleição expôs ainda mais os antagonismos no interior do governo entre liberais e fascistas. Apesar de o Brasil ter rompido oficialmente com os países do Eixo uma parcela do governo continuava flertando com os ideais políticos da Alemanha e da Itália. O próprio Vargas, em 1942, ao avaliar a reunião ministerial que aprovou o rompimento com os países do Eixo registrou de forma irônica em seu diário que "os discursos tiveram, no geral, o mesmo da retórica liberalóide, obsoleta e palavrosa".[190] A posse de Oswaldo Aranha foi impedida e a Sociedade fechada, o regime entrava em uma espiral paranoica. Oswaldo Aranha rompeu com Vargas e se retirou do ministério. O major Roberto Carneiro de Mendonça enviou ao presidente pedido de demissão da Diretoria do Banco do Brasil em solidariedade ao ex-ministro.[191] Os liberais democratas do governo foram aos poucos se afastando do presidente e construindo a derrocada final do regime.

Em janeiro de 1945 foi a vez da Associação Brasileira de Escritores se posicionar frontalmente contra o regime varguista e reivindicar o retorno à democracia. Entre os participantes do congresso, com alguns deles responsáveis por redigir uma declaração de princípios, estavam nomes como Jorge Amado, Caio Prado Jr., Oto Lara Resende e Alberto Passos Guimarães. Uma intelectualidade abertamente comunista ajudava a minar a moral autoritária que sustentava a ditadura varguista. Nas ruas e na imprensa a pauta era a necessidade de uma reforma da Constituição e da Lei eleitoral. Em fevereiro, nas páginas do Correio da Manhã, uma entrevista do jornalista Carlos Lacerda com José Américo de Almeida, liderança do movimento de 30 e candidato a presidente em 1938, fez chegar ao presidente o quanto a elite política brasileira estava engajada na luta por sua saída do poder. Na entrevista José Américo afirmou que o problema nacional era menos político do que moral.[192] Fez questão de insinuar a falta de apoio do mundo político ao presidente Getúlio Vargas.[193] José Américo de Almeida pregou a união nacional e a volta às liberdades democráticas. A Getúlio Vargas restou a negociação em busca de certa estabilidade e isto veio em forma de uma pequena reforma jurídica através de uma série de leis.

Passados seis dias da publicação da entrevista, em 28 de fevereiro de 1945 foi publicado um Ato Adicional à Constituição sendo expedida a Lei Constitucional nº 9 que dava nova redação a artigos da Constituição. No texto introdutório da Lei o governo deixava transparecer o reconhecimento de sua vulnerabilidade diante da opinião pública: "Considerando que se criaram as condições necessárias para que entre em funcionamento o sistema dos órgãos representativos previstos na Constituição (...)".[194] A Lei previa que dentro de 90 dias, contados a partir da data de sua promulgação e na forma do artigo 180 da Constituição de 1937, seriam fixadas em lei as datas das eleições para o segundo período presidencial e governadores dos Estados, assim como das primeiras eleições para o Parlamento e as Assembleias Legislativas. Continuada a pressão sobre o governo, veio o Decreto-Lei nº 7.474 de 18 de abril de 1945 que concedeu anistia "a todos quantos tenham cometido crimes políticos desde 16 de julho de 1934 até a data da publicação deste decreto-lei".[195] Sobre o Decreto da anistia é interessante o registro de que no dia 4 de abril, Vargas recebeu um telegrama de congratulações de Luiz Carlos Prestes agradecendo pelo reatamento de relações entre Brasil e URSS e apelando pela anistia e pela livre organização de partidos políticos.[196] Não sabemos ao certo o quanto o pedido do líder comunista influenciou na decisão presidencial. O pragmatismo de Prestes ao lidar com Getúlio Vargas foi algo impressionante. Em seguida, no dia 28 de maio de 1945, foi expedido outro Decreto-Lei o de número 7.586, conhecido como Lei Agamenon ou Lei Eleitoral, dispondo que as eleições para a presidência da República e o Congresso Federal seriam realizadas no dia 2 de dezembro, e as eleições para os governos e as assembleias legislativas estaduais, no dia 6 de maio de 1946. Retomava-se o sufrágio universal através do voto obrigatório, direto e secreto e a organização de partidos políticos.[197]

Aos poucos o Estado Novo ia caindo por inanição ao ver sua base jurídica autoritária sendo minada por dentro. Anistiados e com possibilidade de criarem suas agremiações partidárias a oposição ao governo, depois de alguns anos de dispersão funcionando sob um regime de exceção e de censura, iniciou um processo gradual de reagrupamento contemplada pela criação dos partidos. Com eleições confirmadas no horizonte político, a tradicional oligarquia, agora sob o manto da democracia liberal, se unificou em torno do programa da União Democrática Nacional (UDN).

Por outro lado, o governo ainda tinha capital político para influenciar na criação de dois partidos, o Partido Social Democrático (PSD), que acomodou setores da classe média e principalmente a base oligárquica representada pelos interventores estaduais, e o Partido Trabalhista Brasileiro (PTB), que reuniu o setor sindical da classe trabalhadora forjada nas relações corporativistas com o Ministério do Trabalho.

A UDN lançou o nome do brigadeiro Eduardo Gomes e sua pífia candidatura ajudou a ampliar o repertório do anedotário político brasileiro. Ao ser lançada, a campanha de Eduardo Gomes atingiu principalmente o eleitorado feminino e logo alguém tratou de criar o slogan: "Vote no brigadeiro, que é bonito e solteiro". Não satisfeitas em apoiar, as senhoras se empenharam na arrecadação de fundos para a campanha de Gomes comercializando na vizinhança um doce de chocolate coberto de chocolate granulado que ficou popularmente conhecido como o "doce do brigadeiro", sim, estamos falando da origem desse símbolo universal da culinária brasileira, o brigadeiro. Nem mesmo a bela voz de Silvio Caldas, cantando o hino da campanha, serviu de apelo a levar os eleitores a sufragaram o nome do brigadeiro nas urnas:

> Vem, ó Brigadeiro,
> Que o povo te espera de braços abertos!
> Vem, ó Brigadeiro,
> Da tua vitória estamos bem certos!
> Vem, ó Brigadeiro,
> Todo o Brasil do teu nome se ufana!
> E respeita o herói dos 18 do Forte de Copacabana.[198]

Em contrapartida, como não tinham um candidato com um bom "apelo estético", os partidos getulistas decidiram por apoiar o Ministro da Guerra general Eurico Gaspar Dutra, que se demitiu do ministério em respeito à Lei Eleitoral sendo nomeado para seu lugar o general Góis Monteiro, que meses depois seria o homem responsável por antecipar a saída de Vargas do poder. Mas o Brasil não é um país para amadores e em se tratando de Getúlio Vargas nem tudo que parece é. Apesar de demonstrar estar decidido a passar o bastão presidencial para o próximo eleito, aparentemente, na intimidade, não era esse o objetivo do ditador.

Os movimentos tomados por Vargas em fins de 1945 diziam outra coisa. No segundo semestre de 1945 tomava força um movimento cujo lema, "Queremos Getúlio", pregava a possibilidade de adiamento das eleições presidenciais e a convocação de uma "Constituinte com Getúlio" dando ao ditador a possibilidade de se candidatar novamente à presidência. Iniciativas isoladas por parte da sociedade civil foram tomadas no sentido de assegurar a candidatura de Vargas. Os comunistas, liderados por Luís Carlos Prestes, ao temer o reacionarismo da oposição burguesa que colocaria em risco importantes conquistas trabalhistas do período varguista, optaram em aderir ao movimento que ficou popularmente conhecido como "Queremismo". Um episódio interessante no contexto do "Queremismo" foi uma ordem de "*habeas corpus*" impetrado no Supremo Tribunal Federal por um certo engenheiro Henrique de Almeida Filho. O impetrante se apresentou como representante da União Social Pelos Direitos do Homem entidade que também funcionava como associação política dando-lhe o direito legal de solicitar que lhe fosse concedida a ordem para no próximo pleito sufragar o nome de Getúlio Vargas. O "*habeas corpus*" foi negado pelo STF e o desembargador Vicente Piragibe insinuou em seu voto que Getúlio Vargas talvez não estivesse sendo sincero ao dizer que não tinha interesse em se candidatar à presidência. Henrique de Almeida Filho aparentava estar cumprindo, para o ditador, uma função que hoje é popularmente conhecida como "laranja",

Entre agosto e outubro o movimento queremista realizou uma série de comícios com destaque para os dos dias 3 e 13 de outubro. No comício do dia 3 uma multidão se reuniu no Largo da Carioca e partiu em direção ao palácio Guanabara onde Getúlio Vargas, com todos os trejeitos de candidato, discursou da janela para uma audiência atenta e fiel. O regime estava em crise, mas o velho Vargas caminhava para cair de pé. No comício do dia 13 de outubro o jornal Tribuna Popular, vinculado ao Partido Comunista Brasileiro (PCB) destacou em manchete: "Hoje o Comício Nacional Pró -Constituinte". Um dos artigos destacava que "Diversos partidos políticos e centenas de comitês democráticos participarão do imponente "meeting".[199] O Correio da Manhã, que apoiava a candidatura do brigadeiro Eduardo Gomes, fez a seguinte manchete sobre o comício do dia 3 de outubro: "A Patuscada de ontem no Largo da Carioca".[200] Nos bastidores do governo estava sendo gestada uma reforma na Lei Eleitoral que levantou a suspeita de que Vargas realmente intencionava adiar sua saída do poder. Em 2 de outubro uma carta de Luís Fernando Vergara, na época secretário da Presidência da República, enviada a Getúlio Vargas, encaminhava ao presidente sugestões e justificativas para a reforma da lei eleitoral e propunha eleições gerais em 2 de dezembro. Dizia Vergara ao justificar a mudança de data: "Apurava-se deste modo quem tem real prestígio (...). Os generais não poderiam reclamar, porque haveria eleições a 2 de dezembro(...). Também qualquer golpismo contra a extensão das eleições seria considerado estúpido e não encontraria amparo em setor algum".[201]

Não sabemos ao certo o quanto a correspondência de Vergara influenciou o presidente, mas em 10 de outubro, contrariando o texto do Ato Adicional e a Lei Eleitoral, Getúlio Vargas baixou o Decreto-Lei nº 8.063, antecipando as eleições estaduais para a mesma data das eleições federais. Na carta enviada a Vargas, Vergara também previra que acontecendo as eleições gerais em todos os níveis na mesma data ocorreria que as oposições iriam se "comer nas brigas pelas interventorias" e os municípios cuidariam de seus casos locais.[202] O jornal Correio da Manhã, representante das bandeiras oposicionistas chamou o Decreto de "Decreto Tumulto" e assim o definiu: "Trata-se simplesmente de uma manobra que algumas das mais velhas raposas políticas do regime conluiadas com a matreirice congênita do ditador, imaginaram para impedir nas urnas a vitória do brigadeiro Eduardo Gomes".[203] Uma leitura da oposição em relação a esse ato de Vargas, foi enxergá-lo como uma estratégia do presidente em assegurar a vitória dos interventores ao cargo de governador e que uma vez eleitos poderiam influenciar na escrita das constituições estaduais. Vargas tinha seus motivos para apostar em uma possível vitória eleitoral. Uma carta enviada à Andrade Queirós pelo poeta Cassiano Ricardo, que dirigia o Departamento Estadual de Imprensa e Propaganda de São Paulo, falava da popularidade de Vargas em São Paulo e a uma suposta inteligência do presidente. Quanto ao medo que a suposta inteligência de Getúlio impunha aos adversários, escreveu Cassiano: "Inteligência que 'não os deixa dormir', ao ponto de viverem eles vendo 'golpes' na sombra".[204]

O grande enigma, até hoje não decifrado, por trás do golpe de 45 é sobre as reais intenções de Vargas supostamente dividida em duas possibilidades: buscar ações de prolongamento de seu mandato ou entregar o governo para o presidente eleito no pleito de 1946. A elite dirigente cada vez mais se convencia da primeira opção o que fez da saída golpista o único caminho. Abordando o fim do Estado Novo sob uma perspectiva externa, ao analisar os diários do embaixador americano Adolf Berle Jr. o historiador Stanley Hilton projetou uma imagem bastante interessante do embaixador e uma visão muito específica de um americano sobre o movimento da elite brasileira. Adolf Berle Jr. Pertenceu a uma tradição de diplomatas que para se consolidar na carreira teve uma caminhada acadêmica sofisticada a dar-lhe formação intelectual e capacidade analítica de compreender os meandros das relações de poder no Brasil de 1945. Formado em direito, foi professor na Harvard Business School e esteve ao lado do presidente Roosevelt na criação do New Deal. Nomeado por Roosevelt, que viria a falecer em abril de 1945, seria ao presidente Harry Truman que Berle Jr. responderia durante sua estadia no Brasil. Chegou no olho do furacão da crise do Estado Novo e teve pela frente o desafio de cumprir a missão de manter o Brasil como um país aliado no pós guerra e, ao mesmo tempo, caminhar na tênue linha que separava o varguismo do antivarguismo. Em um de seus primeiros registros, se referindo aos brasileiros, anotou em seu diário, depois de um jantar com Assis Chateaubriand, que "os jovens intelectuais, que são todos democratas, são contra o governo e querem que os Estados Unidos façam alguma coisa a respeito".[205] A estar correta essa interpretação do embaixador americano, teríamos um irônico retrato de como a elite dirigente brasileira equilibra seus interesses de classe com a soberania do país. Desde o primeiro ao último momento, Berle Jr., segundo Stanley Hilton, acreditou na sinceridade de Vargas de que entregaria o cargo ao candidato vitorioso em 1946. Em correspondência ao presidente Truman o embaixador fez a leitura de que qualquer tentativa de Vargas em se perpetuar no poder provocaria uma revolta armada.[206] A confiança do embaixador na sinceridade do ditador era tão grande que nem mesmo a aproximação de Vargas com o comunista Luís Carlos Prestes foi suficiente para abalar suas convicções de que seria equivocada uma solução golpista. Depois de chegar à conclusão de que o governo de Vargas, diferente dos que o antecederam, foi o único a tentar melhorar as condições de vida do operariado, Berle Jr. desdenhou da elite liberal brasileira quando relatou ao Departamento de Estado sua desconfiança quanto à "capacidade e à disposição dos liberais em atacar os grandes problemas do país".[207] A fama de insensibilidade social de nossa elite liberal vem de longa data e o embaixador americano não teve dificuldade em percebê-la rapidamente depois de "dois dedos de prosa". Essa insensibilidade foi devidamente forjada em anos de escravidão e exclusão social. Berle Jr. fez um discurso no mês de setembro no Sindicato dos Jornalistas e seu desdobramento se mostrou meio difuso, pois apesar de manter sua confiança de que Getúlio Vargas era o homem pronto a fazer a transição democrática brasileira, seu discurso foi rapidamente aplaudido pela oposição e considerado intervencionista pelo governo. Apesar de ter se acertado com Vargas depois do discurso, e manter sua crença nas boas intenções democráticas do presidente, o antivarguismo golpista se aproveitou e, segundo Stanley Hilton, usou o discurso do embaixador americano para assegurar que "um movimento imposto pela necessidade de impedir que Vargas sabotasse a redemocratização, seria compreendida e apoiada pelos Estados Unidos".[208] A estar correto o *feeling* do embaixador americano o golpe de 1945 foi um desfecho completamente desnecessário. Mas a elite dirigente brasileira preferiu não pagar para ver e retirou da cartola a única "transição democrática" que conhecia, o golpe de Estado.

Diante da descrença de que o presidente Vargas cumpriria a promessa de sair de cena e assegurar a redemocratização, a transição política na República brasileira mais uma vez se desenvolvia nos bastidores e à revelia da participação popular. A temperatura para uma ruptura institucional só aumentava de intensidade. A caminhada de transição entre o Estado Novo e a democracia somente na aparência se mostrava uma solução segura e estável. As desconfianças e intrigas palacianas continuavam a reger os comportamentos dos atores políticos. Um comício queremista marcado para o dia 26 de outubro foi proibido pelo chefe de polícia do Distrito Federal João Alberto Lins de Barros.[209] Em depoimento o empresário queremista Hugo Borghi afirmara que a ordem teria sido do general Góis Monteiro e fazia parte do esquema que levaria ao golpe que iria depor Vargas três dias depois.[210] Vargas respondeu com a substituição de Lins e Barros por seu irmão Benjamim Vargas. Era a cartada final que a oposição esperava para contra golpear o presidente. Setores militares e a oligarquia conservadora que fazia oposição ao governo entenderam que era o momento de decidir a fatura. Não havia mais espaço para riscos de retrocesso com um continuísmo getulista. Era necessário assegurar a eleição sem Getúlio e consolidar uma passagem para a democracia de forma gradual e segura. No dia 27 de outubro, nas páginas do jornal A Manhã, a seguinte mensagem do general Góis Monteiro foi publicada:

> Em face da situação política presente, propiciadora de confusões e explorações, na qual se procura envolver o Exército, afirmo aos meus camaradas que as eleições serão realizadas no próximo dia 2 de dezembro e que, sem um acordo público entre os vários partidos políticos, nenhuma alteração de caráter político ou eleitoral será feita na legislação vigente.[211]

No dia 29, quando a notícia da nomeação de Benjamim Vargas se tornou realidade, os militares resolveram pela quartelada golpista. Foi convocada uma reunião no Ministério da Guerra que contou com a presença do general Cordeiro de Farias, velho conspirador desde os tempos da Coluna Prestes/Miguel Costa, o próprio ministro da Guerra, general Góis Monteiro, o general Firmo Freire, chefe da Casa Militar, e por lá também passaram o general Eurico Dutra e o brigadeiro Eduardo Gomes. Diante de todos, Góis Monteiro leu sua carta em que pedira demissão do cargo de ministro e foi imediatamente "empossado" pelos presentes como Comandante em Chefe do Exército pronto a liderar o golpe que retiraria Getúlio Vargas do poder. Em entrevista aos jornalistas, o general Cordeiro de Farias assim descreveu o episódio de comunicação a Getúlio Vargas de que ele não era mais o presidente do Brasil: "Dirigi-me ao Palácio Guanabara, em nome do general Góis, para dar conhecimento ao presidente da Republica (...), e fazer um apelo ao seu espirito de renúncia e patriotismo, a fim de evitar o ensanguentamento da família brasileira".[212]

Quatro pontos constituíram as bases relativas aos procedimentos para a renúncia de Getúlio Vargas:

1. Entrega das chefias dos governos federal e estaduais ao judiciário – sem que isso implique na restauração da Constituição de 1934.

2. Proclamação do Brigadeiro a seus partidários concordando com as eleições para uma Constituinte – atendendo que o poder executivo deixa de ser de fato para ser legal.
3. Entendimento imediato, diretamente como Gen. Góis ou por intermédio do Gen. Cordeiro.
4. Entendimentos posteriores com o Dr. Getúlio Vargas sem maiores constrangimentos.[213]

Temos acima, retratado nesses procedimentos, um exemplo típico de como mesmo nos momentos de tensão interna os membros da elite brasileira conseguem costurar um acordo que evite fissuras no interior da classe e acomode na nova ordem todos os interesses dos grupos supostamente em conflito. No dia 30 de outubro Getúlio Vargas comunicou sua "renúncia" ao divulgar uma proclamação à nação intitulada "Ao povo brasileiro". Vargas gerou mais um imponente documento para a posteridade. Do texto retiro as seguintes palavras: "Abstenho-me de analisar os graves acontecimentos que me levaram a renunciar ao Governo a fim de evitar ao paiz maiores males e abalos irreparáveis. A história e o tempo falarão por mim, descriminando responsabilidades".[214] Ao depor Getúlio Vargas, o Alto Comando do Exército entregou o governo a José Linhares, presidente do Supremo Tribunal Federal, dando ao ato a aparência institucional de um típico "golpe branco". Em janeiro de 1946, depois de vencer as eleições presidenciais, Eurico Gaspar Dutra assumiu como 16º presidente do Brasil republicano.

Em suma, não foram as lideranças oligárquicas os maiores responsáveis por criar o ambiente hostil ao Estado Novo. Esse espaço foi ocupado pelos estudantes e pelo movimento operário. Somente depois de 1943, quando Vargas já se encontrava nas cordas e a guerra expunha internamente as incoerências do governo, é que a burguesia, juntamente com o Exército, começou a definir sua posição de protagonista. Agiram de acordo com a lógica oportunista de sempre, resguardando-se de qualquer possibilidade de instabilidade do sistema. Quando finalmente o Estado Novo virou passado, seus algozes buscaram consolidar a narrativa de que Vargas caíra por não demonstrar de forma clara e honesta de que realmente deixaria o poder. Essa explicação é somente uma meia verdade. Vargas caiu porque passou a representar um obstáculo à nova ordem liberal saída da guerra. Como escreveu o historiador americano Stanley Hilton, Vargas, em outubro de 1945, "tornou-se vítima do passado e não do presente".[215] Seus adversários encontram um governo fragilizado e mais uma vez definiram o futuro político do país através de uma pactuada quartelada golpista.

1954: um esboço de golpe e um suicídio como contragolpe

Golpes políticos não se constituem exclusivamente como resultado de ações súbitas e repentinas. Assim como revoluções, um golpe exige um longo período de maturação e de construção das condições objetivas e subjetivas para a ação. Em 1945, ao analisar a ação militar que o golpeou, escreveu Getúlio Vargas: "A rapidez na execução dessas medidas e a futilidade de seu pretexto demonstram que se tratava de plano há muito concertado, aguardando somente a oportunidade para ser posto em prática".[216] Vargas fez com essas palavras uma interessante descrição do que caracteriza um verdadeiro golpe de Estado. No Brasil, o período entre os anos de 1951 e 1964 é possível ser analisado sob a perspectiva de uma narrativa histórica que olhando em retrospectiva apresenta um longo processo de amadurecimento golpista com dois clímax e um desfecho final, a saber: o suicídio de Getúlio Vargas, a crise da posse de Juscelino e o golpe militar em 1964. Temos um longo processo histórico, entrecortado por tentativas golpistas, e concluído por uma grande ação golpista. Nos próximos quatro capítulos deste livro, essa é a história que iremos contar.

Em 1945, logo depois do fim da Segunda Guerra Mundial, o sistema-mundo capitalista entrou em uma fase de reacomodação. O surgimento do bloco socialista exigiu dos países centrais do capitalismo a estratégia de imposição imperialista sobre a periferia do sistema o qual o Brasil se inseria. Aos governos dos países periféricos cabia reproduzir práticas administrativas que não provocasse riscos na retomada do equilíbrio do sistema-mundo capitalista. As embaixadas americanas pelo mundo trataram de influenciar na dinâmica política interna das nações e a queda de Vargas, em 1945, entre outros fatores, se enquadrou no projeto imperialista e intervencionista dos Estados Unidos da América.

Apesar das suspeitas de que Vargas poderia estar planejando uma alternativa política que o mantivesse na disputa pela presidência da

República em 1945, é fato que a transição do Estado Novo para a democracia poderia ter acontecido sem grandes sobressaltos. Para a burguesia brasileira, que formava a elite dirigente, talvez uma transição sem golpe fosse a melhor alternativa para seus interesses de classe. No entanto, já vimos que a elite política, juntamente com os militares, não compartilhava muito bem dessa solução pacífica. A fase final do Estado Novo representou o momento de emergência do setor industrial brasileiro como a área mais dinâmica da economia.[217] Essa realidade motivou que setores da burguesia industrial enxergassem em uma transição pactuada, sem sobressalto golpista, uma solução mais viável para uma transição democrática. Mas os militares trataram de resolver as coisas à sua maneira e optaram por um desfecho golpista visando a implantação da nova ordem. Sobre o governo Eurico Dutra, o primeiro do período democrático, Werneck Sodré o caracterizou muito acertadamente como uma "clara afirmação dos laços de dependência com o imperialismo".[218] Politicamente, o governo Dutra se sustentou sobre um arco de aliança que envolveu o PSD, a UDN e o Partido Republicano (PR) consistindo em um bloco circunstancial que visava estabelecer uma estabilidade política suficiente para não só consolidar uma democracia formal no pós Estado Novo, como criar as condições de manutenção do poder conservador nos anos vindouros. Não contavam, entretanto, com uma pedra chamada Getúlio Dorneles Vargas.

Diante desse quadro, o retorno de Vargas ao poder passou a ser uma alternativa popular. Derrotada por Dutra em 1945, a UDN, principal partido representativo da burguesia nacional, chegou às eleições de 1950 em meio a uma grande crise do projeto conservador nacional. A coligação formada pelo Partido Trabalhista Brasileiro (PTB) e pelo Partido Social Progressista (PSP) lançou o nome de Getúlio Vargas para presidente apoiando para vice Café Filho, do PSP. A UDN insistiu novamente com a candidatura do brigadeiro Eduardo Gomes junto com o mineiro Odilon Braga para vice desfazendo o sonho do baiano Otávio Mangabeira em tornar-se presidente. Uma coligação de várias siglas, entre elas o Partido Social Democrático (PSD), lançou o nome de Cristiano Machado para presidente. Contudo, no decorrer da campanha, apoiadores de Machado se voltaram a favor da candidatura varguista originando na política brasileira a expressão "cristianizar" que significa lançar um candidato e acabar apoiando outro. O pleito ainda teria a candidatura do baiano João Mangabeira pelo Partido Socialista Brasileiro (PSB). É possível que o apoio do governador de São Paulo Adhemar de Barros à candidatura de Vargas tenha sido decisivo para sua vitória.[219] Em 31 de janeiro de 1951, Getúlio Vargas tomou posse na presidência da República e como dizia a divertida marchinha de Carnaval o retrato do velho foi novamente botado no mesmo lugar. Só não imaginava o velho caudilho que seu mandato seria encurtado anos depois pela farsa e pela tragédia. Uma análise de Afonso Arinos caracterizou a derrota da UDN e de seu candidato Eduardo Gomes, que se transformariam nos grandes algozes do governo varguista, como tendo sido: "O drama do grande partido liberal, pois seu liberalismo não era do século XX".[220] Arinos, no fundo, descreveu o que passou a ser a esquizofrenia liberal que acompanha a elite política brasileira desde sempre.

O que podemos chamar de segundo governo Vargas já nasceu fadado a enfrentar uma oposição ressentida do primeiro ao último dia. O papel da UDN como liderança da oposição oscilou entre a crítica radical e ações de "sabotagem". Até hoje temos na política brasileira uma série de filhotes da UDN agindo em defesa de uma pauta conservadora e neoliberal enxergando as políticas sociais sob a exclusiva ótica do desequilíbrio das contas públicas. A primeira ação de perfil golpista do partido foi impedir a posse de Vargas alegando não ter alcançado a maioria absoluta dos votos. Não se deu bem. Em 2014, o candidato do PSDB, Aécio Neves, repetiria o gesto udenista seguindo a cartilha liberal de motivação golpista. Maria Celina D'Araújo, ao explicar o gesto antidemocrático da UDN acabou por apresentar um comportamento estrutural da elite política brasileira. De acordo com a cientista política o comportamento da UDN expressa a "dificuldade de as elites políticas do país incorporarem uma ideia de representação que não seja consensual, embora sejam incapazes de operacionalizá-la dentro da livre competição de forças políticas".[221] A elite política brasileira lida com o processo eleitoral sob duas perspectivas: a) quando ela inventa um candidato próprio, como foi o caso de Fernando Collor, b) quando ela constrói uma espécie de união nacional conservadora em torno de um candidato, como foi o caso de Fernando Henrique Cardoso. A candidatura e a consequente eleição de Vargas romperam momentaneamente com esse *modus operandi* da burguesia brasileira.

Uma vez no poder, Vargas pautou seu governo na consolidação de uma política de base nacionalista com propostas claras de intervencionismo estatal e controle do capital estrangeiro. Além disso, o governo caminhou em direção aos interesses da classe trabalhadora como nunca antes. Políticas de valorização salarial impactaram negativamente na classe empresarial e ampliaram ainda mais a oposição a Vargas. A UDN se aproximou dos militares repaginando o discurso anticomunista que tomou força a partir da nomeação de João Goulart para o Ministério do Trabalho. Nas reuniões do Diretório Nacional da UDN o tom era de que "o governo conspirava contra a democracia, no sentido de promover a subversão social e a construção de uma república sindicalista".[222] Esse discurso fraudulento voltou com força ao país a partir de 2015 materializado principalmente no antipetismo. Em 1953 foi instituído o regime de monopólio de Estado para a Petrobras, ação que não agradaria aos neoliberais tupiniquins, tampouco ao centro do capitalismo mundial. A situação de vulnerabilidade política do governo diante da ira da oposição se ampliava a cada dia. Em discurso no dia 31 de janeiro de 1954, em que apresentou um balanço de seu governo, Vargas confidenciou de que não podia nem mesmo divulgar com antecipação o conteúdo do discurso porque "os debates teriam impedido sua realização".[223] Durante todo o primeiro semestre de 1954 uma série de ações, que visavam minar o governo, foi sendo colocada em prática pela oposição cujo desfecho final culminaria, em agosto, com a solução trágica do suicídio do presidente. Em 8 de fevereiro um documento escrito por oficiais do exército que ficou conhecido como "Memorial dos Coronéis" foi entregue ao Ministro da Guerra apresentando várias queixas do Exército e duras críticas ao governo. Entre os signatários estava o coronel Amauri Kruel, que anos depois, já como general, seria um dos conspiradores de 1964.

Apesar de ter vindo a público somente no dia 20, o documento serviu como instrumento da oposição udenista para minar ainda mais as forças do governo. Na edição do dia 16 de fevereiro o jornal Diário Carioca, adversário do varguismo, publicou um editorial escrito por seu fundador José Eduardo Macedo Soares usando o "Memorial dos Coronéis" como arma para atingir o presidente Vargas. Um trecho do editorial insinuou sobre um possível golpe varguista e clamou pela presença dos militares como organizadores da ordem social: "o memorial emanado das melhores inteligências e dos mais dignos caracteres das corporações militares, constitui uma grave advertência, uma chamada angustiosa à responsabilidade dos chefes, no momento em que o Brasil está deslizando, francamente, do regime constitucional".[224] Essa insinuação despropositada do editorialista se aproxima do que hoje tem sido chamado de pós-verdade. Não satisfeito, Macedo Soares identificou o presidente como um "espantalho da ordem jurídica e da segurança e tranquilidade do Brasil".[225] Dois dias depois, o jornal Luta Democrática, de propriedade do deputado do Rio de Janeiro Tenório Cavalcanti, servindo como porta voz da oposição udenista, publicou a seguinte manchete em letras garrafais: "Tenório hoje na Câmara: A nação precisa conhecer a íntegra do Manifesto dos Coronéis".[226] A estratégia era criar um ambiente de instabilidade institucional e a sensação de que a sociedade brasileira vivenciava um homogêneo sentimento antivarguista. Na surdina, e sempre contando com a cumplicidade da mídia nacional, a "democrática" elite política brasileira maquinava nos bastidores a estratégia de mais uma ruptura institucional autoritária e golpista.

No primeiro de maio, festa do trabalhador, o governo assinou o Decreto-lei que reajustou o salário mínimo em 100%, além do aumento da contribuição dos empregadores para a previdência social. O governo começava a atingir o limite da paciência da elite liberal. Em julho surgiu como primeiro ato do processo de conspiração golpista a figura do *impeachment* e sua narrativa da legalidade jurídica. Mais uma vez o *impeachment* se apresentava como a antessala do golpe ou poderia se transformar, como em outros momentos, no próprio golpe. As alegações, sempre bem azeitadas às narrativas golpistas, se referiam a dois temas. O primeiro dizia respeito a um acordo secreto entre o presidente Vargas e o presidente argentino Juan Perón para a formação do bloco ABC (Argentina, Brasil e Chile) que na visão da oposição contrariava interesses nacionais. No fundo, o que realmente o acordo contrariava eram os interesses dos americanos do Norte na América do Sul. O entreguismo também é um vício quase estrutural da elite brasileira. Na outra acusação, que lembra muito o argumento utilizado contra a ex-presidente Dilma Rousseff, o governo teria violado a lei orçamentária ao autorizar despesas extraordinárias para pagamento de créditos contraídos pela Comissão Central dos Preços (CCP) sem a prévia consulta do Congresso Nacional. O julgamento do processo de *impeachment* começou em 2 de junho de 1954, nesse mesmo dia, o economista Benjamim Soares Cabello, apoiador do governo, enviou uma carta ao deputado Augusto Amaral Peixoto desconstruindo em detalhes a acusação e concluiu a missiva dizendo: "Confio que, tendo oportunidade, possas desmascarar com esses elementos as baixas manobras daqueles que desejam criar confusão a qualquer preço, mesmo à custa da honra alheia".[227] Baixas manobras normalmente *são elementos* presentes em processos de *impeachment*, mas dessa vez não foi necessário tanto esforço para desmascara-las, o julgamento foi encerrado no dia 16 de junho sendo recusado por 136 votos contra 35.

Apesar de ter escapado do *impeachment,* o governo chegou ao mês de agosto cambaleante, com dificuldades econômicas e cravado de acusações de corrupção. Na imprensa, somente o jornal Ultima Hora, de propriedade do jornalista Samuel Wainer, estava ao seu lado. Mas o jornal não privava de grande prestígio público por conta de uma denúncia, em 1953, de ter sido favorecido por verbas públicas. A acusação gerou uma CPI e quase derruba o governo. Os militares apontaram para o Ministro do Trabalho, João Goulart, transformando-o em seu desafeto predileto. O fantasma do João Goulart comunista, repaginado em 1964, já se estabelecia de forma definitiva no seio da tropa. Civis e militares conspiravam juntos e partiam para o "tudo ou nada". A tentativa golpista através do *impeachment* fracassara, então era necessária uma medida mais drástica, já que a possibilidade de renúncia presidencial se colocava distante do horizonte dos conspiradores por conhecerem a personalidade de Vargas. Faltava, portanto, um bom pretexto para o *Putsch* final, e ele veio em 5 de agosto de 1954. Na madrugada desse dia, o jornalista Carlos Lacerda sofreu um atentado na entrada do edifício onde morava na rua Tonelero, em Copacabana, bairro do Rio de Janeiro. O jornalista foi ferido no pé, mas o major-aviador Rubens Florentino Vaz acabou sendo morto. Nem bem as investigações iniciaram e a oposição já tinha decidido que o presidente da República era o responsável pelo crime. Lacerda, político e proprietário do jornal Tribuna de Imprensa, era um dos mais virulentos críticos do governo Vargas. A partir do dia 6 de agosto a Tribuna de Imprensa se transformou no porta voz mais furioso do antivarguismo. Em suas páginas foram publicadas uma infinidade de manchetes e artigos bombásticos contra o governo. "Começou a impostura dos mandantes"[228] estampava a manchete do dia 6 de agosto. O texto trazia a frase acusatória: "Vargas fez correr o sangue de um inocente".[229] Nesse mesmo dia o jornal deu ampla cobertura ao enterro do major Vaz e a manchete apresentava a fina ironia lacerdista: "Povo e classes armadas unidos no enterro do major assassinado".[230] O jornalista, na época candidato a deputado, se referia ao termo golpe nas páginas de seu jornal como um natural instrumento de luta política: "Por outras palavras, se o sr. Getúlio Vargas, levado pelos próprios crimes da sua gente, tentar aproveitar-se destas horas aparentemente confusas para armar os elementos do seu golpe, é preciso que a Nação esteja preparada para dar o contragolpe antes que ele faça correr mais sangue de brasileiros."[231]

As investigações levaram a alguns membros da guarda pessoal de Vargas chefiada por seu fiel escudeiro Gregório Fortunato. Sobre Gregório, escreveu Carlos Lacerda: "é o símbolo ostensivo da capangagem de que Getúlio Vargas, com medo do povo, procura cercar-se".[232] Não adiantou o presidente extinguir sua guarda pessoal, ele já estava envolvido em um "mar de lama". No parlamento, os ânimos se exaltavam pedindo a saída imediata do presidente. Nos quarteis, um "Manifesto à nação" escrita por um grupo de generais declarava "julgar, em consciência, como melhor caminho para tranquilizar o povo e manter unidas as Forças Armadas, a renúncia do atual presidente da República, processando-se a sua substituição de acordo com os preceitos constitucionais".[233] O deputado do PTB, Danton Coelho, apresentou no dia 23 de agosto, ao presidente da República, o resultado de uma sindicância sobre a situação das forças golpistas. Foram sete itens ao todo, no último deles foi registrado: "Se o governo não dominar a situação até o dia 25 será deposto".[234] Getúlio Vargas convocou uma reunião ministerial para tentar remediar a crise. Em uma anotação de sua filha, Alzira do Amaral Peixoto, foi possível identificar a seguinte declaração de Vargas: "Já que o ministério não chegou a uma conclusão, eu vou decidir. Determino que os ministros militares mantenham a ordem pública. Se a ordem for mantida entrarei com um pedido de licença. Em caso contrário os revoltosos encontrarão aqui o meu cadáver".[235] Os militares não aceitaram a solução da licença. Não havia mais espaço para negociação. O presidente cumpriu a promessa, os opositores encontraram seu cadáver, Getúlio Dorneles Vargas suicidou-se no dia 24 de agosto de 1954 e saiu da vida para entrar definitivamente na história política brasileira.

Nesse episódio envolvendo o encurtamento do mandato presidencial de Vargas a história política brasileira caminhou para seu desfecho mais previsível em 1964. Seguiu um roteiro que se mostraria estrutural. Nos momentos de necessidade de uma ruptura institucional, dentro de uma ordem que não mais agrada aos interesses difusos da elite política nacional, os militares são chamados a envolver com o manto da "moral ilibada" a antidemocrática solução final golpista.

1955: do estado de golpe ao contragolpe preventivo

Apesar de curto historicamente o período entre 24 de agosto de 1954, dia da morte de Getúlio Vargas, e 31 de janeiro de 1956, posse de Juscelino Kubitschek como presidente da República, foi um dos momentos mais marcantes da recente história política brasileira. Talvez uma análise um pouco mais aprofundada sobre esse período demonstre o quanto ele foi representativo de um embrião de cultura política da elite brasileira cujo desdobramento no tempo revelou um *modus operandi* que responde à naturalização de práticas antidemocráticas de operar a política "pelo alto" a partir de acordos palacianos e de riscos devidamente calculados.

Com Vargas fora do baralho, coube a João Café Filho, vice-presidente constitucional, completar o mandato e assegurar as próximas eleições presidenciais. Contudo, o que estava por vir não se enquadrou nessa dinâmica linear aparentemente bem resolvida dentro de uma ordem democrática. É certo que o suicídio de Vargas e seu impacto popular criou um cenário desfavorável para o eminente golpe que estava sendo tramado pelos militares. Tudo caminhava para uma intervenção militar, mas a saída trágica de Getúlio da cena política provocou um recuou estratégico de militares e civis que enxergaram em um tutelado governo Café Filho a possibilidade de reorganização do sistema político sob o controle de um projeto conservador.

A composição do governo Café Filho foi o primeiro desafio do confuso e conturbado cenário político pós Vargas. O presidente precisava se equilibrar entre os compromissos varguistas com a classe trabalhadora e o agrado aos militares e à UDN setores de oposição ao governo Vargas. Não foi uma tarefa simples e agradável. Era como se estivesse entre a cruz e a espada. A UDN, derrotada nas duas eleições pós Estado Novo, finalmente se via próxima de um governo federal e em condições de influenciar sua gestão. Ciente de sua fama de ruim de voto, a UDN viu no governo Café Filho a possibilidade de "ganhar" uma eleição ainda que por vias tortas. Emplacou a maior parte do ministério. À frente da política econômica se fez presente com Eugênio Gudin, na Fazenda, e Clemente Mariani no Banco do Brasil que juntos formavam a dupla dinâmica do liberalismo brasileiro. Os militares, por outro lado, asseguraram a presença de alguns de seus quadros mais eminentes como Eduardo Gomes, Canrobert Pereira da Costa, Juarez Távora e o general Henrique Teixeira Lott cujo legalismo constitucional o transformaria em um inesperado obstáculo ao projeto golpista contra a posse de Juscelino Kubitschek (JK) em novembro de 1955.

A política, durante a gestão Café filho, caminhou em duas frentes, de um lado um governo que precisava seguir funcionando e buscando responder aos anseios da sociedade, e de outro, uma campanha eleitoral que marchava sobre um pantanoso terreno de complexas disputas intestinas de quem iria sobressair sobre o espólio deixado por Vargas. A primeira alternativa a ser ventilada fora do roteiro democrático foi a possibilidade de adiamento da própria eleição. Em depoimento, anos depois, Juscelino relatou um fato até então desconhecido de que ele teria se encontrado com Etelvino Lins[236], logo depois da morte de Vargas, na casa de Nereu Ramos[237], e Etelvino lhe propunha o adiamento das eleições argumentando de que "não havia possibilidade para as eleições, por causa da agitação que havia no país, dos traumas por que o país tinha passado".[238] JK, na época governador de Minas Gerais, respaldado como disse ele nos 30 mil homens da polícia mineira, respondeu a Etelvino:

> (...) lamento profundamente, mas não posso transigir com isso. E lutarei com todas as armas que tenho e que, felizmente, são fortes. Lamento, mas não posso transigir. O adiamento das eleições significará um retrocesso no Brasil, que foi interrompido com a eleição de Getúlio, e que poderá novamente destruir a democracia e o regime constitucional.[239]

Ao não transigir, o governador mineiro colocou a direita golpista contra a parede e expôs seus discutíveis métodos de como operar a política dentro da democracia pelo alto. A proposta indecente de Etelvino Lins a JK tinha o endosso da UDN.

A UDN e os militares enxergavam no governo Café Filho um bom laboratório de transição conservadora sem riscos ou sobressaltos à instalação de um projeto liberal. Não satisfeita, a elite política encastelada no Parlamento ensaiou diversas possibilidades de pequenos "golpes brancos" como o parlamentarismo e a tese da maioria absoluta. Em novembro de 1954 o governador de Pernambuco, Etelvino Lins, voltava à cena pública por conta de uma antiga entrevista em que ele reivindicava para a eleição de 1955 uma candidatura de "união nacional" contando, inclusive, com a presença do PTB. O mesmo Etelvino que propôs adiar a eleição, agora se rendia à estratégia da "união nacional". A proposta de uma candidatura de "união nacional" se enquadrava perfeitamente no projeto político da UDN e dos militares, ainda que estivesse adormecida até aquele momento. No entanto, em dezembro de 1954 a Convenção nacional do PSD resolveu lançar a candidatura do mineiro Juscelino Kubitschek à presidência da República.

Os bastidores da construção da candidatura de JK também receberia um esclarecimento posterior por parte do ex-presidente. Aparentemente, de acordo com seu relato, não havia uma imediata intenção de lançar-se candidato. Somente depois de ter sido procurado por Tancredo Neves a pedido de Osvaldo Aranha, presidente do PTB, ele assumiu essa possibilidade. Vejamos o que disse o próprio JK sobre o fato:

> Osvaldo Aranha passou a liderar o PTB e, em virtude dessa liderança, mandou Tancredo a Belo Horizonte, para me dizer que se nós quiséssemos fortalecer o regime democrático e enfrentar a onda que havia passado e a que estava se avolumando, precisávamos de uma aliança muito poderosa entre os dois partidos. E esta não valeria nada, se não tivesse à frente um homem com muita coragem para enfrentar todos os temporais que iriam surgir.[240]

Pelo visto JK resolveu incorporar em si a figura do "homem com muita coragem" e não se furtou em encarar os "temporais" que viriam pela frente. O PSD apoiou o nome de JK como candidato a presidente, e o PTB indicou para vice João Goulart que naquele momento, derrotado na eleição para o Senado pelo Rio Grande do Sul, tinha se retirado para Buenos Aires e momentaneamente abandonado a vida pública. Jango voltaria para fazer história nas duas próximas eleições como candidato a vice-presidente.

A candidatura JK e sua aproximação com João Goulart e com o PTB reavivou, na parcela conservadora da elite que se aglutinava em torno da UDN, a busca pela zona de conforto reconfigurada na velha formula de uma campanha consensual em torno de um suposto projeto de "união nacional". Não restou alternativa ao antigetulismo que não fosse se articular em torno de uma candidatura que fizesse frente à dobradinha JK-Jango.

Até o último minuto da campanha todas as cartas foram jogadas na mesa. A composição da chapa adversária à candidatura JK foi um retrato das articulações intricadas e oportunistas que aproximam as negociações de bastidores de uma candidatura presidencial a um jogo de pôquer com todos os seus blefes, avanços e recuos. O primeiro grande ato contrário à candidatura JK foi encenado pelas Forças Armadas. Isto somente comprova a tese de que os militares direta ou indiretamente nunca se afastaram do jogo político republicano. No início de 1955 um documento foi entregue ao presidente Café Filho e contava com a assinatura de nove membros expressivos das Forças Armadas, inclusive o Ministro da Guerra. O texto foi uma mensagem cifrada de oposição a qualquer candidatura que não correspondesse a um projeto de "união nacional". Naquele momento a candidatura de JK, aliada a João Goulart, já estava selada e em plena ação. Os militares recorreram mais uma vez ao argumento de seu "dever moral" de encarecer junto ao presidente da República:

> A necessidade de um apelo do governo da República a todas as forças políticas nacionais em favor de um movimento altruístico de recomposição patriótica que permita a solução do problema da sucessão presidencial em nível de compreensão e espírito de colaboração interpartidária, sem o acirramento dos ódios e a dissenções que vêm de abalar seriamente a vida nacional.[241]

Repetindo fórmula surrada os militares continuavam, de forma oportunista, enxergando acirramento de ódios onde, na verdade, tratava-se somente da democracia funcionando. Café Filho divulgou a íntegra do documento no programa radiofônico A Voz do Brasil e fechou seu pronunciamento com uma fala em sintonia com os desejos dos militares, disse o chefe da nação:

> Por isso mesmo é que, diante da gravidade da situação, me animo a transmitir este apelo a todas as forças vivas do país, especialmente a todos os partidos políticos, na esperança de que saberão encontrar, nas reservas de seu civismo, a fórmula capaz de afastar os perigos iminentes e proporcionar os dias melhores que a nação tanto deseja.[242]

Estava evidente que tanto os militares quanto o próprio presidente da República tinham a intenção de expor um ambiente de instabilidade política que no fundo não existia, mas lhes daria o salvo conduto para uma reação fora da ordem democrática caso o andamento da campanha e o resultado da eleição não fosse o que melhor correspondesse ao projeto da elite política conservadora. O fato é que nada garantia a realização das eleições de outubro e a tentativa de veto à candidatura de JK esteve sempre nos bastidores do golpismo. Nesse contexto, destacaram-se os nomes dos advogados Evandro Lins e Silva e Heráclito Fontoura Sobral Pinto, que em defesa da garantia da candidatura JK, da realização das eleições e da consequente posse dos eleitos, criaram a Liga da Defesa da Legalidade. Sobral Pinto deixaria sua marca na história do Brasil, não obstante seu vínculo com o pensamento conservador, como defensor intransigente da democracia. Defendeu alguns dos mais famosos esquerdistas brasileiros como Luís Carlos Prestes e Miguel Arraes. Foi opositor tanto da ditadura varguista como daquela instalada em 1964.

A princípio, se acreditarmos nas palavras do general Juarez Távora, estava descartada uma intervenção mais direta das Forças Armadas na candidatura JK. Em conversa com Jânio Quadros, em janeiro de 1955, em resposta a uma pergunta de Jânio sobre se os militares estavam prevendo alguma ação contrária à candidatura JK, Távora respondeu-lhe que sim, mas ressalvou que tudo se restringia ao lançamento de um bom candidato de oposição.[243] Mas o temor da candidatura tanto de Juscelino quanto da escolha do nome do PTB sempre esteve na ordem do dia dos militares. O sentimento golpista entre os militares é perceptível a partir da leitura de diversos documentos produzidos na época. Em fevereiro de 1955, Juarez Távora relatou em seu diário o encontro com dois coronéis que o informaram sobre os entendimentos havidos na véspera da convenção do PSD que homologaria o nome de JK. Na conclusão da conversa entre Távora e os coronéis, escreveu o general: "manutenção dos pontos de vistas assentados antes entre os chefes militares, inclusive obstrução de se candidatarem".[244] Referia-se não só a JK como à convenção do PTB janguista.

A formação de uma chapa que viesse a corresponder aos anseios da tal "união nacional" para fazer frente à candidatura JK-Jango foi um dos processos mais caóticos da história da República. Uma parcela da elite política que se reuniu sob a liderança da UDN insistia na tese da "união nacional" pelo simples fato de enxergar na candidatura do ex-governador mineiro um obstáculo a um projeto burguês que só poderia ser levado à frente por um governante capaz de assegurar, se necessário fosse, uma ordem política e social de perfil antidemocrática. Por "ordem política e social" leia-se um candidato que uma vez vitorioso cumpriria a tarefa de enterrar definitivamente o varguismo e todo seu "entulho" trabalhista, e assegurasse o ambiente propício para o desenvolvimento seguro do grande capital. Para isso era necessário iniciar um processo de depuração dessa elite definindo os lados a serem ocupados no jogo eleitoral. A candidatura de Juscelino Kubitschek estava longe de representar um projeto de esquerda. O governador dos mineiros sempre foi um político moderado, e sua aproximação com o PTB não o tornava um getulista, era tão somente uma estratégica aliança eleitoral. Apesar disso, foi suficiente para dividir os setores da burguesia que formavam a elite política brasileira. Entre os que se aproximaram de JK estavam aqueles que embarcaram na narrativa de defesa da democracia e do desenvolvimentismo econômico. Por outro lado, seus opositores se aglutinavam em torno da subserviência ao capital internacional e a uma postura antidemocrática refletida nas duras críticas à política social e trabalhista da Era Vargas.

Em fevereiro de 1955 o PSD homologou a candidatura JK e na oportunidade as seções de Santa Catarina, Rio Grande do Sul e Pernambuco abstiveram-se de votar e apresentaram sua declaração de voto. Um trecho da declaração deixou claro a sintonia das três seções dissidentes com o tal projeto de "união nacional" do grupo antivarguista, vejamos: "diante da grave situação do país, somos contrários à escolha de qualquer nome que não traga as antecipadas garantias de apoio de grandes forças da opinião política do país".[245] Desde lá, a escolha de candidatos a presidentes por parte da elite dirigente brasileira vem se utilizando dessa cartilha baseada em "antecipadas garantias". Na Nova República tem sido assim desde Collor a Bolsonaro. No cenário político de 1955 a depuração da elite tomava corpo com as três dissidências regionais do PSD se aproximando de uma composição com a UDN.

Começaram a aparecer os nomes que supostamente teriam a capacidade de unir as grandes forças políticas e tornar-se viável diante do eleitorado. O sempre onipresente "tenente", agora general, Juarez Távora foi um nome fortemente cotado. Além dele, surgiu o nome do governador de Pernambuco, Etelvino Lins, que desde suas famosas entrevistas pregando a "união nacional" se tornara uma importante liderança. Mas antes de qualquer movimento mais incisivo do grupo, no início de abril de 1955, um personagem regional com pretensões de tornar-se nacional, o governador de São Paulo, Jânio Quadros, decidiu influenciar na candidatura de "união nacional". Tentou negociar com Juarez Távora uma possível indicação do vice na chapa do general. Não obteve êxito. Mas o próprio presidente Café Filho se mostrou aberto a ouvir as propostas de Jânio. Mais tarde, em um acordo que ficou conhecido como Acordo Jânio-Café, o governador paulista decidiu apoiar uma chapa encabeçada por Juarez Távora e em troca receberia do presidente alguns cargos na administração pública e o direito de fazer indicações no primeiro escalão do governo como os ministérios da Fazenda e da Viação e Obras Públicas.[246] Em uma eleição centrada em candidatos de Minas Gerais, Rio Grande do Sul, Pernambuco e Ceará, o Estado de São Paulo buscava se aproximar do governo central pelas franjas oportunistas da negociata. Jânio Quadros voltaria anos depois para escrever, de forma enviesada, sua própria história nos anais da República.

Juarez Távora reagiu ao acordo Café-Jânio se esquivando de qualquer indicação de seu nome para a composição de uma chapa apoiada pelos dois sem uma negociação previa com as outras forças políticas. Fazia-se necessário a definição, o quanto antes, de um nome de oposição à JK. No início de abril de 1955 um grupo interpartidário, sob a liderança da UDN e contando com a presença das três dissidências do PSD, decidiu pelo lançamento da candidatura de Etelvino Lins, do grupo antigetulista do PSD, para presidente da República. Para a UDN, se não era uma candidatura "puro sangue", era o que se podia fazer naquele momento. A campanha de Etelvino, visando mostrar-se como um contraponto ao tecnicismo da campanha de JK, optou pelo caminho do moralismo conservador, tão caro à UDN. Em contraposição ao "energia e transporte" de JK, o slogan de Etelvino era: "pão e vergonha".[247] Mas a candidatura Etelvino Lins tinha um defeito de nascença que contradizia o discurso da "união nacional", ou seja, nem mesmo seu partido, o PSD, o apoiava integralmente. A campanha não decolou, nem contou com o entusiasmo de civis e militares.[248] Em junho surgiu um fato novo, o Partido Democrata Cristão (PDC) homologou a candidatura de Juarez Távora e de certa forma começou a implodir a candidatura de "união nacional" antivarguista de Etelvino Lins. Logo em seguida Juarez Távora recebeu o apoio do Partido Socialista Brasileiro (PSB). A candidatura da UDN seguia minguando.

No dia 22 de junho Etelvino Lins jogou a toalha, retirou sua candidatura e através de uma "Carta à nação brasileira" explicou os motivos de sua atitude. Depois de relatar todo o processo que levou até a sua escolha como candidato e de agradecer a todos os que o apoiaram, Etelvino Lins reafirmou o discurso do risco de instabilidade institucional gerada pela campanha eleitoral, e deu pistas de que algo fora das regras do jogo democrático poderia ser reivindicado a depender do resultado da eleição, disse ele: "Temo que essa crise, cada dia crescente e profunda, agravada pela tentativa de desagregação das forças que são a expressão de um povo politicamente organizado, não possa vir a ser conjurada senão através de imediata reforma institucional".[249] Excluído Etelvino, a tão propagada candidatura de "união nacional" finalmente se consolidou em torno da chapa Juarez Távora/Milton Campos resultado da coligação entre a União Democrática Nacional (UDN), o Partido Democrata Cristão (PDC), o Partido Libertador (PL), e o Partido Socialista Brasileiro (PSB).

As eleições aconteceram em 3 de outubro de 1955 e além das duas principais candidaturas, ainda contou com a presença de dois outros concorrentes, Adhemar de Barros, pelo Partido Social Progressista (PSP,) e Plínio Salgado, conhecido por seu passado de líder integralista, pelo Partido de Representação Popular (PRP). Em setembro as candidaturas Juscelino Kubitschek e João Goulart ganharam o coração do povo e o desespero parecia tomar conta da candidatura udenista. Se a princípio não havia nada de tão robusto contra JK, a alternativa era buscar algo que comprometesse o vice da chapa, o gaúcho João Goulart. Jango, como ficou conhecido, era figura execrada tanto pela direita conservadora e liberal quanto pelos militares anticomunistas. Sua aproximação com a classe trabalhadora, principalmente através dos sindicatos, serviu para impor-lhe a fama de esquerdista radical.

No Dia 12 de agosto de 1955 o jornal Tribuna de Imprensa, de propriedade do sempre temperamental e arqui-inimigo do varguismo, jornalista Carlos Lacerda, estampou a seguinte manchete: "Jango prepara a guerra civil".[250] A manchete alarmante fazia parte de uma teoria conspiratória que havia tempo estava sendo gestada e cujo objetivo final era o de vincular o candidato a vice-presidente João Goulart com o peronismo argentino. Ainda que a matéria não apresentasse uma identificação de autoria, o que ajudava a colocar seu conteúdo sob suspeita, certamente que tudo foi maquinado com o conhecimento e aval do proprietário do jornal, Carlos Lacerda. O texto é um emaranhado de afirmativas vazias sem apresentar uma única fonte e tratava de vincular Jango a supostas situações conspiratórias através de frases de efeito como, "o candidato Goulart está recebendo a 'assistência técnica' de agentes do movimento argentino"[251] O destaque maior foi para um suposto contrabando de armas na fronteira do Sul entre Argentina e Brasil. A intenção era o de insinuar uma possível conspiração esquerdista em curso. Em outros trechos a matéria requentou a tese do bloco ABC entre Brasil, Argentina e Chile que foi usado para justificar o processo de *impeachment* contra Vargas em 1954. Reforçou também a vinculação de Jango com a criação de uma "República Sindicalista". Em 9 de setembro, outra reportagem, sem apresentar fonte e identificação do autor, trouxe a seguinte manchete: "Armas roubadas do Exército para fazer a guerra civil".[252] O texto era um escândalo de antijornalismo. Construído na condicional, fazia afirmativas levianas do tipo: "descobriu-se logo que um dos agentes do bando fora secretário da Legião Cívica Getúlio Vargas, sendo elemento ligadíssimo a exaltados petebistas".[253] Fosse ao tempo das redes sociais, daria vultosos tweets.

No dia 17 de setembro, menos de vinte dias para a eleição, Lacerda deu a cartada final com a manchete: "Eis a prova da traição de Jango".[254] Na primeira página o jornal publicou uma carta atribuída ao deputado argentino Antônio Jesus Brandi, datada de 5 de agosto de 1953 e dirigida ao então ministro do Trabalho brasileiro, João Goulart. O documento relatava os entendimentos secretos que Goulart teria mantido com Juan Domingo Perón, então presidente da Argentina, visando um contrabando de armas entre o Brasil e a Argentina e se constituindo em um suposto exemplo explícito de traição de Jango ao Brasil. A carta também se referia a uma certa "coordinacion sindical entre Brasil y Argentina".[255] Para Carlos Lacerda e os udenistas, desesperados em torno da malograda candidatura Juarez Távora, a manchete era a prova que faltava para confirmar a informação do mês de agosto sobre o tráfico de armas na fronteira com a Argentina.

O presidente Café Filho e os três ministros militares, com o apoio do PTB, partido de Jango, decidiram instaurar um inquérito policial-militar dirigido pelo general Emílio Maurell Filho. Os aliados de Jango começaram a questionar a veracidade do documento levantando uma série de dúvidas sobre a grafia da carta. Houve uma dúvida sobre o til nas máquinas de escrever em língua espanhola que se restringiria à tecla "ñ", o que dificultaria a escrita da palavra João. Lacerda buscou "resolver" a questão ao mostrar a fotografia de uma máquina de escrever da marca Continental que era utilizada na Argentina e apresentava a letra "n" separada do til. A tentativa quase que patológica de Lacerda de provar a veracidade da Carta expunha o desespero da UDN em evitar o vexame de três derrotas eleitorais consecutivas. No dia 3 de outubro, data das eleições, o Ministro da Guerra, general Lott, recebeu informações do general Maurell, que estava em Buenos Aires, através de um telegrama cifrado em que se admitia a autenticidade da carta. O Ministro emitiu uma nota pública sobre o conteúdo do telegrama. Questionado por ter divulgado o documento no dia da eleição, Lott teria dito à Tribuna de Imprensa que o fizera "porque se tratava de matéria do maior interesse para a Nação".[256] O interessante é que certamente foi com base em argumento semelhante que o ex-juiz Sergio Moro não demonstrou constrangimento em divulgar trechos da delação premiada do ex-ministro Antônio Palocci dias antes do primeiro turno das eleições de 2018. Carlos Lacerda, de posse das informações do Ministro da Guerra, usou os microfones da rádio Globo para transmitir aos eleitores, que ainda se dirigiam a seus locais de votação, o conteúdo do documento que atingia frontalmente o candidato do PTB. Acusado de ferir o Código Eleitoral, Lacerda desdenhou com a frase "Muito barulho por nada". Em defesa de sua "parceria" com a rádio

Globo, escreveu: "A Rádio Globo concitou seus ouvintes a votar contra a corrupção e a ameaça comunista". O grupo Globo já demonstrava desde cedo sua sólida parceria com o conservadorismo brasileiro.

No dia 18 de outubro, quando a chapa J-J já tinha sido sufragada nas urnas os jornais amanheceram com manchetes bombásticas sobre o caso da "Carta Brandi". O Correio da Manhã, que durante a campanha eleitoral teve uma postura mais neutra, ainda que muitos de seus artigos fossem pró-Juscelino, escolheu uma manchete em perfeita sintonia com o sentimento do grupo vitorioso nas eleições: "A Carta Brandi é incontestavelmente falsa".[257] A Tribuna de Imprensa lacerdista, ainda que tivesse de se render aos fatos, escolheu estrategicamente uma manchete que mantinha o resultado da investigação sob suspeição: "Maurell enganado no inquérito".[258] Uma nova análise grafológica da assinatura de Brandi levou à conclusão de que a Carta foi falsificada. Juscelino Kubitschek foi eleito com 35,68% dos votos. João Goulart foi eleito vice-presidente com pouco mais de 2% de frente para o segundo colocado. Não é possível saber o quanto desses números se deve à farsa da "Carta Brandi". A Carta foi usada para ter o potencial de ser a bala de prata da candidatura JK-Jango. Entrou para a história com a mesma importância farsesca do Plano Cohen que levou ao Estado Novo.

Após a morte de Vargas os militares e a elite política brasileira entraram em um permanente "estado golpista". A primeira tentativa foi o de se evitar a eleição enquanto não houvesse a certeza de risco mínimo de derrota eleitoral. Descartado esse primeiro ato, o próximo passo seria montar uma chapa dita de "união nacional", mas que na verdade visava somente excluir do processo eleitoral alguma candidatura fora da curva conservadora. A candidatura JK-Jango desmontou esse segundo ato. Com a chapa Juarez Távora-Milton Campos caminhando para o abismo, passou-se a apelar para todas as possibilidades, desde a pressão militar para constranger a candidatura JK, até as maquinações por um oportunista projeto parlamentarista. Em caso de malogro de todas essas iniciativas, estava no horizonte a opção final pela ação golpista. Diante da vitória da chapa J-J, e descartado o pretexto da maioria absoluta dos votos que visava deslegitimar a vitória de JK, restava o impedimento da posse dos vencedores.

Diversas forças políticas e sociais reacionárias investiram em uma estratégia que também viria a se tornar comum na vida política brasileira, refiro-me ao fantasma do comunismo, repaginado sempre que a elite precisa estabelecer um ambiente de controle social diante de algum risco de instabilidade da ordem conservadora. Em 1955 quem cumpriu esse papel com desenvoltura foi a Cruzada Brasileira Anticomunista (CBA). Criada em 1952, a CBA pregava que o Partido Comunista Brasileiro (PCB) estava infiltrado "em todos os setores e até nos mais altos escalões da administração pública".[259] Havia uma perigosa penetração bolchevique que controlava a imprensa e a educação. No Brasil do século XXI esse discurso, devidamente resgatado sob o invólucro de um suposto "marxismo cultural", conquistou corações e mentes de uma parcela da sociedade sufragando nas urnas bandeiras reacionárias e conservadoras. A história se repetiria em forma de farsa e tragédia.

A partir de novembro de 1955 o projeto golpista, maturado desde a morte de Vargas, foi colocado em curso, faltava somente decidir o momento mais oportuno. Mas não era interessante que fosse um golpe militar, melhor seria a discrição de um golpe branco. Até porque, golpes militares não se enquadravam muito bem nas tradições liberais da UDN. Homens como Afonso Arinos de Melo e Franco, defensor da ordem constitucional, viveriam o irônico dilema de resolver o controverso enigma da suspensão do processo democrático, em nome da defesa da própria democracia.[260] A divisão de posições também se fez presente nas Forças Armadas na conjuntura de novembro de 1955. Alguns de seus membros fundaram o Movimento Militar Constitucionalista ou MMC. O objetivo do MMC, em suas próprias palavras, era o de dar "apoio decisivo, franco e total ao novo governo; acabando de vez com ameaças e intimidações de toda ordem e aniquilar qualquer tentativa do frustrado grupo udeno-corono-golpista".[261] No dia primeiro de novembro ocorreu o enterro do general Canrobert da Costa. Na oportunidade, na condição de porta-voz do Clube Militar, o coronel Jurandir Mamede posicionou-se publicamente contra a posse dos eleitos caracterizando-a como "uma indisfarçável mentira democrática".[262] O golpe avançava sua primeira casa.

O Ministro da Guerra, general Lott, interpretou o ato como uma indisciplina do coronel, mas o fato de Mamede pertencer aos quadros da

Escola Superior de Guerra lhe tirava da subordinação direta do Ministro da Guerra e sua punição precisava da autorização do presidente da República. Irritado com essa limitação, teria dito Lott: "não é possível que Mamede me faça caretas por trás da cortina da Escola Superior de Guerra".[263] Para Lott, a punição de Mamede não era, necessariamente, uma posição pessoal em relação à crise da posse, tratava-se de uma questão de coerência diante do fato de ter solicitado, poucas semanas antes, a demissão do general Zenóbio da Costa por ter exigido publicamente a posse de Juscelino.[264] Naquele momento, o homem que entraria para história por liderar uma ação preventiva que assegurou a posse dos candidatos eleitos e garantiu a continuidade democrática ainda se mostrava vacilante, defendia que o Exército deveria se manter apolítico e seguia refém de suas convicções legalistas.

No dia 3 de novembro o presidente Café Filho foi internado com um distúrbio cardiovascular que o afastou do cargo sendo empossado em seu lugar, no dia 8 de novembro, o presidente da Câmara, Carlos Luz. Muito próximo da UDN, Luz não concedeu o direito de punição ao coronel Mamede, provocando a exoneração do general Lott. A saída de Lott não agradara a Café Filho que se irritou por não ter sido consultado. Naquele momento, uma solução fora da ordem democrática ganhou força e dividiu os grupos políticos. Para Carlos Lacerda e aliados o 24 de agosto deveria ser concluído mesmo que fosse necessário apostar em uma solução fora da ordem democrática. Na opinião de Munhoz da Rocha, ministro de Café Filho, "não tivesse Café transmitido o governo, nada de anormal haveria sucedido, e Juscelino viria a assumir seu mandato, em condições políticas melhores".[265] Essa leitura de Munhoz da Rocha, sobre a posição de Café Filho em relação à crise de novembro de 1955, talvez representasse mais um desejo íntimo do que uma realidade, nunca saberemos com certeza qual a posição do presidente Café Filho sobre o episódio.

O cerco se fechava em direção a um regime de exceção. Dia 9 foi a vez de Carlos Lacerda destilar seu veneno golpista nas páginas de seu jornal. Escreveu o agitado udenista: "A investidura do sr. Carlos Luz na presidência da República não pode incorrer no mesmo equívoco cometido a 24 de agosto. É preciso que fique claro, muito claro, que o presidente da Câmara não assumiu o governo da República para preparar a posse dos srs. Juscelino Kubitschek e João Goulart. Esses homens não podem tomar posse, não devem tomar posse, não tomarão posse".[266] Já se sentia o cheiro do golpe. Para o lugar de Lott foi indicado o general Álvaro Fiuza de Castro, notório apoiador da solução golpista. O MMC entrou em alerta para assegurar a posse da chapa eleita.

Generais contrários ao golpe convenceram Lott a assumir a liderança de um movimento que viesse assegurar a posse do presidente eleito. Sobre Lott, escreveu Munhoz da Rocha: "homem dos regulamentos, da hierarquia, do dever. O homem sem partidos, sem grupos, sem intimidades. O homem que poderia superar as crises, restabelecendo a ordem".[267] A democracia brasileira se via refém da vontade de um homem que aparentava ter a força do protótipo do soldado. O objetivo do movimento legalista liderado por Lott era o de depor Carlos Luz, o que aconteceu na madrugada do dia 11 de novembro de 1955 com o movimento de tropas no palácio do Catete. Carlos Luz embarcou no cruzador Tamandaré em direção a Santos levando junto parte de seus auxiliares entre eles vários oficiais do Exército como o coronel Canavarro, subchefe da Casa Militar e o coronel Mamede, seu ajudante de ordens. Também subiram a bordo civis como os ministros Prado Kelly e Marcondes Ferraz e o deputado Carlos Lacerda. Na véspera de sua queda, dia 10 de novembro, o presidente interino já sentira que o ambiente lhe era desfavorável, deixou isso claro em um telegrama enviado ao ministro da Aeronáutica brigadeiro Eduardo Gomes, entre outras observações, escreveu: "(...) diante da situação de fato ora instalada no país; venho recomendar-lhe se abstenha de novos esforços no sentido de resistência a fim de evitarmos se derrame o sangue generoso dos brasileiros e se lancem as forças militares umas contra as outras".[268] Mais uma vez o "derramamento de sangue" dos brasileiros impedia uma ação de resistência.

No dia 11 de novembro o Congresso Nacional empossou o vice-presidente do Senado, Nereu Ramos, como presidente em exercício. Confiante de que ainda retornaria ao cargo, Café Filho foi considerado um potencial golpista e foi impedido pelo Congresso de reassumir o poder. Restringiu-se a ficar em seu apartamento sob observação do Exército. Nereu Ramos completou o mandato iniciado por Getúlio Vargas e o entregou definitivamente à dupla JK-Jango em 31 de janeiro de 1956. O episódio de 11 de novembro de 1955 deixaria uma série de interrogações para a posteridade. A primeira delas é a de que teriam as forças antigetulistas poder de impor uma solução golpista contra a posse de JK? Outra questão em aberto é a que diz respeito à posição do presidente Café Filho, seria ele um golpista disfarçado ou um legalista que faria cumprir a Constituição? O movimento pode ser interpretado historicamente como um golpe ou teria sido um contragolpe? A resposta depende exclusivamente do ponto de vista das forças envolvidas no episódio. O próprio general Lott chamaria de "golpe preventivo". Optamos em entendê-lo como uma "intervenção militar branca" ao estilo de um contragolpe que assegurou, ironicamente, a continuidade democrática. O fato é que os anos JK, um dos mais vívidos de nossa democracia, foi gestado em entranhas golpistas cujo ventre continuou fecundo até 1964.

1961: do quase golpe militar ao golpe branco parlamentarista

A sucessão de Juscelino Kubitschek representou um reordenamento das forças políticas que haviam protagonizado os conflitos na Novembrada de 1955. Como todo final de governo, havia uma conjuntura de desgaste do modelo representado por JK o que abriu a possibilidade da oposição apresentar uma candidatura alternativa com alguma viabilidade eleitoral. Porém, o movimento das peças no tabuleiro partidário brasileiro nunca foi uma coisa para amadores. A aliança PSD/PTB, vencedora das últimas eleições, foi mantida, ainda que em situação de grande fragilidade. A escolha do general Lott como candidato da situação foi um exemplo de pragmatismo em torno de um nome que mantinha, desde o 11 de novembro de 1955, certa credibilidade e respeito da população e apoio da parcela legalista e nacionalista do Exército. O PTB assegurou, mais uma vez, o nome de João Goulart como candidato a vice. Mas a candidatura Lott, assim como foi a de Juarez Távora em 1955, não conseguiu decolar e viabilizar-se eleitoralmente com chances reais de vitória. Além disso, o general tinha seus admiradores, mas os membros da política tradicional do PSD e do PTB demonstravam sérias restrições a seu nome. Apesar de contar com uma ala moderada, o PSD era o partido do latifúndio conservador para quem o general Lott era moderno demais. No caso do PTB, que durante o governo JK tinha se aproximado fortemente dos sindicatos e das reivindicações sociais do setor trabalhista, enxergava o general e seu histórico excessivamente legalista e anticomunista como um nome não muito confiável. Com um candidato da situação tendo que conviver com esse nível de rejeição e instabilidade na própria campanha, abriu-se o caminho para a chegada, na oposição, de uma alternativa que a princípio poderíamos chamar de inesperada.

A UDN, representante maior do conservadorismo liberal, lambia as feridas das três derrotas consecutivas. Uma quarta derrota seria um tiro certeiro na moral do partido. A escolha do candidato deveria ser acompanhada de um minucioso trabalho de prospecção da realidade eleitoral do próprio partido. Um racha se estabeleceu e se configurou uma disputa entre os que defendiam uma candidatura própria, surgiu o nome de Juracy Magalhães, e os que enxergavam na candidatura do governador de São Paulo, Jânio da Silva Quadros, a única saída do partido de se aproximar do poder respeitando a via constitucional. Destacou-se na defesa do nome de Jânio Quadros o grupo liderado por Carlos Lacerda. Sempre demonstrando sua verve histriônica, Lacerda defendeu com entusiasmo, na Convenção Nacional do partido, o apoio a Jânio Quadros. Rebateu qualquer possibilidade da candidatura Juracy, que para ele estava passível de ser manobrada pelo Catete, e soltou a seguinte frase: "A UDN vai com o povo ou se suicida com o Catete?".[269] A UDN foi "com o povo", como pediu Lacerda. Em entrevista, anos depois, Juracy Magalhães passou sua impressão sobre a derrota na Convenção Nacional: "as vaias não partiam do velho coração udenista... o plenário me batia palmas, e a UDN votou contra mim por uma conveniência política, porque sentiu que a candidatura de Jânio Quadros ia ganhar como de fato ganhou".[270] O tabuleiro eleitoral estava devidamente arrumado. Ainda contaria com a ilustre presença da candidatura de Adhemar Pereira de Barros, então prefeito de São Paulo.

Jânio da Silva Quadros, apesar de já ter sido vereador, prefeito e governador de São Paulo se apresentou na campanha presidencial como uma espécie de *outsider* da política. Era o famoso "antipolítico" que tão sucesso faz em tempos de crise de credibilidade da política e dos atores políticos. De certa forma, a trajetória de homem público de Jânio Quadros consistiu na estratégia de conciliar uma relação aparentemente marginal com o sistema político tradicional, mas fazendo o melhor uso do que esse mesmo sistema lhe poderia proporcionar em termos de crescimento político. A campanha de Jânio foi um emaranhado de discursos e narrativas simbólicas que atingia todos os setores da sociedade. Na política externa tendia para assumir uma linha independente inclusive com a aproximação ao bloco soviético. A conservadora UDN fazia vista grossa destas peripécias janista em nome de um bem maior, a vitória e a chegada ao poder. Por outro lado, os exemplos de moralismo tacanho e de uma estratégica "obsessão" pelo combate à corrupção - uma vassoura seria seu símbolo de campanha, sempre pronta a varrer a corrupção do Brasil – levou ao delírio os udenistas liberais. Lançado pela legenda do pequeno Partido Trabalhista Nacional (PTN) e pelo Partido Democrata Cristão (PDC), é inegável que o apoio da UDN foi decisivo na sustentação da campanha janista. Porém, para desespero dos udenistas, no meio da campanha surgiu uma inesperada "aliança" entre seu candidato e o getulismo simbolizado na dobradinha JAN-JAN (Jânio e Jango). Visivelmente a dupla JAN-JAN não se configurava uma esquizofrenia do sistema político brasileiro, foi somente o funcionamento da pragmática salada de fruta partidária com sua tradicional ausência de fidelidade e de organicidade programática e ideológica. Maria Vitória Benevides apresenta um rol de características atribuídas a Jânio Quadros que juntas formam um retrato meio disforme de um dos atores políticos mais controversos da história da República, vejamos: "Demagogo, farsante, comunista disfarçado, psicopata incurável, ditador ou salvador incompreendido". Foi essa persona difusa que em 31 de janeiro de 1961 tomou posse como vigésimo segundo presidente do Brasil.

Uma postura autonomista chegou ao poder junto com Jânio Quadros. Oscilando entre pequenos decretos moralistas e medidas fora do enquadramento sistêmico da tradicional elite política brasileira, a exemplo da condecoração do revolucionário Che Guevara, o governo Jânio Quadros caminhava para o isolamento. Os famosos "bilhetinhos" que o presidente usava para passar ordens a seus subordinados refletia somente o lado provinciano de Jânio que pouco se enquadrava na chamada "liturgia do cargo". Depoimentos de auxiliares próximos se referiam a momentos de depressão em que o presidente passava longos períodos assistindo a filmes e ingerindo muito álcool.[271] Quanto ao parlamento, Jânio optou por uma relação de distanciamento e tentou levar o governo em uma raia paralela ao do legislativo.[272] Seja nos anos sessenta do século XX, ou no século XXI isso é uma atitude suicida dentro do tabuleiro político do que viria ser chamado de presidencialismo de coalizão. No primeiro momento cumpriu a agenda demarcada pela coligação partidária que o elegeu. A UDN, entre outros cargos do primeiro escalão, foi contemplada com a direção da economia tendo à frente do Ministério da Fazenda uma referência liberal, o baiano Clemente Mariani. Mas o comportamento ambíguo do presidente logo deixou na UDN a impressão de que o sonho aparentava estar virando pesadelo muito rapidamente. Para o partido que sempre se apresentou como representante do conservadorismo brasileiro, o governo flertava com a esquerda perigosamente. Carlos Lacerda, na época eleito governador da Guanabara, apoiador de primeira hora da candidatura Jânio, passou a entrar em rota de colisão com o governo. Anticomunista e apoiador da aproximação do Brasil com os EUA, Lacerda, chamado com razão por Thomas Skidmore de "demolidor de presidentes",[273] foi frontalmente crítico ao governo no episódio da invasão de Cuba pelos americanos. Jânio interpretou como uma intervenção externa por parte dos EUA, Lacerda se colocou ao lado dos invasores.

O governo estava se tornando "nacionalista" e "antiamericano" demais para o gosto dos liberais da UDN. Era o início do fim de uma relação que nasceu sem nenhum romantismo, somente por pura conveniência. A melhor definição de como foi o efêmero romance entre Jânio e a UDN veio de um udenista da velha guarda, o deputado Affonso Arinos de Mello Franco, para ele, "Jânio foi a UDN de porre". A "gritaria" de Carlos Lacerda contra o governo despertou o anticomunismo dos quarteis, sempre prontos a fazer valer o retorno da "lei e da ordem". A condecoração de Che Guevara, no dia 19 de agosto, foi o limite. No dia 24 de agosto Lacerda, em cadeia de rádio e televisão, denunciou que um possível golpe, com objetivo de reformar a Constituição e ampliar os poderes do presidente estava sendo planejado e que ele, Lacerda, tinha sido convidado a participar. O convite teria vindo do próprio Jânio Quadros por intermédio do Ministro da Justiça Pedroso Horta. No dia 25, o presidente surpreendeu a todos com uma atitude que permanece até hoje como um dos grandes enigmas da história política brasileira. Jânio da Silva Quadros apresentou ao Congresso e aos militares, sete meses depois de tomar posse, sua carta de renúncia que seria lida pontualmente às três horas da tarde, sendo prontamente atendido. O fato de o Congresso acatar sem hesitar o pedido de renúncia de Jânio, foi só uma prova da incompetência do presidente em lidar com o poder legislativo. Se havia, por parte de Jânio, a expectativa de uma reação popular, ela também não veio. Alguns sindicatos do Estado da Guanabara chegaram a manifestar-lhe apoio e solicitar seu retorno, mas não houve maiores desdobramentos. A leitura mais comum do episódio o caracteriza como uma tentativa de autogolpe janista visando retornar nos braços do povo e com poderes ampliados. Se era esse o objetivo do presidente, foi devidamente malograda. No dia 26 de agosto o Jornal do Brasil amanhecia com uma manchete que desconhecia os bastidores da pós-renúncia: "País em calma espera a chegada de João Goulart".[274] No dia seguinte, o mesmo periódico incorporou a realidade em suas páginas e estampou: "Denis disposto a impedir a posse de João Goulart".[275]

Um cenário de instabilidade institucional se revelou ao país. Todos os fantasmas que rondaram as conjunturas golpistas recentes, como o anticomunismo e o antigetulismo, vieram em bloco. A elite política se viu em um turbilhão de emoções. Ninguém esperava atitude tão radical e inusitada. Os militares desembainharam a espada e ganharam novamente a cena política. O vice-presidente João Goulart se encontrava em missão no exterior, coube ao presidente da Câmara, Ranieri Mazzilli, assumir interinamente a presidência. Mas os militares não iriam admitir que seu arqui-inimigo, o "comunista" e getulista João Goulart, ocupasse a cadeira de presidente do Brasil. Vetaram imediatamente o regresso e a posse de Jango. Descumpriam sem nenhum constrangimento ou pudor o artigo 79 da Constituição de 1946 que assegurava que em caso de impedimento do presidente cabia a vaga a seu vice.[276] A primeira grande reação ao golpe veio de dentro do próprio Exército.

O marechal Henrique Lott, derrotado nas urnas por Jânio Quadros, reafirmou sua coerência, já testada quando assegurou em 1955 a posse de JK, e através de um Manifesto escreveu: "Embora afastado das atividades militares, mantenho compromisso de honra com a minha classe, com a minha pátria e com as instituições democráticas e constitucionais. E, por isso, sinto-me no indeclinável dever de manifestar o meu repúdio à solução anormal e arbitrária que se pretende impor à Nação".[277] No dia 30 de agosto os três ministros militares através de um Manifesto dirigido a Ranieri Mazzilli, assim justificaram seu ato golpista: "Na Presidência da República, em regime que atribui ampla autoridade de poder pessoal ao Chefe da Nação, o sr. João Goulart constituir-se-á, sem dúvida, no mais evidente incentivo a todos aqueles que desejam ver o país mergulhado no caos, na anarquia, na luta civil".[278] O método dos quartéis é sempre o mesmo, só muda a conjuntura, e consiste na produção de uma narrativa catastrófica, puramente ideológica e sem nenhum respaldo na realidade.

O marechal Odílio Denys, Ministro da Guerra, se sobressaiu como a grande liderança golpista. Diferente de 1955, em que uma ordem vinda dos quartéis retirou Carlos Luz do poder, dessa vez a Câmara, sob a presidência do deputado Sérgio Magalhães, se negou a encaminhar qualquer proposta de emenda constitucional que vetasse a posse de Jango. Mas parte importante da elite política comungava com a vontade dos militares, buscavam somente uma alternativa jurídica que desse uma imagem de legalidade ao "golpe branco" parlamentar. A ideia de uma emenda constitucional começou a ser esboçada e membros importantes do PSD como Juscelino Kubitschek, Amaral Peixoto e Armando Falcão consultaram juristas para saber a melhor estratégia para emendar a Constituição, evitar a posse de Jango e convocar novas eleições. Outra saída mais rápida seria a aprovação da eleição indireta para substituir Jânio Quadros. Nomes como os de Juracy Magalhães, Carvalho Pinto e Eurico Dutra começaram a ser sondados. O plano era aprovar uma emenda no menor tempo possível. Só mais tarde a solução parlamentarista começou a tomar corpo e foi aceita pelas três principais legendas no Congresso Nacional.

A resistência em favor da posse de João Goulart partiu, de imediato, dos estudantes e suas entidades representativas como UNE e UBES e de diversas lideranças sindicais. Na alta política, a liderança da resistência coube ao Rio Grande do Sul, através do cunhado de Jango, o governador Leonel Brizola, e do general Machado Lopes, comandante do III Exército sediado no Sul do país. No dia seguinte à renúncia Brizola divulgou um Manifesto se posicionando claramente pela posse de Jango. Deu seu recado logo no primeiro parágrafo: "Cumpre-nos reafirmar nossa inalterável posição ao lado da Legalidade Constitucional. Não pactuamos com golpes ou violências contra a ordem constitucional e contra a liberdade pública".[279] As forças políticas foram aos poucos se definindo em relação ao episódio. De um lado, ficaram os ministros militares e Carlos Lacerda, governador da Guanabara, frontalmente contrários à posse e abertos a uma solução golpista. Um grupo intermediário, formado por políticos do PSD e da UDN, também não queriam a posse de Jango, mas buscavam uma solução via parlamento, através de alguma emenda constitucional, dando ao ato "golpista" um disfarce de legalidade. No terceiro grupo, além dos parlamentares do PTB, estavam o governador Leonel

Brizola e os generais Machado Lopes e Henrique Lott, respaldados exclusivamente no cumprimento do texto constitucional que garantia a posse do vice-presidente eleito.

Um golpe puramente militar ou um golpe branco parlamentar com disfarce de legalidade sairia do embate entre esses três segmentos. O apoio do general Machado Lopes, do III Exército, foi decisivo para frear, no primeiro momento, uma ação golpista mais contundente por parte dos ministros militares. A força representada pelo III Exército podia desencadear facilmente uma prolongada guerra civil. Em Porto Alegre criou-se o Comitê de Resistência Democrática. O Rio Grande do Sul se movimentava radicalmente em defesa da posse de seu filho ilustre. Os estudantes gaúchos decretaram greve geral. O palácio Piratini, sede do governo gaúcho, foi transformado pelo governador Brizola em uma espécie de *bunker*. A rádio Guaíba, de Porto Alegre, foi confiscada pelo governo e instalada nos porões do Piratini. Foi a forma encontrada por Brizola para se dirigir ao Rio Grande e a todo Brasil. Emissoras de outras regiões do país se juntaram à Guaíba formando uma cadeia de rádios que ficou conhecida como Rede da Legalidade. Foi uma interessante forma de integrar o país em torno da campanha que defendia o respeito ao texto constitucional e a consequente posse do vice João Goulart.

A resistência vinda de Porto Alegre, com o aval do general Machado Lopes, criou um ambiente de fissura interna no Exército. Sargentos e cabos foram, na sua maioria, radicalmente contrários ao golpe. Machado Lopes era um comandante de destaque à frente de uma importante região militar do país. Para os militares antigetulistas ainda não era o momento de correr riscos desnecessários e abalar o moral da tropa. Naquele instante o frontal desrespeito à vontade popular dos que votaram em João Goulart colocava na berlinda a sempre frágil democracia brasileira. Atualmente o significado da vontade do eleitor tem sido um ponto complexo, que precisa ser seriamente enfrentado não só pela elite política, mas por toda a sociedade brasileira. Isso valeu para 1961 e deveria valer para 2016. Desde 1991 que o *impeachment* tem sido manipulado pela elite política como instrumento de luta pelo poder ao arrepio da vontade simbólica do voto do eleitor. Em 1961, o voto popular em Jango serviu como lastro de resistência democrática em meio ao hostil ambiente golpista.

A solução final viria no dia 2 de novembro de 1961. O Congresso aprovou a emenda constitucional n. 4 um Ato Adicional à Constituição de 1946. A emenda instituía o parlamentarismo no Brasil. Não houve um golpe militar clássico, esse seria adiado para três anos depois. Contudo, a solução parlamentarista, foi mais um puxadinho em nossa democracia pelo alto.

A solução parlamentarista estava longe de representar a pacificação no seio das Forças Armadas. A oposição do setor militar em relação a João Goulart era antiga e quase patológica. Uma vez resolvida a questão da posse com a instituição do parlamentarismo, ainda restava a possibilidade de "contratempos" na viagem do presidente para Brasília. Jango estava na China quando da renúncia de Jânio Quadros e acompanhou de longe todo o processo de negociação. Sua vinda para o Brasil foi um pequeno périplo envolto em segredos e disfarces. Enquanto a crise da posse não era devidamente debelada Jango foi para o Uruguai e entrou no Brasil via Porto Alegre para só depois partir em direção a Brasília. No trajeto Montevidéu-Porto Alegre o avião buscou controlar a velocidade buscando despistar de possíveis caças da Força Aérea brasileira. Já na viagem entre Porto Alegre-Brasília é conhecida a história do planejamento da famosa Operação Mosquito em que o avião do presidente seria abatido em pleno voo. Em 2013, em depoimento à Comissão Nacional da Verdade, o coronel aviador da reserva Roberto Baere, na época tenente do 1º Grupamento de Aviação de Caça da Base Aérea de Santa Cruz, revelou ter recebido ordens do comandante da base, o tenente-coronel Paulo Costa, para preparar os caças que seriam usados no ataque ao avião que transportava João Goulart. De acordo com Baere, ele e três colegas se recusaram a cumprir a ordem e assim descreveu a situação: "Pedimos que ele não nos escalasse porque entramos nas Forças Armadas para defender a Constituição e não agredi-la."[280] A Operação Mosquito foi somente um ensaio para o golpe de 1964 e mostrou a falta de limites das Forças Armadas no sentido de fazer cumprir sua suposta "missão regeneradora".

O depoimento do deputado petebista Almino Affonso, narrando os bastidores que levou à solução parlamentarista, é um testemunho primoroso da conjuntura golpista de 1961. Não obstante todas as ressalvas do lugar de fala do parlamentar, ele representava o ponto de vista de um segmento crítico à emenda aprovada no congresso. Seu depoimento nos apresenta as filigranas das negociações e posturas que constroem a dinâmica das relações privadas do jogo político brasileiro. Para Almino Affonso, não havia dúvidas, a emenda do parlamentarismo foi um explícito "golpe branco". Em uma carta endereçada a Jango, mas que por um desacerto não chegou às mãos do vice-presidente, Almino Affonso fez uma leitura perfeita do que representou, na história política do Brasil, o Ato Adicional à Constituição de 1945 que resolveu, momentaneamente, a crise institucional de 1961. Escreveu ele: "O Parlamentarismo, agora, é o 'golpe branco' das forças reacionárias. É o mesmo 'golpe', em termos civis, que os militares tentaram dar. É eminentemente de sentido reacionário. Não significa apenas um veto a seu nome. É o veto a todos que se proponham a defender as teses que correspondem hoje aos interesses do povo".[281] Essa leitura do deputado trabalhista é quase uma frase profética do que viria a se naturalizar na lógica da solução de cúpula e "pelo alto", utilizada vulgarmente e sem nenhum constrangimento pela elite política brasileira, nas diversas conjunturas em que a ordem democrática punha em destaque os interesses do povo em contraposição aos interesses da classe dirigente.

1964: finalmente o grande golpe dos militares

Sem querer me aproveitar da condição de "profeta do passado" que se beneficia do conhecimento do já acontecido, ouso arriscar que o 31 de março de 1964 é filho dileto do ressentimento gerado nas Forças Armadas a partir do 11 de novembro de 1955. Quando João Goulart assumiu a presidência da República em circunstâncias especiais, resultado da solução parlamentarista, e mesmo depois do plebiscito que restaurou seus poderes, nasceu junto com ele o inconformismo de uma parcela das Forças Armadas. O antigetulismo misturado com pitadas de anticomunismo manteve-se como um fantasma pairando sobre a sociedade brasileira desde o governo JK. Com um pouco de fatalismo, diríamos que o governo Jango já nasceu fadado a um desfecho fora da ordem democrática.

Uma análise com um mínimo de aprofundamento sobre os motivos que levaram ao desfecho final da instauração de uma Ditadura Civil-Militar no Brasil em março de 1964 deve levar em conta aspectos relacionados com um longo processo histórico que foi incorporando no tempo elementos econômicos, políticos e ideológicos. O 31 de março de 64 foi a culminância de uma interação de questões objetivas e subjetivas, por parte da elite política e dos segmentos militares, que reprocessaram desde 1930 uma cultura política do ressentimento e do conservadorismo atávico tendo a naturalização da ruptura institucional como o instrumento mais adequado de transição de poder e do controle do ordenamento político nacional. 1964 nos fez finalmente perceber que no Brasil a "defesa" da democracia leva a ditaduras. Desde o final da Segunda Guerra Mundial o imperialismo capitalista vem semeando, principalmente no chamado Terceiro Mundo, ditaduras em nome de uma suposta democracia. A subserviente elite brasileira somente reproduz em espaço local a lógica antidemocrática da elite mundial.

Subjacente à disputa do jogo político brasileiro, foi sendo tecido, no decorrer dos anos, um emaranhado de questões que envolviam os interesses do capital internacional, e o entreguismo de uma parte da elite brasileira em contraposição a um nacionalismo vacilante de outra parcela desta mesma elite. Outrossim, incorporou-se, com o passar do tempo, um reacionarismo militar em consonância com o conservadorismo moralista de grupos importantes da classe média. Instituições foram sendo criadas para absorver esses anseios conservadores e dar-lhe base teórica suficiente para criar na sociedade um ambiente hostil a tudo que se vinculasse, mesmo que remotamente, a um projeto de perfil mais progressista e popular. Em 1964, todos esses ingredientes estavam no caldeirão do golpe.

Nos anos sessenta do século XX a Guerra Fria estava em seu auge e o centro do sistema-mundo capitalista buscava a aliança e a lealdade das elites nacionais para o projeto colocado em curso pelo capital internacional, no sentido de consolidar o controle da dinâmica do capitalismo em termos mundiais. O Brasil, na sua condição de periferia, era um importante e potencial parceiro no interior desse projeto de dominação econômica. Entretanto, não bastava contar com a lealdade do capital doméstico, era necessário assumir o comando do poder político nacional colocando à frente dos governos atores com o compromisso de cumprir a tarefa de desmonte das estruturas de Estado que estivessem voltadas para o investimento em setores sociais mais vulneráveis, e que pudessem assegurar não só a luta contra inimigos como o "comunismo" e o "sindicalismo", mas, principalmente, que assegurassem a concentração de renda e de capitais.

O governo Jango vivenciou também o período de implantação do programa norte americano de assistência socioeconômica para a América Latina, forjado na administração John Kennedy, e que levaria o nome de "Aliança para o Progresso". Tendo sido criado para servir como um programa de grandes investimentos que deveria se destinar ao setor social dos países sul americanos, a "Aliança para o Progresso" exigia a contrapartida da estabilização financeira e controle inflacionário seguindo o receituário ortodoxo do liberalismo. O Plano Trienal formulado pelo economista Celso Furtado correspondeu a certo enquadramento do Brasil nessa lógica econômica liberal. No entanto, quando Jango começou a flertar com políticas públicas que demandavam maiores investimentos foi imediatamente acusado de negligenciar a austeridade econômica. No contexto do golpe, Washington enviou como embaixador o professor de Harvard Lincoln Gordon, ele próprio alguém por trás da ideia da "Aliança para o Progresso". Gordon veio para cumprir a função de frear o ímpeto autonomista de Jango que já ensaiava seu projeto de "política externa independente". Coube ao embaixador americano ajudar a elite brasileira e às Forças Armadas a consolidar a narrativa do João Goulart "comunista". Sobre isso, vale citar um trecho de uma palestra apresentada em Harvard, em 1985, pelo linguista Noam Chomsky, quando disse ele:

> Bem, quem são os comunistas? "Comunistas" é um termo regularmente usado na teologia política americana para se referir a pessoas que estão comprometidas com a crença de que "o governo tem responsabilidade direta pelo bem-estar do povo". Estou citando as palavras de um relatório de inteligência do Departamento de Estado de 1949.[282]

Nesta mesma palestra, se referindo ao golpe de Estado no Brasil em 1964 e sobre a participação americana, falou Chomsky: "O apoio ao golpe foi iniciado por Kennedy, mas finalmente levado a uma conclusão por Johnson. O golpe foi chamado pelo embaixador de Kennedy, Lincoln Gordon, 'a vitória mais decisiva pela liberdade em meados do século XX'".[283] Em síntese, para a burguesia brasileira ou para o imperialismo americano qualquer tentativa de um projeto econômico que ousasse ir além do processo de modernização conservadora[284] ou esboçasse alguma tentativa de movimentação autônoma em relação ao capital internacional seria considerado subversivo demais e não poderia prosseguir. Temos aqui um esboço do que estava se transformando o governo João Goulart.

Ao analisar a conjuntura econômica que testemunhou o golpe de 64 escreveu René Dreifuss: "O capitalismo brasileiro, tardio e dependente, viria a ser tanto transnacional quanto oligopolista e subordinado aos centros de expansão capitalista".[285] Esta subordinação deve-se principalmente à invasão de multinacionais na economia brasileira a partir do pós-guerra, consolidada no início dos anos sessenta do século XX. As multinacionais representavam principalmente o capital americano que operava com controle total em determinadas áreas da atividade econômica. O Brasil não foi capaz de gerar uma burguesia moderna e preocupada com a defesa dos interesses nacionais. Nossa burguesia sempre teve o perfil contrarrevolucionário, gerando com isso uma classe dominante benevolente com o estado de exceção em circunstâncias históricas de defesa de seus interesses privados. Portanto, a junção de negócios entre os donos do capital e os do poder político foi a formula perfeita para a conjunção de forças que levou à ruptura institucional em março de 1964. Historicamente, é só acompanhar seus respectivos movimentos desde 1945, partidos como a UDN e o PSD dividiram a primazia do reacionarismo brasileiro. Sujeitos como Carlos Lacerda, Adhemar de Barros e Magalhães Pinto, se mantiveram fiéis às suas crenças que remontavam ao raivoso antigetulismo. Entre os militares, o antigetulismo e o anticomunismo, que tiveram no general Odílio Denys figura de ponta, foi repaginado em indivíduos como Olympio Mourão Filho, Amauri Kruel, Castelo Branco, Ernesto Geisel e Golbery do Couto e Silva. A junção entre civis e militares consolidou o discurso autoritário e messiânico por colocar as Forças Armadas como o redentor da moralidade pública e de defensor perpétuo de uma suposta normalidade constitucional. As questões de ordem econômica, vistas como mais complexas e de difícil compreensão pelo setor popular, se restringiam aos bastidores. Para o consumo do populacho, vingou o discurso conservador e moralista que ao serem superlativizados justificavam qualquer atitude de ruptura da ordem democrática.

É sempre bom deixar claro ao leitor que este livro não tem a perspectiva de analisar os longos processos que culminaram com os respectivos golpes aqui apresentados. Nossa matéria prima é a curta-duração. É descrever os ambientes que constituíram a antessala golpista. Diante disso, temos o cruel desafio de estabelecer um ponto de partida que seja suficiente para levar ao leitor informações básicas da trama histórica que condicionou a ação política de 31 de março de 1964.

Vamos, portanto, caminhar em retrospectivo no fatídico mês de março de 1964. Como ponto de inflexão golpista, temos o comício da Central do Brasil em 13 de março. O fato do período em que Jango esteve à frente da presidência da República ter sido potencialmente tenso, não significou, logicamente, que o governo não seguisse funcionando dentro de uma possível normalidade administrativa. Como toda gestão pública, a tensão e a distensão, são partes de uma mesma dinâmica. No dia primeiro de março de 1964, 31 dias antes do golpe, o jornal Correio da Manhã estampava em sua primeira página uma manchete que remetia para um encontro de governadores em Salvador.[286] A expectativa era do comparecimento de 19 deles. O primeiro escalão do poder se reunia para debater o país em um aparente exemplo de normalidade democrática. O tema central do encontro entre os chefes dos executivos estaduais foi o do fortalecimento do pacto federativo. Naquela conjuntura, o governador da Guanabara, Carlos Lacerda, o mais ferrenho opositor ao governo, foi o único a ser vaiado pelos populares. Um documento proposto pelo governador de Sergipe, Seixas Dória, e endossado por 10 outros governadores, Lacerda foi uma das exceções, propunha ao presidente a aprovação das reformas de base, com destaque para a reforma agrária. Em discurso muito esperado, o representante de Jango, o ministro da justiça Abelardo Jurema informou à plateia que o presidente iria receber com satisfação as reivindicações dos governadores, pois seria ele um defensor do fortalecimento do sistema federativo.[287] No mesmo período, o ministro da Fazenda, Ney Galvão, se reuniu com membros da Federação das Indústrias do Rio Grande do Sul e representantes de produtores de outros estados, e pediu a confiança do setor no governo ao eleger os três requisitos para tirar o Brasil da crise econômica: "perseverança, tenacidade e absoluta confiança na política governamental".[288] Tínhamos um governo funcionando em pleno março de 1964. Uma das caraterísticas de um golpe de Estado é ser tramado nas sombras.

No dia 3 de março, no Jornal do Brasil, o deputado San Tiago Dantas criticou o que ele chamou de extremistas da esquerda que representavam uma "atitude puramente emocional e ideológica" e os extremistas de direita que conduziam à "destruição da estrutura social".[289] A narrativa de fazer o Brasil caminhar politicamente para um centro moderado vem de longa data e é resgatada sempre nos momentos de suposta instabilidade da ordem liberal. No Brasil do século XXI, diante da dificuldade em apresentar uma candidatura viável para fazer frente ao bolsonarismo e ao lulismo a elite política criou o engodo da chamada "terceira via" como forma de estabelecer candidaturas facilmente tuteladas e leais aos interesses do grande capital. San Tiago, petebista moderado e próximo ao presidente João Goulart, propunha, no mês do golpe, a formação de uma Frente Ampla para "assegurar a continuidade do processo democrático".[290] A trama golpista ainda não tinha alcançado a superfície, o que fez com que os membros do governo continuassem pensando o poder a médio e longo prazo. Ou seja, ao mesmo tempo em que um golpe estava sendo tramado nas costas do governo, o próprio governo buscava sua sobrevivência em meio ao mundo real. Assim funcionam as artimanhas do jogo político que culminam em golpes de Estado. A força do governo vai sendo minada aos poucos através de discursos construídos e encampados pelos formadores de opinião, criando na sociedade a sensação de caos e de insuficiência moral do governante para o exercício do cargo. Em 8 de março, cinco dias antes do decisivo comício do dia 13, o Jornal do Brasil, em explícita estratégia de esvaziar o comício, destacou em editorial que o rei estava nu e que teria caído a "mistificação do reformismo oficial".[291] Foi incisivo o editorialista do jornal carioca na acusação a Jango de que "a única reforma pretendida para o caudilho é aquela que prorrogará seu mandato".[292] O JB criava, nas beiras do golpe, a narrativa de uma imagem negativa de Jango como um caudilho vaidoso e arrogante. Era o retrato perfeito de um presidente, cujo governo, ao ser derrubado, supostamente faria um grande bem à sociedade. Assim se constroem golpes.

Nas entranhas e nas franjas do poder os militares também seguiam costurando sua conspiração. Jango, como todo indivíduo que ocupa a cadeira presidencial no Brasil, precisou se equilibrar constantemente entre interesses civis e militares. É natural que um governante construa em torno de si um ajuntamento de auxiliares nos quais ele possa confiar ou pressupor lealdade. Em se tratando do setor militar isso é essencial. No caso de Jango, a cada militar que ele substituía o substituído virava um conspirador em potencial. Muitos generais se destacaram nos bastidores do golpe, vejamos alguns. O general Peri Bevilacqua, comandante do II Exército, sediado em São Paulo, foi demitido por Jango em fins de 1963. Bevilacqua era abertamente anticomunista e estabeleceu uma relação conflituosa com o movimento sindical.

Para o lugar de Bevilacqua no II Exército o presidente cometeu, talvez, um de seus erros mais estratégicos, a nomeação do general Amauri Kruel. Apesar de passar para a história como aquele que encampou o golpe no último minuto, Kruel era mais um dos que tinham a "natural" vocação golpista. Outro que merece uma pesquisa mais minuciosa sobre participação no golpe é o general Osvaldo Cordeiro de Farias. Esse foi o grande homem por trás do golpe. Mesmo que não estivesse à frente de um cargo de destaque foi o articulador dos descontentes com o governo. Dele escreveu o jornalista Carlos Castello Branco ao analisar a ação de Jango em trocar militares buscando os de sua melhor confiança: "cada Ministro da Guerra que derrubava, cada comandante de Exército que retirava do posto ou que ameaçava substituir caia na faixa de trabalho do General Cordeiro de Farias".[293] De Minas Gerais viria a figura fulgurante do golpismo simbolizado no general Olympio Mourão Filho, o jovem militar integralista por trás da farsa do Plano Cohen em 1935. Em Minas governava Magalhães Pinto, visto depois como o principal líder civil do golpe. Magalhães e Mourão tinham combinado que o governador iria publicar um Manifesto propondo abertamente a deposição de Jango. O governador não foi suficientemente explícito sobre a deposição e isso irritou o general. Magalhães Pinto enviou o Manifesto sem a leitura prévia de Mourão. Coube ao general Luís Carlos Guedes informar-lhe sobre esse ato de desprestígio da parte do chefe do executivo mineiro. Mourão, que na época era comandante da 4ª Região Militar e da 4ª Divisão de Infantaria do I Exército, sediados em Juiz de Fora, relatou o episódio em seu diário: "Eles sabem que esta revolução é minha e que eles apenas aderiram a ela e depois se anteciparam numa comédia para que ninguém lhes tirasse a palma".[294] Eis um eficiente auto retrato de um orgulhoso golpista. No Nordeste, a quartelada contou com o apoio leal do general Joaquim Justino Alves Bastos, comandante do IV Exército, sediado em Recife. Justino Alves Bastos era o anticomunista escalado para ficar de olho no "comunista" governador Miguel Arraes. Consolidado o golpe, foi dele a "honra" de decretar a prisão do governador pernambucano.

Em março de 1964 o general Humberto de Alencar Castello Branco era o chefe do Estado – Maior do Exército. Tratava-se de um dos militares mais respeitados do país. Além de Castelo Branco, a aproximação de outros generais vinculados à Escola Superior de Guerra (ESG) como Golbery do Couto e Silva, Ernesto Geisel e Jurandir Mamede, coronéis conspiradores em 1954, deu ao movimento a base intelectual necessária a pensar estrategicamente a ação política. Esse grupo estreitou relações com o Instituto de Pesquisas e Estudos Sociais (IPES), entidade privada de perfil liberal e anticomunista que juntamente com o Instituto

Brasileiro de Ação Democrática (IBAD) formou o que René Dreifuss chamou de complexo político-militar[295] cujo objetivo era agir contra o governo nacional reformista de João Goulart. Ambas as instituições serviriam no processo golpista como *think tank* da elite econômica brasileira representante dos interesses multinacionais cuja solução golpista era a única forma de assegurar a transposição dos interesses privados para dentro do poder público. Somente um regime autoritário faria isso com mais celeridade. A junção entre a ESG o IPES e o IBAD com o apoio dos governadores de São Paulo, Minas Gerais e Guanabara, selou definitivamente a aliança civil-militar que culminou com o golpe de 31 de março de 1964.

Foi nesse ambiente completamente hostil que o presidente João Goulart decidiu sua última cartada ao apresentar em um comício no dia 13 de março de 1964, em frente à Central do Brasil, no Rio de Janeiro, um projeto reformista cujos limites ultrapassavam em muito a concepção conservadora e reacionária de desenvolvimento pensada pela elite nacional. É sempre bom lembrar, Jango não era comunista, mas as reformas de base que foram apresentadas no dia 13 de março mostrou-se um projeto político e econômico sem precedente em termos de intervenção infraestrutural de transformação social do Brasil. Jango, sem nenhuma pretensão de radicalidade, ultrapassou a linha permitida pela burguesia nacional em direta subserviência aos interesses do núcleo central do imperialismo. O conjunto das instituições, tomadas por forças conservadoras, cujos fantasmas do anticomunismo e do antigetulismo pairavam sobre suas cabeças, não admitiria passo considerado demasiado largo fora da ordem liberal. O golpe passou a ser uma questão de oportunidade.

Mas havia também, dentro do campo político próximo ao presidente, um conflito interno que de certa forma colaborou para o enfraquecimento estrutural do governo. O PTB, partido do presidente, estava dividido entre aqueles a quem a imprensa chamava de autenticamente reformista, no sentido de moderados, e alguns que buscavam apertar o torno reformista com força suficiente para aprofundar a transformação social. Neste segundo bloco destacaram-se duas grandes lideranças nacionais, os governadores Leonel Brizola e Miguel Arraes. Aos dois, San Tiago Dantas, também liderança petebista, viria a chamar de esquerda negativa. Não podemos identificar Brizola e Arraes como representantes do pensamento marxista clássico, ambos estavam muito mais próximos de um trabalhismo ou de um certo socialismo pragmático e defendiam um programa de reformas mais radicais em defesa dos interesses nacionais. Talvez, a defesa da reforma agrária, ação meio óbvia em um país construído com base na exploração latifundiária, fosse o elemento a forjar publicamente a imagem de Brizola e Arraes como comunistas empedernidos. Em março de 1964, Jango e Brizola já não falavam necessariamente a mesma língua. Ao se referir ao ministro da Fazenda, Ney Galvão, Brizola deixou claro sua posição crítica em relação ao governo do cunhado: "só prestigiava e favorecia grupos políticos e econômicos interessados em evitar as transformações exigidas pelo povo brasileiro".[296] Brizola tinha um projeto de país a defender, não importava o preço, Jango tinha um mandato e um governo a resistir e consolidar. O que estava no horizonte de uma possível conciliação[297] entre Brizola e Jango era a junção entre democracia e aprofundamento de reformas sociais, mas em que bases políticas e sociais isso poderia ser realizado? O golpe nos impediu de saber quando interrompeu abruptamente a democracia impondo como solução um regime de exceção e uma agenda de completa precarização e redução de direitos políticos e sociais.

Não se trata, portanto, de simplesmente culpar a dita esquerda mais radical pelo acontecimento do golpe, mas demonstrar que o exercício da política no tabuleiro do jogo democrático tem uma complexidade que precisa ser mais sensivelmente acompanhada nos detalhes e nas entrelinhas. Um governo, em um regime democrático, que tente colocar em prática um projeto voltado para reformas estruturais que atinjam o centro de poder da elite política e econômica, tem que equilibrar seu projeto programático com os interesses dos donos do poder, no sentido de ocupar os espaços pelas brechas do apoio popular e institucional. Quando não se consegue impor essa dinâmica, e Jango não conseguiu, e tenta-se atingir os objetivos confrontando abertamente a vontade da elite dirigente, o que resta é a possibilidade de conflito, cuja resistência, ou não, vai depender do nível de força que o bloco de poder à frente do governo consiga consolidar até aquele momento. Esse nível de força a historiografia segue até hoje buscando definir sua potência.

Quando subiu ao palanque no dia 13 de março de 1964 João Goulart já trazia consigo o peso de sua instável política econômica.

Contudo, mais do que representar uma questão econômica, era ao campo político que a instabilidade respondia. Ainda em 1962, Jango trouxe para o governo o economista desenvolvimentista Celso Furtado buscando implantar um novo modelo de desenvolvimento econômico para o país. Furtado apresentou um projeto que ficou conhecido como Plano Trienal. Consistia em um conjunto de medidas baseadas no controle de déficit público e inflacionário. O Plano seguiu certo receituário considerado ortodoxo para um desenvolvimentista e Furtado, ao ser alvo da base trabalhista do governo, respondeu com perspicácia: "devo esclarecer que não me encomendaram um projeto de revolução, mas um plano de governo".

Esse receituário ortodoxo do governo Jango, no fundo, sinalizava à elite política uma tentativa de trégua visando criar um ambiente que pudesse consolidar o equilíbrio de poder necessário a manter o governo em funcionamento. Jango não pode ser acusado de intransigente, buscou uma convivência pacífica com a oposição, fez isso em diversos momentos. A partir de 1963 o Plano Trienal foi levado à frente pelo petebista moderado San Tiago Dantas. Era mais um exemplo de que o governo seguia com seu projeto conciliador. Mas Brizola e a base trabalhista queriam mais. Enxergavam no governo Jango a possibilidade de aprofundar as transformações estruturais que historicamente freavam o desenvolvimento social brasileiro. Um governo tem que responder às suas bases. A tolerância com a elite dominante não poderia marginalizar os projetos reformistas reivindicados por uma base social que também se fez responsável por colocar o presidente no lugar de poder em que ele se encontrava. Jango continuou seguindo seus instintos de sobrevivência ao nomear para o lugar de San Tiago Dantas o ex-governador de São Paulo, Carvalho Pinto. O presidente sinalizava mais uma vez para a burguesia paulista. Em "agradecimento", Carvalho Pinto estaria na primeira fila entre os golpistas de 31 de março.

Entre os governadores que apoiaram o golpe além do mineiro Magalhães Pinto e do paulista Adhemar de Barros, o governador da Guanabara, Carlos Lacerda, não negava a fama de "demolidor de presidentes". Sempre muito sarcástico programou uma inauguração para o mesmo dia do comício na Central do Brasil. Ao se dirigir ao público que o ouvia na Praça em Cascadura disse ele: "esta praça antigamente era destinada aos burros, mas estes deram lugar às pessoas inteligentes e foram hoje para uma outra praça".[298] Se referia, logicamente, ao público que se encontrava no comício janguista. A manchete do Jornal do Brasil do dia 13 de março ilustrava o estado de espirito do comício: "Exército de prontidão hoje para garantir a ordem".[299] Em texto, o JB encaminhava a quartelada ao afirmar que "em São Paulo vários deputados federais manifestaram a convicção de que, a partir de agora, o Sr. João Goulart governará através de decretos, alheio ao Congresso, numa espécie de ditadura branca".[300] O jornal apresentou uma "convicção" sem nenhuma base na realidade e ao se referir a uma "ditadura branca" ajudava a amadurecer a narrativa do golpe como uma "contra revolução".

Uma leitura atenta do discurso presidencial no comício do dia 13 de março nos leva a pensar de que naquele momento o governo tinha chegado a seu ocaso. Não havia possibilidade de recuos, e os militares e a burguesia só esperavam o momento certo de soltar a bala de prata. Foram mais de 150 mil pessoas que esperaram horas para ouvir o presidente. O jornalista Araújo Netto relata sobre uma pesquisa encomendada por Carlos Lacerda com o público do comício cujo resultado foi o seguinte: "noventa e cinco por cento daquela massa queriam eleições em 1965, queriam Congresso aberto, não admitiam a reeleição de Jango e defendiam as reformas de base".[301] Independentemente da restrição numérica da pesquisa para caracterizar uma opinião nacional, seu resultado não deixa de ser um pequeno retrato de como o Brasil de 1964 estava sendo visto por um estrato da sociedade brasileira.

Jango iniciou agradecendo aos sindicatos pela organização do evento. Essa primeira fala daria o tom de todo o discurso. Invocou o Papa João XXIII para falar do direito à terra. Sobre a reforma agrária, talvez o ponto mais alto do discurso, Jango informou que tinha assinado o decreto da Superintendência da Reforma Agrária (SUPRA), mas disse que não se tratava da reforma agrária que todos lutavam, e que "reforma agrária feita com pagamento prévio do latifúndio improdutivo, à vista e em dinheiro, não era reforma agrária", e sim "negócio agrário, que interessa apenas ao latifundiário". O presidente ironizou sobre a defesa da propriedade privada em um país em que os 15 milhões de brasileiros que trabalham na terra apenas 2,5 milhões eram proprietários. Para atender sua base estudantil, falou da reforma universitária. Incorporou uma parcela da classe média ao discurso, quando prometeu tabelar o preço de aluguéis e imóveis em todo o território nacional. Mas a elite dirigente brasileira, ao não ser agraciada com o discurso presidencial, entendeu na fala do presidente uma espécie de "admissão de culpa" que justificaria uma solução extrema e fora da ordem democrática. Ao analisar o liberalismo defendido pela UDN, na época a mais importante agremiação política da direita brasileira, Maria Victória Benevides o identificou como um liberalismo profundamente elitista baseado em uma "crença inabalável na presciência das elites".[302] Em outras palavras, a prática política de nossa elite se baseava na "identificação de reivindicações sociais e, especificamente trabalhistas, com a desordem, 'o caos', e um solene desprezo pelo povo".[303] O que temos hoje, não foge muito a essa lógica, são somente variantes pseudomodernizantes desse elitismo que em 1964 não teve o pudor de impor sua vontade através de uma ação golpista.

Membros da elite dirigente como a grande imprensa, órgãos de classes como o IPES e parcelas conservadoras da sociedade reagiram de forma contundente ao discurso do dia 13 de março. No dia 19 de março o golpe avançava mais uma casa com a chamada Marcha da Família com Deus pela Liberdade, passeata de grupos vinculados a setores conservadores da Igreja. No dia 25 de março, o caldeirão golpista ganhou mais um ingrediente, a revolta dos marinheiros liderada por José Anselmo dos Santos, o "cabo" Anselmo. Os marinheiros buscavam o reconhecimento de uma associação de classe e demonstraram apoio às reformas de base do governo. A Marinha não aceitaria tamanha insubordinação, o ministro almirante Silvio Mota ordenou a prisão das lideranças do movimento. Uma crise de hierarquia se instalou na Marinha e Jango tinha mais uma bomba a desarmar. O ministro Silvio Mota pediu demissão e seu substituto, o almirante Paulo Mário da Cunha Rodrigues, determinou a libertação dos revoltosos. O jogo do golpe chegava próximo de sua última casa. No dia 27 de março o jornal janguista, Ultima Hora, fazia sua interpretação da crise na Marinha com a seguinte manchete: "Reação tenta tirar todo proveito da situação para armar golpe contra Jango".[304] Ainda teria o último ato antes do desfecho final. O presidente, contra a vontade de auxiliares mais próximos, compareceu ao Automóvel Clube para a cerimônia de posse da Associação dos Sargentos. Foi seu último discurso como presidente do Brasil.

Finalmente, no dia primeiro de abril o Brasil amanheceu em convulsão e o Jornal do Brasil resumiu a trama golpista: "S. Paulo adere a Minas e anuncia a marcha ao Rio contra Goulart".[305] Entre a parcela da elite dirigente representado pela mídia o destaque maior ficou por conta da histórica capa do jornal O Globo do dia 2 de abril. Em letras garrafais estampou: "Empossado Mazzilli na presidência".[306] Acima desta manchete viria a frase que inscreveria definitivamente o Grupo Globo tanto nos anais do golpismo político no Brasil, quanto no anedotário de manchetes ridicularizadas pelo realismo do processo histórico: "Fugiu Goulart e a democracia está sendo restabelecida".[307] Abaixo, em um pequeno box intitulado "Ressurge a Democracia!", o primeiro parágrafo incorporava a narrativa que viria a se tornar o princípio básico de sustentação argumentativa dos que defendem até hoje o golpe militar de 1964, escreveu o jornal da família Marinho: "Vive a nação dias gloriosos. Porque souberam unir-se todos os patriotas, independentemente de vinculações políticas, simpatias ou opinião sobre problemas isolados, para salvar o que é essencial: a democracia, a lei e a ordem."[308] Desse texto em diante as Organizações Globo só fizeram crescer tornando-se a mais poderosa máquina ideológica da segunda metade do século XX a serviço de um projeto privado de poder materializado na oportunística defesa de valores liberais e conservadores. Em abril de 1964 O Globo, porém, não estava sozinho, ao seu lado marcharam O Estado de São Paulo, Folha de São Paulo, Jornal do Brasil e Correio da Manhã, entre outros grandes jornais fora do eixo Rio-São Paulo. A chamada grande imprensa consolidava seu papel ideológico e assegurava seu lugar como membro poderoso do grupo formador de nossa elite dirigente. Cumprem devidamente esse papel até os dias de hoje.

Várias instituições se pronunciaram publicamente repudiando o movimento golpista e defendendo o presidente e a ordem democrática. Uma dessas instituições, presidida por um jovem que anos depois iria se candidatar a presidente da República, foi incisiva ao afirmar "seu inteiro apoio às últimas medidas progressistas do governo federal".[309] Se referia às reformas de base apresentadas no comício do dia 13 de março, o jovem que assinou o pronunciamento foi o então presidente da União Nacional dos Estudantes (UNE), José Serra.

As versões sobre o fato de Jango não resistir são diversas e não nos cabe aqui discuti-las. Isso daria outro livro. Contudo, em circunstâncias como a vivenciada por João Goulart, é natural que se construa mitos que caiba na diversidade de narrativas que eventos como esse tendem a produzir. João Goulart continua sendo um dos mais enigmáticos personagens da história política brasileira. Tem dividido gerações de políticos e analistas que disputam a construção do mais fiel retrato do ex-presidente trabalhista. Não é tarefa fácil. Um dos elementos mais comuns a motivar o debate em torno da vida pública de Jango é justamente o fato dele não ter resistido ao golpe. Entendemos que não houve uma só causa, mas um diversificado conjunto de fatores que naquela conjuntura, de extrema tensão, não seria possível eleger a mais importante, no máximo, a de consequência menos calamitosa.

É possível, por exemplo, buscar entender se havia a possibilidade de uma saída política, mas teria o presidente força suficiente dentro do Congresso Nacional para usar a institucionalidade a seu favor? Em termos de resistência militar as suposições são ainda mais perigosas. Bastaria uma ordem presidencial e os tanques do general Mourão Filho e sua "Operação Popeye" - o general era um contumaz fumador de cachimbo como o marinheiro do desenho animado - seriam cirurgicamente interceptados pela força aérea e o movimento estaria estancado em seu nascedouro? O presidente tinha alguma noção confiável de quem eram os militares que se mantiveram leais ao governo e os que aderiram à conspiração? É certo que no Rio Grande do Sul o governador Leonel Brizola e o comandante do III exército, general Ladário Telles, se prontificaram a defender o governo, mas Ladário Telles tinha assumido o cargo com o golpe em andamento, seria quase impossível ele ter a dimensão de sua ascendência sobre a totalidade da tropa gaúcha. E o general comandante do II Exército, Amauri Kruel, foi realmente um traidor e sua adesão ao movimento golpista foi decisivo para que Jango recuasse diante de qualquer possibilidade de resistência pela força? E a operação Brother Sam[310] que contava com a presença da Quarta Frota da Marinha norte-americana de prontidão na costa brasileira, de que forma essa informação teria chegado ao presidente? E o apoio popular, seria suficiente para cerrar fileiras de resistências ao lado de Jango? E as organizações de esquerdas, teriam força estratégica de bancar uma resistência?

Denize Goulart, filha de Jango, durante um debate organizado pelo Cineclube Macunaíma, da Associação Brasileira de Imprensa (ABI) deu um inédito depoimento sobre um encontro que tivera com Brizola, nas vésperas da morte do político gaúcho, em que ele lhe fez o seguinte relato:

> Eu fui muito contra o teu pai, fui muito contra o Jango. Eu rompi com ele em 64, eu me afastei dele, critiquei muito seu pai apesar de que a gente se reconciliou, mas eu hoje tenho que pedir perdão para você, para seu irmão e até para os meus filhos (...). Eu hoje acho que teu pai tinha razão, o Jango tinha razão, não existia a mínima possibilidade de resistência (...). Teu pai já sabia o que eu não sabia.[311]

Por último, e não menos importante, sobre a questão da resistência ou não ao golpe, foi a não participação do último ministro da Guerra do governo Jango, o general Jair Dantas Ribeiro. Podemos considerar que esse fato tem sido tratado com certa indiferença pela literatura especializada no Golpe de 64. Mesmo nos restringindo ao campo da especulação histórica, é pertinente a história narrada por Abelardo Jurema sobre o general Jair Ribeiro. Nas vésperas do golpe o general foi internado no Hospital dos Servidores para cuidar de um câncer na próstata ficando lá por longos dias. Isso lhe tirou da frente do Ministério da Guerra e consequentemente do próprio movimento golpista. Abelardo Jurema, ministro da Justiça de Jango, descreveu anos mais tarde em suas memórias a ativa participação do general Jair Dantas Ribeiro para debelar a revolta dos sargentos em 1963.[312] Diante disso, escreveu Jurema: "Esse episódio serve para ilustrar conclusões de que a ausência do General Jair Dantas Ribeiro do Ministério da Guerra, por motivos de doença que o levou posteriormente à morte, foi a grande oportunidade para o êxito da Revolução que partira de Minas Gerais".[313] Vai continuar sendo um enigma uma possível reação de João Goulart, tivesse ele ao lado seu leal Ministro da Guerra. Mas não deixa de ser mais uma ponta solta em torno do episódio golpista de 1964. Em suma, são muitas questões a serem respondidas que não podem se resumir a uma simples conjectura de personalidade conciliadora versus personalidade combativa do presidente João Goulart. Aqui, do ponto de vista historiográfico, o que temos é quase um "eterno" e polêmico debate entre capitulação e resistência que pode ser identificado na história do Brasil desde o episódio da queda de D. Pedro II, passando pelo suicídio de Vargas até o golpe sobre Goulart. Por que esses três personagens não resistiram? A resposta a essa pergunta ainda se encontra em aberto.

Em 24 de agosto de 1964, no décimo aniversário de morte do ex-presidente Getúlio Vargas, o deputado petebista, Doutel de Andrade, subiu à tribuna da Câmara e leu um manifesto que lhe foi enviado por João Goulart, escrito em seu exílio. O texto é longo, mas alguns trechos servem para apresentar o ponto de vista do próprio Jango sobre o episódio que envolveu sua destituição do cargo de presidente da República. Quanto ao fato de não ter optado pela resistência armada, escreveu: "Duas vezes preferi o sacrifício pessoal de poderes constitucionais à guerra civil, e ao ensanguentamento da Nação. Duas vezes evitei a luta entre irmãos. Só Deus sabe quanto me custou, de força interior, à deliberação que me impus e pude impor a milhões de patriotas".[314] Insistiu Jango na questão do risco de massacre popular diante de uma possível resistência: "Não só porque contrariava minha formação cristã e liberal, mas porque eu sabia que o povo estava desarmado".[315] Eis as palavras de um homem vivendo seu infortúnio.

Outro fator relevante que envolve o golpe de Estado de 1964 é debater sobre como os principais artífices do movimento, sejam eles civis ou militares, decidiram efetivamente derrubar o governo Jango. É a velha história de saber como os golpes acontecem e como são construídos. Golpes são resultados de longos processos, a ação é que tradicionalmente é de curta duração e instantânea. Portanto, mesmo um golpe de Estado, precisa de condições subjetivas e objetivas para acontecer. O historiador Carlos Fico separa o movimento que precedeu ao golpe de 64 em duas fases a primeira, que segundo ele corresponde a uma fase em que ocorreu uma prévia e estratégica "campanha de desestabilização" do governo que levaria à segunda que foi a própria conspiração.[316] Para Fico, a "campanha de desestabilização" foi comandada basicamente pelos civis sem uma participação mais intensa por parte dos militares e somente a partir de 1963 é que o golpe propriamente dito seria preparado.[317] Fico também propõe que a conspiração que levou ao golpe foi feita de maneira bastante desarticulada e que nem mesmo a solução golpista era a única alternativa contra o governo Jango. Sobre esse último argumento, que se refere à desarticulação do movimento até seus últimos momentos, somos levados ao diário do general Olympio Mourão Filho. É inegável a participação decisiva de Mourão Filho no triunfo do golpe. Nesse caso, ganha certo interesse um diálogo que ele teve com o mineiro José Maria Alkimin na madrugada do dia 31 de março. Ao receber de Alkimin o Manifesto escrito pelo governador Magalhães Pinto, o general quase teve um enfarte e bradou irritado: "com este manifesto não tiro nem um soldado do quartel".[318] Outras circunstâncias levaram o general a não cumprir a promessa, mas não custa deixar a dúvida, e se ele cumprisse, seria suficiente para mudar os rumos da história?

Voltando ao historiador Carlos Fico, concordo com todos os seus argumentos, mas faço, porém, uma ressalva quanto à ação dos militares no período que ele chamou de "campanha de desestabilização". Compreendemos que um processo longo de desestabilização de um adversário político é uma estratégia que se encaixa perfeitamente no *modus operandi* dos atores políticos civis. Isso é da lógica do próprio campo político ao fazer política, ou seja, minar o adversário ampliando suas possíveis falhas tanto administrativas quanto morais. Quanto aos militares, usam de outra estratégia para "fazer política" o que, porém, não signifique que eles não estejam colaborando para a desestabilização de seus adversários. Os militares, por força de sua própria formação com base em arraigada tradição se comportam a partir de um *ethos* que no caso deles se materializou desde os anos trinta do século XX no anticomunismo e na defesa de valores conservadores e reacionários. Desde 1889 que o Exército, de tempos em tempos, não teve constrangimento em expor publicamente sua vocação golpista. Do Getúlio pós-trinta até o Jango dos anos sessenta, os militares se mantiveram em uma posição de permanente estado de alerta que consistiu em se equilibrar sobre uma auto identificada função de defensor intransigente dos valores morais da sociedade e prontos a intervir no primeiro risco de transgressão dessa mesma ordem. O Governo Jango, aos olhos dos militares, se manteve sempre muito próximo dessa transgressão. Portanto, de certa forma, ao estilo deles, os militares também participaram de uma "campanha de desestabilização" do governo Jango que levaria, inclusive, ao protagonismo das Forças Armadas no desfecho final de 31 de março de 1964.

Por fim, entender a queda de João Goulart e de outros presidentes que o procederam como Fernando Collor e Dilma Rousseff, é compreender a dinâmica do sistema político brasileiro e do chamado presidencialismo de coalizão. Enquanto o presidente da República for refém de alianças não programáticas com o Congresso Nacional, a governabilidade vai continuar subordinada a negociações de bastidores, nem sempre construída em bases que tenham como motivação central um projeto de desenvolvimento autônomo para o país. Dos anos sessenta do século XX até a contemporaneidade, o golpismo (em todas as suas variáveis de golpe branco como o *impeachment*) foi se transformando, ao arrepio da ordem democrática, em uma espécie de freio de arrumação das crises decorrentes do funcionamento do sistema presidencialista em sintonia com os interesses de classe dos donos do poder e em completa indiferença aos interesses da classe trabalhadora.

1985: o "golpe" conciliador da Nova República

Este livro, ao se propor analisar os diversos momentos de ruptura institucional na história da República brasileira, acaba por flertar também com uma história das transições políticas brasileiras. Os diferentes momentos de transição entre regimes democráticos para ditaduras e vice versa, foi consolidando a trajetória do sistema político brasileiros desde 1889. A União Democrática Nacional (UDN), surgida com a redemocratização de 1945, foi o laboratório de poder de nossa elite política. A UDN serviu como uma espécie de incubadora do conservadorismo brasileiro perpassando as três fases recentes de nossa história política iniciada com a redemocratização em 1945, passando pelo hiato do regime de exceção instaurado 1964 e o retorno da ordem democrática em 1985 com a chamada Nova República. Talvez o exemplo do sujeito político udenista clássico tenha sido o baiano Antônio Carlos Magalhães, o ACM. ACM representou como poucos a conciliação entre a prática oligárquica e a modernização conservadora. Transformou-se de uma liderança regional para uma liderança nacional e se posicionou, a partir da Nova República, como contrapeso entre a ordem política liberal interna e a internacionalização do capital nacional. ACM pode ter sido uma das melhores expressões dessa prática, mas não foi o único, foi somente o destaque *inter pares.* Mais do que representar a vontade de um homem só, a conciliação tão bem executada por ACM, no fundo, consolidou-se como um elemento estratégico e estrutural, de inspiração udenista, da elite dirigente brasileira.

Uma das vertentes desse *modus operandi* udenista que cruzou nossa história política nos últimos setenta anos foi o que Maria Celina D'Araújo identificou como a "dificuldade de as elites políticas do país incorporarem uma ideia de representação que não seja consensual".[319] Essa afirmativa abriu a possibilidade de entendermos os movimentos da elite política brasileira em sua constante necessidade de manter-se no poder.

Ao ditar as regras e o ritmo de funcionamento de nossa democracia pelo alto essa elite tem apresentado, de tempos em tempos, como alternativa "democrática" e conciliadora contra supostos momentos de crise institucional, um projeto de "união nacional" ou "frente ampla". Mas a quem interessa realmente essa união nacional? Quais são tradicionalmente seus "inimigos"? Em que conjuntura ela é requerida pela elite? O que essa elite entende como conjuntura de crise institucional?

A resposta a essas questões nos permite perceber os interesses excludentes que existem por trás das "bem intencionadas" propostas de "união nacional" ou 'frente ampla". Na maioria das vezes elas surgem em contexto de instabilidade da burguesia nacional e da própria elite política em suas relações com a ordem democrática. Foi assim contra a representatividade simbólica do trabalhismo getulista e janguista. Repetiu-se com os supostos riscos da candidatura JK. Retornou com o vazio de poder causado pela saída intempestiva de Jânio Quadros. Antecedeu o golpe militar de 1964 e teve seu grande triunfo com a conciliação conservadora que impediu a aprovação da emenda das Diretas-Já e assegurou a transição pactuada e sem sobressaltos, no tapetão do Congresso Nacional, que resultou na eleição do "Sr. Conciliação" Tancredo Neves. Em tempos bolsonaristas, em que o equilíbrio de nossa democracia pelo alto é colocada à prova diariamente, ressurgiu com força, no seio da elite do poder, a narrativa da "união nacional" excluindo do jogo democrático o que eles entendem como atores inconvenientes, leia-se, o bolsonarismo fascistoide de extrema direita e setores de esquerda mais críticos ao sistema excludente provocado pelos interesses do grande capital. Normalmente, o que a elite dirigente chama de Frente Ampla ou União Nacional é uma insossa e tutelada unidade de forças políticas que engloba tipos como "esquerdistas" envergonhados, liberais engomadinhos e oportunistas de velha tradição fisiológica.

Em 1985, todas essas condições estavam dadas de maneira exacerbada. A conjuntura era o da transição entre anos de um regime de exceção, que não obstante tivesse contado com a participação de inúmeros dos "novos democratas" precisava ser sutilmente enterrado. Pela frente, havia o desafio de decifrar uma ordem democrática que se mostrava, aos olhos da elite dirigente, completamente enigmática e fora do controle. O risco de acontecer o imponderável certamente deve ter resgatado a frase do ex-governador mineiro Antônio Carlos do "façamos a revolução antes que o povo a faça". Aprovar a emenda das Diretas-Já, naquela conjuntura de extrema indefinição, era, para a parcela mais conservadora dos donos do poder, sempre muito zelosos de seus interesses privados, correr o risco desnecessário de deixar o povo fazer a "revolução". Os comícios da campanha por eleição direta foi um dos momentos mais sublimes da história política do povo brasileiro. Alguns dos representantes mais poderosos da elite dirigente, como a Rede Globo de televisão, foram atropelados pela vontade popular. Essa sangria teria que ser estancada, pois o que estava em jogo naquele momento era o próprio futuro político dessa elite. Mesmo que parte da elite tivesse sido contemplada com a vitória do PMDB nas eleições de 1982, dando-lhe postos estratégicos como os governos de Minas Gerais, Rio de Janeiro e São Paulo, ainda assim, a transição definitiva para o regime democrático deveria acontecer dentro do controle máximo de perdas e danos.

A emenda das eleições diretas foi proposta pelo deputado Dante de Oliveira e com o passar do tempo, à medida que a população ia incorporando o desejo de voltar a escolher o seu presidente, a campanha foi se avolumando com a presença de atores políticos simbólicos naquela fase de transição. Nomes como Lula, Brizola, Fernando Henrique Cardoso, Franco Montoro, José Serra, Tancredo Neves, Ulisses Guimarães e Teotônio Vilela deram aos comícios a estratégica legitimidade da classe política. Esse grupo, com exceção de Lula, representava a parte da elite política que esteve temporariamente excluída do jogo durante o regime militar e que enxergou na campanha das Diretas a possibilidade de fazer a transição democrática de forma mais consistente, ainda que com riscos calculados.

Em uma eventual eleição direta, a ausência de um nome viável para representar o regime autoritário em decadência, abria-se a possibilidade de uma vitória razoavelmente segura de alguma figura saída dessa oposição moderada como Ulisses Guimarães ou Tancredo Neves. No dia 16 de abril de 1984 mais de um milhão de pessoas lotaram o Vale do Anhangabaú, em São Paulo, levando a campanha ao seu máximo de participação popular. Os militares acompanhavam tudo com o distanciamento e discrição de um personagem cujas cortinas se fechavam à sua frente. A linha dura do Exército, depois do fatídico episódio da bomba no Riocentro, estava recompondo os cacos de uma desmoralização pública que enterrava de vez qualquer possibilidade de reação que ferisse frontalmente a institucionalidade.

Mas ainda estávamos sob o regime militar, e o presidente general Figueiredo, com receio de uma invasão popular em Brasília, fez valer, mesmo que nos estertores do regime, sua força bruta e autoritária ao tomar uma série de medidas de emergência voltadas à restrição das liberdades públicas. Um decreto presidencial pôs 11 cidades em torno de Brasília em estado de emergência e entregou o comando da ação ao comandante Militar do Planalto, ninguém menos do que o linha dura general Newton Cruz.[320] No dia 25 de abril, data da votação da emenda, tentando impedir uma carreata, o general Newton Cruz fez estalar seu chicote subindo sobre os capôs dos carros com seu imponente cavalo. Seria uma ação simbólica do ocaso de um regime que mostrava o quanto tinha sido bárbaro, arrogante e burlesco.

No dia 26 de abril de 1984 o Correio Braziliense estampou uma manchete em sua página três que representava a melancolia brasileira: "Faltaram 22 votos para o sonho das diretas já: Emenda teve 298 votos a favor, 65 contra, 3 abstenções. 113 se ausentaram. E o país chorou".[321] Em sua página dois, o título de um editorial dava o tom de como a elite política resolvia suas crises institucionais: "Hora de negociação".[322] Os 113 ausentes foram os membros do PDS que atenderam ao boicote do governo e seguiram recomendação da liderança do partido em não se fazerem presentes na votação. Esses votos foram decisivos para o resultado final. 55 pedessistas votaram sim, percebiam naquele momento que não haveria mais espaço para o exercício do poder autoritário e uma democracia se colocava no horizonte a ser construída à imagem e semelhança de sua elite dirigente.

A derrota da emenda das diretas-já não pode ser considerada um golpe em termos clássicos. Nem mesmo o que poderíamos chamar de um "golpe branco". Houve uma votação de emenda constitucional no Congresso Nacional e um lado foi derrotado. O "golpe", se houve algum, foi na esperança do povo brasileiro. Como vem sendo apresentado neste livro, o povo, mesmo quando se faz presente de maneira efetiva, é vítima da ação política decidida "pelo alto". Contudo, os bastidores que compreenderam a transição conservadora que levaram ao poder pela via indireta a chapa Tancredo/Sarney representou um duro "golpe" na possibilidade de se construir, depois de anos de uma ditadura, uma democracia em moldes mais progressistas que representasse uma renovação verdadeira do sistema político brasileiro. O que se viu foi a ressignificação do velho udenismo conciliador, inspirado nas tais 'frentes amplas" que permitiu à elite dirigente assumir o poder legitimando uma aparente ordem democrática de pouco representatividade política e social.

No dia primeiro de abril de 1984, 24 dias antes da votação da emenda das diretas, o Correio Braziliense publicou uma notinha com o título: "Sarney, um nome para unir todas as forças".[323] O argumento apresentado na nota propunha que o governo, em uma eventual aprovação da emenda das diretas, teria interesse na criação de uma candidatura a vice, desvinculada das candidaturas presidenciais. O objetivo era que esse vice viesse a servir como fator de aglutinação de todas as forças vencedoras e perdedoras. O nome mais forte para cumprir essa missão seria o do presidente do PDS o senador José Sarney. Já havia no PDS um ensaio de dissidência interna de sujeitos que passaram a incorporar um discurso liberal. Recorrendo à estratégia das "Frentes", esse grupo de dissidentes pessedista criou, em 1984, um coletivo chamado Frente Liberal buscando atuar conjuntamente no Congresso fortalecendo suas ações, demarcando um campo político e abrindo o caminho de negociação com setores de oposição ao regime, como o PMDB. A junção Frente Liberal-PMDB conseguiu a proeza de conciliar a nata do regime em extinção com os protagonistas do regime em construção. José Sarney, Marcos Maciel, Antônio Carlos Magalhães, Jorge Bornhausen, Aureliano Chaves, Tancredo Neves, Ulisses Guimarães, Pedro Simon, Humberto Lucena entre outros, formaram o núcleo duro da conciliação conservadora que estabeleceu as bases da renascente democracia brasileira. Projetos alternativos foram duramente golpeados e excluídos do jogo político dando ao sistema, saído da ditadura, a feição de uma elite que agiria como representante dos interesses do conjunto da elite dirigente brasileira. Esse foi o ventre que gerou nosso atual modelo democrático.

1992: o autogolpe reformista da elite dirigente

Em uma obra de fôlego intitulada "O Impeachment de Fernando Collor: Sociologia de uma crise", Brasilio Salum Jr. identificou o que ele chamou de "distintos fatores explicativos"[324] para analisar o processo político que envolveu o ex-presidente Collor. Compuseram esses fatores a "opinião pública, corrupção, mobilização social, personalidade política, características das instituições políticas, etc".[325] Certamente que qualquer análise abrangente do período Fernando Collor terá que necessariamente basear-se nesses fatores apresentados por Salum Jr. O processo que leva à queda de um presidente da República em um regime democrático é construído com base na articulação de uma gama de fatores que juntos estabelecem as condições objetivas da ação política final. Quanto à interrupção do governo de Fernando Collor pode ser vista como parte de uma história política da República brasileira que responde a uma continuidade histórica resultante das diversas fases de avanços e recuos do processo de consolidação de nossa democracia pelo alto.

A derrubada de Fernando Collor pode ser vista, em última instância, como uma engrenagem do sistema que eventualmente não funcionou como previsto e precisou ser devidamente corrigida. O ex-presidente transformou-se, para a elite dirigente, em um acidente de percurso. O economista belga Ernest Mandel, em artigo já citado neste livro, fez a seguinte afirmativa: "As classes dominantes raramente permitirão que pessoas ascendam a posição do poder central sem que elas tenham dado garantia prévia de que defenderão, de forma responsável, as estruturas existentes de propriedade e de acumulação".[326] Esse argumento apresentado por Mandel nos ajuda a entender a chegada ao poder tanto de sujeitos como Fernando Collor de Mello, saído das entranhas das elites dirigentes, quanto do ex-metalúrgico Luís Inácio Lula da Silva, que caminhou estrategicamente em direção ao centro do espectro político sinalizando com a famosa "Carta ao povo brasileiro". Sobre a chegada de

Lula ao poder em 2002 condiz perfeitamente com uma explicação mandelista de que em períodos de crise, em algumas conjunturas "a burguesia tem tentado repetidamente resolver os balanços desfavoráveis do poder de classe recorrendo à liderança parlamentar dos líderes trabalhistas reformistas, desejando preservar as estruturas e os valores básicos do regime capitalista".[327]

Mandel diz ainda que a burguesia usa de estratégias diferentes na escolha de seus candidatos a depender do tempo de paz e do tempo de crise, e que em alguns casos pode, inclusive, cometer erros na escolha dos "homens predestinados". Portanto, "combinações particulares de habilidades, as quais qualificam candidatos para a liderança em uma conjuntura, podem na verdade desqualificá-los para o comando em uma outra situação transformada".[328] Uma análise das sucessões presidenciais a partir de 1989 enquadra-se perfeitamente nessa interpretação mandelista. Eleito em tempos de risco de instabilidade em uma conjuntura pós-ditadura, a tentativa de tutelar uma candidatura como a de Fernando Collor pode ter sido um bom exemplo de erro estratégico por parte da elite dirigente. Por outro lado, Fernando Henrique Cardoso era o oposto do jovem e aventureiro Fernando Collor. Bem relacionado com a burguesia paulista e domesticado pela lógica neoliberal, FHC, em perfeita sintonia com a nova ordem econômica do capitalismo mundial estabelecida a partir do chamado Consenso de Washington, trazia a estabilidade necessária ao sistema político e econômico depois do furacão Collor. Passados oito anos de FHC o projeto excessivamente neoliberal aparentava perder o fôlego e abrir brechas a uma possível radicalização dos setores baixos e médios da sociedade. Ninguém melhor do que um ex-sindicalista, motivado a cumprir a função de mediador do conflito de classes, para exercer a transição controlada em tempos de crise. Possivelmente não contava a elite dirigente que o PT criasse condições autônomas necessárias para ganhar sucessivas eleições. A complexa eleição de 2014 já deixava claro que a presença petista no poder tornara-se um grande incômodo. Era necessário estancar a sangria, diria um famoso ex-senador. Retomando Ernest Mandel, se em 2002 o PT demonstrou, aos olhos da burguesia nacional, ter as qualificações necessárias para chegar ao poder, em 2014 a conjuntura já se mostrava desfavorável à sua manutenção. 2016 foi o limite, o sistema deveria retornar a seu curso "normal" e o circo dos horrores que foi a fatídica votação do *impeachment* da ex-presidente Dilma Rousseff somente mostrou a falta de limites, de escrúpulos e de sofisticação intelectual da elite política brasileira.

Em 2018, a elite dirigente, principalmente sua fração de classe vinculada ao grande capital, enxergou na presença de Paulo Guedes, um de seus membros, uma forma prática de não precisar terceirizar diretamente à política o comando da economia. A elite dirigente identificou o candidato ideal na figura rude de Jair Bolsonaro pelo fato de perceber nele um tutelado por excelência a quem cabia se ocupar, como um bufão "animador de auditório", somente com o lado "frívolo" da política, aquela parte dos valores morais que pouco interfere no curso da atividade econômica. Assim como aconteceu com Fernando Collor, Bolsonaro se mostrou meio indolente, e em diversos momentos embaralhou as cartas do jogo e estabeleceu suas próprias regras no meio da partida.

Para entendermos essa mudança de postura da elite dirigente em apelar para uma figura *nonsense* como Jair Bolsonaro é necessário uma compreensão prévia sobre em que base foi construída a ordem liberal/burguesa a partir da chamada Nova República. Depois do furacão Collor de Mello a elite política e a elite dirigente tiveram que estabelecer uma espécie de "pacto institucional civilizatório" - aquilo que o sociólogo Gilberto Vasconcelos apelidou com criatividade de petucanismo - em que o funcionamento do sistema político e da ordem liberal manteve-se equilibrado sobre um modelo "bipartidário" capitaneado pelo PSDB e o PT. Se esse "pacto" serviu para estabelecer as condições de certa normalidade político-institucional, esteve longe de significar o aprofundamento da crítica contra o funcionamento da democracia pelo alto, e tampouco criou um ambiente que possibilitasse trazer para o centro de decisão as forças populares. No máximo, durante a fase petista do "pacto", podemos nos referir em contraposição ao rentismo/neoliberal da fase tucana, como um momento de certo esboço de uma prática socialdemocrata amparada em políticas públicas de inclusão social. Porém, com certa razão, Gilberto Vasconcelos afirmou que o "petucanismo" foi "gestado para normatizar e ser a superestrutura da etapa de financeirização da economia brasileira".[329] De Malan a Palocci o bastão da economia trocou de mãos sem sofrer solução de continuidade. Em termos políticos o "pacto institucional civilizatório" provocou a completa "cartorização" dos partidos e do próprio sistema político transformado em uma insossa mise-en-scène consensual que em nada acrescentou para o amadurecimento do debate público em torno de um projeto estratégico de desenvolvimento para o país. A eleição de Bolsonaro foi, em grande medida, resultado desse universo de emburrecimento e de pouca criticidade que se instalou na sociedade brasileira no período do "petucanismo".

PSDB e PT posicionaram-se dentro do "pacto institucional civilizatório" como legendas nacionais tendo uma série de outros partidos funcionando como legendas satélites. Esse pacto funcionou bem entre o primeiro governo FHC e o primeiro governo Dilma Rousseff. O MDB e o DEM, sempre abertos à boa vontade fisiológica, cumpriram bem a função de avalista do pacto. Porém, a derrota de Aécio Neves em 2014 provocou uma fissura no "pacto institucional civilizatório" e setores da direita, principalmente o chamado baixo clero, que passaram todos os governos tucanos e petistas como parasitas do sistema se aproveitaram do vácuo de poder deixado pela queda de Dilma e pela crise moral que atingiu o ninho dos tucanos e enxergaram a possibilidade de apostar mais alto nesse *interregno* da política nacional. A chegada de Temer ao poder e o contexto de vulnerabilidade do grande capital em tempos de Lava Jato significou o renascimento do "centrão" como ator político importante, provocando o rearranjo das forças políticas e a mudança de estratégia da elite dirigente criando um cenário que possibilitasse a viabilidade de uma candidatura acidental como a de Bolsonaro. Em 2018, ao apoiar o capitão, a elite dirigente preferiu atuar sem a intermediação de um pacto democrático. A julgar pelos editoriais dos jornalões, briosos porta-vozes da vontade da elite dirigente, o tiro aparentemente saiu pela culatra. O resultado passou a ser uma desesperada tentativa de construção de um suposto projeto de "união nacional" materializado em uma indefinida e politicamente desidratada "terceira via" de centro. O desafio da elite dirigente passou a consistir em se livrar completamente da "bomba-relógio" chamada Bolsonaro e do risco de retorno do Lulopetismo. O objetivo foi criar um cenário alternativo e controlado de disputa dentro do jogo democrático visando substituir o já desgastado "pacto institucional civilizatório" sustentado pela dobradinha PSDB-PT.

Retornando a Fernando Collor de Mello, assim como aconteceu com Rousseff, o ex-presidente também vivenciou as agruras de um processo de *impeachment*. Teria sido o afastamento de Fernando Collor um golpe branco? Ou, muito pelo contrário, foi um momento de maturidade política de nossa jovem democracia ao conseguir driblar uma grave crise política se utilizando exclusivamente das instituições democráticas e do Estado de Direito? Qualquer tentativa de responder a essas perguntas resvala em perspectivas de análises bastante difusas. No final, o que vamos fazer aqui é muito mais uma provocação do que uma assertiva.

Eleito como o primeiro presidente da República depois de anos de ditadura militar tudo que envolveu a chegada de Fernando Collor ao posto mais alto de nossa República deve ser visto sob a lente da novidade e do desconhecido. Para o sistema político, depois de anos de exclusão democrática, havia uma nova dinâmica a ser conhecida e decifrada. Não só a eleição direta presidencial era uma novidade, governar em tempos democráticos também se mostrava um ambiente desafiador para os atores e para os analistas da política.

Entender a retirada de Fernando Collor do poder passa, certamente, pela análise que responde a duas vertentes básicas do exercício do mando no Brasil, a saber: o enquadramento de sua candidatura e governo, tanto na dinâmica da economia mundial, quanto na dinâmica do jogo político local conduzido historicamente por nossa elite dirigente. Esse será o fio condutor das linhas que se seguem buscando jogar alguma luz ao processo que culminou com o afastamento do ex-presidente Fernando Collor de Mello.

Em termos econômicos, no final dos anos oitenta do século XX o Brasil entrou, mesmo que de forma um pouco tardia, na rota neoliberal que partira da Europa e dos Estados Unidos na Era Thatcher e Reagan do início da década. Depois de ter se beneficiado da chamada modernização conservadora, a burguesia brasileira comprou a ideia e o discurso do privatismo e do livre mercado. A experiência malograda dos planos econômicos do governo José Sarney teria demonstrado a ineficiência do intervencionismo estatal condicionando a elite dirigente a defender o projeto neoliberal. Entre os membros poderosos da elite dirigente brasileira destacaram-se, nesse primeiro momento de encantamento ao canto da sereia do neoliberalismo, os barões da grande mídia capitaneados pela Rede Globo que enxergaram em Fernando Collor de Mello um pupilo ideal a constituir-se na melhor expressão do frescor juvenil do novo fazer político brasileiro.

A conjuntura eleitoral de 1989 lembrava os diversos outros momentos históricos de retomada democrática reforçando a estratégia de reorganização dentro da ordem no sentido de minimizar ao máximo os riscos de instabilidade política e econômica. No Brasil do final dos anos oitenta, um "novo Estado" se estruturava em torno de forças políticas que necessitavam de uma relação pactuada frente aos novos desafios do sistema político. Havia certa complexidade na estruturação desse "novo Estado" que só seria devidamente superada por uma ordem política de transição que de acordo com Sallum Jr "não só regulasse as relações Estado/cidadãos, mas também fixasse parâmetros aceitos para as relações entre o Estado, o mercado e seus agentes, no interior da sociedade doméstica e no plano internacional".[330] A eleição de Collor de Mello potencializava a materialização dessa nova ordem política e econômica.

Ao chegar ao segundo turno contra o candidato da esquerda, Fernando Collor incorporou em torno de sua candidatura a totalidade da elite dirigente. Se no primeiro turno houve certa fragmentação dessa elite, o nome de Collor, ao ser sustentado pelo principal grupo de mídia do Brasil, tendia a caminhar para a aglutinação simbólica da ordem liberal burguesa. A eleição de Fernando Collor representou uma fase tardia da transição para a democracia e como toda fase de transição vivenciou as fragilidades do processo de recomposição e ajustes das forças políticas em tempos democráticos. A reorganização da própria sociedade em sua forma de lidar com o sistema político implicou, inicialmente, em compreender a dinâmica da gestão pública buscando entender seus limites e sua amplitude. Fernando Collor fez renascer, em sua campanha, o tema da corrupção, muito caro ao conservadorismo brasileiro. Relembrou a tática da velha UDN moralista construtora de símbolos demagógicos e gestos histriônicos. Reviveu Jânio Quadros e sua vassoura para varrer corruptos. Na primeira eleição pós ditadura militar o Brasil foi levado a escolher entre dois projetos bastante diferentes. O conceito de esquerda e direita se materializou perfeitamente entre Lula e Collor. Foi um pleito abertamente plebiscitário. O vencedor foi aquele que teve a seu lado a máquina eleitoral da elite dirigente sempre bem azeitada quando demandada a cumprir sua função de manutenção da ordem liberal.

Fernando Collor de Mello foi o candidato pioneiro de um modelo de campanha resgatado em 2018 por Jair Bolsonaro que repaginou a figura do outsider solitário e quixotesco a derrubar moinhos imaginários representados pelo perigo do progressismo esquerdista. Contudo, apesar de sua presença constante nos salões da burguesia paulista e carioca, o lugar de fala pública de Fernando Collor era a do político nordestino com todas as limitações de amplitude nacional que esse lugar impõe. Desconhecido do grande público não tinha a dimensão nacional que pudesse viabilizar uma candidatura presidencial. Só havia uma possibilidade de isso acontecer, que sua candidatura fosse adotada pela grande mídia e por parte do capital nacional. Collor virou o "afilhado" político do todo poderoso Roberto Marinho, proprietário do grupo Globo. Seu discurso incorporou o moralismo janista de nível udenista tendo a corrupção como o foco de aglutinação de corações e mentes de setores da classe média sempre prontos a embarcarem na narrativa moralista representado pelo discurso anticorrupção. A Operação Lava Jato ressignificou muito bem esse discurso criando o ambiente necessário para a ascensão de Jair Bolsonaro e do ex-juiz Sérgio Moro. A direita política, em situação de disputa de força com a esquerda, tende sempre em optar pela narrativa simbólica da anticorrupção no sentido de obstruir e tornar difusa a narrativa da inclusão social, tema caro à esquerda. Hoje, isso tem sido o grande desafio da esquerda, resgatar para o centro do debate o tema da inclusão social. A inflação, que se mostrava o grande câncer brasileiro desde o fim da ditadura militar, alcançou na época da eleição algo em torno de 1.800%. O malogro dos planos econômicos do governo Sarney abriu a brecha para a demagogia da inevitabilidade de políticas liberalizantes. Collor manipulou com mestria o conservadorismo atávico de nossa elite dirigente posicionando-se como o último refúgio moral diante dos riscos da "insensatez esquerdista" representada por candidatos como Luiz Inácio Lula da Silva e Leonel Brizola.

Tal qual Bolsonaro em 2018, em nome de um conservadorismo tosco e de um projeto inspirado no mais retrogrado liberalismo como o de Paulo Guedes, a grande burguesia brasileira optou em fechar os olhos para os riscos eminentes representados por candidaturas como as de Fernando Collor e a do capitão Jair. Ambos eram candidatos muito fora da curva da ordem liberal burguesa, mas em vista da ausência de um nome que pudesse combinar com mais eficiência o binômio conservadorismo/liberalismo, restou abraçar o velho ditado popular de que "se não tem tu, vai tu mesmo". A decepção estava na próxima esquina. Uma vez eleito, Fernando Collor surpreendeu seus apoiadores com práticas intervencionistas de fazer corar o mais orgulhoso desenvolvimentista. O confisco da caderneta de poupança dos brasileiros é simbólico até hoje. Em nome do combate à inflação não se furtou em aumentar impostos e congelar preços. É certo que essas medidas não foram suficientes para transformá-lo em um crítico do neoliberalismo, muito pelo contrário, a essência de seu plano econômica baseava-se em privatizações e reformas administrativas apontando para o Estado mínimo. Essa suposta contradição econômica, foi bastante ilustrativa do vacilante comportamento de Fernando Collor no poder.

A popularidade do presidente derretia entre todos os setores da sociedade. Em dois anos e meio de governo, Collor partiu, antes da posse, com uma expectativa de ótimo/bom de 71 pontos percentuais para atingir em dois anos e meio míseros 9 pontos percentuais.[331] O ruim/péssimo foi de 4 a 68 no mesmo período. São números que nos ajudam a entender os motivos que culminaram com o encurtamento de seu mandato, mas isso era somente uma parte do problema. Um processo de *impeachment* é principalmente um jogo político e Collor mostrou-se um jogador inconstante e inconsequente.

A análise do processo que levou ao ato político de renúncia do ex-presidente Fernando Collor envolve uma percepção ampla do funcionamento do sistema político brasileiro e sua inserção na dinâmica política externa dos anos noventa do século XX. Uma literatura política tem engendrado um debate que coloca o presidencialismo como o regime responsável pelas instabilidades das diversas democracias latino-americana no final do século XX. Uma alternativa seria investir em regimes parlamentaristas mais propícios ao equilíbrio e à estabilidade política.[332] Nos últimos anos um setor da elite política tem se aproximado de um certo "semipresidencialismo".

Por outro lado, uma perspectiva diferente, a qual entendemos como melhor adequada para analisar a questão Fernando Collor, foi apresentada por Aníbal Pérez-Liñán e se contrapõe à tese da instabilidade democrática causada pelo presidencialismo. Segundo Pérez-Liñán, apesar de reconhecer que existiu uma instabilidade política geradora de crises na América-Latina com força para causar a remoção de presidentes, isto não implicaria em uma ruptura democrática, ou seja, "as crises presidenciais por si só não criam instabilidade na democracia".[333] Ao se propor a analisar, sob o ponto de vista da teoria jurídica, a presença do Estado autoritário no interior das rotinas democráticas dos países latino americanos, Serrano chega à conclusão de que "os mecanismos autoritários adotados pelo poder político inauguram uma lógica própria, se comparada ao autoritarismo estatal presente nas ditaduras e Estados totalitários do século XX".[334]

Segundo Pérez-Liñán, no presidencialismo, em situação de tensão institucional ou política, a ordem é restabelecida através de mecanismos jurídicos como o *impeachment*. Portanto, os julgamentos políticos que resultaram em afastamento ou renúncia de presidentes, acontecidos na América-Latina nos últimos anos, não atingiram o regime democrático, mas somente o próprio governo. Para Pérez-Liñán, os processos de julgamentos políticos predominantes nos anos noventa se converteram em um mecanismo habitual de superação de crises entre o Executivo e o Legislativo evitando a quebra da democracia.[335] Julgamentos de *impeachments* seriam somente uma espécie de subgrupo dentro do universo mais amplo das crises presidenciais.[336] Pérez-Liñán faz uma síntese perfeita da conjunção de fatores que podem levar a um julgamento político do presidente da República:

> Quando meios de comunicação investigam e revelam escândalos políticos sistematicamente e quando o presidente não consegue manter o controle estrito do Congresso, seja porque o partido no poder é muito pequeno ou porque é controlado por uma facção oposta. A habilidade da legislatura para remover um presidente do cargo também gira, em última análise, em torno do grau de mobilização popular contra o governo. Quando uma ampla coalizão social sai às ruas para exigir a renúncia de um presidente, a queda desse governo não costuma ser atrasada.[337]

O *impeachment* de Fernando Collor contou com todos esses ingredientes e praticamente inaugurou uma sequência de crises que resultaram em impeachments entre 1992 e 2004 decorrentes, segundo Pérez-Liñán, de um novo padrão de instabilidade política que aportou na América-Latina no período citado. O instituto do *impeachment* veio como uma espécie de substituto, em tempos de instabilidade governamental, das recorrentes intervenções militares no continente. Nesse caso, abre-se uma fenda polêmica que se refere à questão da natureza jurídica dos "crimes de responsabilidade" previsto na Constituição Federal. Seriam esses delitos, que justificam a abertura do processo de *impeachment*, criminais ou políticos? A conclusão de que seria o impedimento de um presidente um ato de "golpe branco" passa pela forma de como a sociedade interpreta todo o arcabouço jurídico/político que envolve um processo de *impeachment*. Juristas como Rafael Mafei, por exemplo, não se furtam em afirmar que "a violação que importa afastamento do Presidente da República, no Brasil como nos Estados Unidos, é de natureza essencialmente político-administrativa, sendo seus aspectos penais meramente acidentais".[338] Além disso, a presença do STF na mediação de um processo de *impeachment*, dando-lhe o formalismo necessário a ser compreendido como um ato dentro da ordem do Estado de Direito e da Constituição, ajuda a envolver o processo com o involucro da legalidade pertinente aos interesses da elite dirigente. Seria isso um bom exemplo de autoritarismo liquido proposto por Pedro Serrano?

No entanto, ao naturalizarmos os chamados "crimes de responsabilidade", que levam ao afastamento de governantes eleitos democraticamente, como algo de natureza exclusivamente política, podemos incorrer no risco de interferência no equilíbrio de poder entre o Executivo e o Legislativo. O Executivo pode transformar-se eu um "réu" potencial do Legislativo a depender da correlação de forças no interior do sistema político. Um processo de *impeachment* se viabiliza no interior da dinâmica do jogo de poder do campo político. Foi assim com Fernando Collor e com Dilma Rousseff e assim será com qualquer outro chefe do executivo nacional. Mas até que ponto devemos enxergar de forma natural o *impeachment* como resultado de um processo meramente político? Isto pode ser natural dentro de um regime parlamentarista, em que o voto de censura e a consequente substituição de um governante que perde apoio no parlamento não interferem na dinâmica do jogo democrático e tampouco caracteriza uma punição política ao governante momentaneamente apeado do poder. Já no presidencialismo não existe esse aparato jurídico do parlamentarismo que sustenta a substituição de governantes sem fraturas, portanto, a simples retirada de um presidente do poder em resultado da vontade da elite política e de parcela da população pode provocar uma profunda instabilidade no exercício da atividade política em condições democráticas. O desafio que se descortina para a sociedade brasileira nos próximos anos é debater com mais profundidade a atualização da Lei do impeachment que remonta a 1950. É preciso se estabelecer o equilíbrio entre a motivação política e a segurança jurídica prevista na lei no sentido de tornar mais clara a sua tramitação.

A conjunção de fatores, identificados por Pérez-Liñán, que podem desencadear um processo de *impeachment* explica, com certo grau de clareza, o que aconteceu com Fernando Collor de Mello. A investigação de escândalos de corrupção é o pretexto necessário a dar visibilidade pública aos bastidores da trama política. Não sejamos ingênuos, o governo Sarney, que antecedeu ao de Collor, estava longe de ser formado por uma plêiade de vestais no trato com a coisa pública, nem por isso caiu antes do tempo. A questão da corrupção é tão somente o mecanismo moral que cumpre a função de mover a sociedade em torno da campanha pelo *impeachment*. Em paralelo, e em alguns casos já tendo começado bem antes ao apelo popular, as costuras políticas de bastidores medem o nível de temperatura e pressão da classe política. Uma crise econômica ajuda, é potencialmente forte, mas não é condição imprescindível para a abertura do processo de afastamento presidencial.

A interrupção de mandatos presidenciais via *impeachment* deve ser lido, também, à luz do funcionamento de nosso chamado presidencialismo de coalizão. Já afirmamos aqui que houve um caráter plebiscitário nas eleições de 1989. Dois projetos distintos foram colocados a julgamento público no segundo turno do pleito eleitoral e a população escolheu o de perfil liberal/conservador. Fernando Collor aparentou, nos primeiros meses de governo, ter sentado sobre a vitória ao fazer uso de forma indiscriminada de medidas provisórias para governar. Eleito pelo nanico PRN, Collor não se preocupou em investir, inicialmente, na ampliação de sua base de apoio no Congresso Nacional. No momento mais nevrálgico da crise, quando a Comissão Parlamentar Mista de Inquérito (CPMI) conseguiu aproximar ao presidente a corrupção de seu ex-tesoureiro de campanha Paulo Cesar Farias, o presidente começava a pagar o preço de não ter compreendido corretamente o funcionamento do jogo. Essa falha implicaria na formação de uma coalizão de centro esquerda a viabilizar seu afastamento.[339] Diferente de Rousseff, Collor ainda teve o agravante de não contar com o contraponto das ruas em sua defesa. A necessidade de termos um sistema político que opera dentro do "presidencialismo de coalizão", conceito caro ao professor Sergio Abranches, no fundo foi a forma encontrada pelo próprio sistema presidencialista de se autogerir. A impossibilidade de se construir maiorias prévias, semelhante ao regime parlamentarista, exige do governo, em sua relação com o Congresso, manter-se sobre a linha tênue da permanente condição de negociação e conflito. Esse desafio coube a Fernando Collor e a todos os seus sucessores. Segundo Abranches, a base de nossa tradição republicana formada pelo "presidencialismo, o federalismo, o bicameralismo, o multipartidarismo e a representação proporcional"[340], tendem a ser potencialmente desestabilizadores. Essa estrutura sistêmica de representação política foi gestada no Brasil como um arranjo político-institucional que "expressa necessidades e contradições, de natureza social, econômica, política e cultural, que identificam histórica e estruturalmente o processo de nossa formação social".[341] Essa é a realidade posta à disposição de qualquer cidadão brasileiro que chegue a ocupar a cadeira presidencial.

Sem conseguir evitar a "crise presidencial", conceito proposto por Pérez-Liñán para se referir "a casos graves de conflito entre o Executivo e o Legislativo em que um dos poderes eleitos do governo busca a dissolução do outro",[342] Fernando Collor foi levado a julgamento pela Câmara no dia 29 de setembro de 1992. Teve seu processo de *impeachment* admitido por 441 parlamentares e 38 contrários.[343] Dos 38 votos contrários, 8 foram de deputados baianos, o que exprimia a força de Antônio Carlos Magalhães sobre sua bancada e sua posição como última tábua de salvação do governo. O presidente foi afastado de suas funções e o Senado foi autorizado em dar prosseguimento ao julgamento. Sobre esse resultado escreveu Sallum Jr. "a decisão da Câmara afirmava o Congresso como poder relevante do Estado, contra a concepção plebiscitária de presidencialismo que Collor defendia e que na maioria das vezes incorporava em sua ação".[344] Fernando Collor foi engolido pelo próprio sistema que o geriu. Não entendeu a lógica de funcionamento da democracia pelo alto ao ensaiar um esboço de autonomismo que não se enquadrava no jogo de cartas semi-marcadas do sistema político brasileiro. Para a elite dirigente, sob o manto da burguesia nacional, o presidente tinha perdido sua condição de avalista confiável da agenda neoliberal. Collor não foi cassado, renunciou antes da votação no Senado extinguindo o objeto do julgamento. Hoje, isso pouco importa, vale a simbologia do afastamento do cargo.

No dia 24 de abril de 2014 finalmente o processo criminal contra o ex-presidente deposto chegaria ao seu final. No STF, sob a relatoria da ministra Carmen Lúcia, Fernando Collor de Mello foi absolvido de todas as acusações que sofrera. Gostemos ou não, o fato é que o *impeachment* do ex-presidente alagoano foi juridicamente confirmado como um julgamento exclusivamente político. A ministra relatora entendeu que os indícios apresentados pelo Ministério Público Federal eram "frágeis" e, por ironia seletiva, quando nos lembramos do julgamento do ex-presidente Lula, segundo Carmen Lúcia, para se condenar alguém é "preciso certeza, não basta probabilidade".[345]

A abertura do processo de *impeachment,* a renúncia e o consequente afastamento de Fernando Collor de Mello da presidência da República foi, sob diversos aspectos, um marco simbólico de ressignificação de nossa democracia pelo alto. As instituições democráticas foram colocadas à prova, pela primeira vez, desde o fim da Ditadura civil-militar e conseguiram responder aos anseios tanto da elite dirigente quanto do povo. Ainda que uma conjugação de fatores, aparentemente "democráticos", ditaram o ritmo do processo de *impeachment* a mediação esteve o tempo todo sob o controle da elite política. Se Collor não pode ser visto como vítima inocente do julgamento político, pode ser identificado como uma engrenagem enferrujada a ser convenientemente descartada pela própria máquina que nutre constantemente atores políticos como ele. Se seu afastamento pode ser considerado ou não um "golpe branco", deixo a conclusão ao sabor da diversidade de olhares. Entretanto, proponho uma análise conceitual que entenda o afastamento de Collor como uma intervenção jurídico/política da elite dirigente brasileira que se utilizou da democracia pelo alto para encurtar o mandado de um de seus membros. Essa elite cortou na própria carne instrumentalizando o dispositivo constitucional do *impeachment* para fazer valer uma espécie de autogolpe reformador cuja principal função foi corrigir a rota da ordem liberal brasileira. Com Dilma Rousseff, diferente de Fernando Collor, não podemos utilizar a tese do autogolpe da elite dirigente, afastar a presidente petista foi certamente um típico golpe branco dessa mesma elite.

2016: o golpe parlamentar dos "democratas" golpistas

O ponto de partida do movimento que levou ao julgamento do *impeachment* da ex-presidente Dilma Rousseff é difuso diante da diversidade de frentes definidas pela elite dirigente na busca por desestabilizar o governo da petista. O que esteve em curso, desde o início, não foi somente o objetivo de retirar Rousseff do poder, mas reorganizar as forças políticas para a eleição de 2018. Talvez já possamos encontrar uma semente da instabilidade que abriu caminho para o *impeachment* nos movimentos de rua em 2013. Não vamos recuar tanto. Escolhemos, portanto, um marco inicial simbólico materializado no questionamento do resultado eleitoral de 2014 pelo candidato derrotado Aécio Neves. Esse é o primeiro clichê de um processo golpista, questionar a lisura da institucionalidade visando criar um ambiente de instabilidade democrática. Um golpe se constrói de pequenos episódios. É preciso minar e fragilizar o sistema que se pretende romper criando fissuras no tecido social que a médio e longo prazo naturalizem ações de natureza autoritária a ponto de serem incorporada pela sociedade como única solução final.

No dia 5 de novembro de 2014, em discurso muito aguardado pela comunidade política e com um plenário e galerias lotados, Aécio Neves falou por 30 minutos. Deixou claro que faria uma oposição "incansável e intransigente" ao governo da presidente reeleita Dilma Rousseff (PT).[346] A mágoa do derrotado transpirava. Aécio requentou a questão da corrupção petista e afirmou que sua campanha teria apresentado um "novo Brasil". Naquele momento, poucos imaginavam que tempos depois o moralismo de Aécio iria à lona com as denúncias de corrupção contra ele. Golpes também se constroem com hipocrisias e leviandades.

Antes desse tão aguardado discurso do derrotado Aécio Neves, já no dia 30 de outubro de 2014 o PSDB fez o primeiro movimento visando criar o ambiente de instabilidade democrática necessário para se estabelecer a narrativa golpista. O partido entrou com um pedido de auditória no Tribunal Superior Eleitoral (TSE) solicitando a verificação da "lisura" da eleição presidencial. De acordo com o texto protocolado havia um questionamento nas redes sociais sobre a confiabilidade da apuração e a infalibilidade da urna eletrônica. O PSDB antecipava o discurso conspiratório e inconsequente do bolsonarismo. Em entrevista ao portal G1, o coordenador jurídico da campanha de Aécio Neves, o deputado federal Carlos Sampaio assim justificou o pedido ao TSE: "Não tem nada a ver com pedido de recontagem dos votos nem estamos questionando o resultado. Só queremos evitar que esse sentimento de que houve fraude continue a ser alimentado nas redes sociais".[347] O interessante é que na época em que ganhou duas eleições presidenciais seguidas o PSDB não demonstrou toda essa preocupação com a "lisura" eleitoral. O golpe entrava na ordem do dia e o questionamento do funcionamento do sistema de votação e apuração foi o primeiro passo para o surgimento de um chamado ao conservadorismo brasileiro sempre disposto a enxergar conspiração esquerdista em todos os cantos. Em 2015 o PSDB reconheceu publicamente através de um relatório a ausência de qualquer evidência de adulteração do resultado eleitoral do pleito de 2014. Mas a semente da dúvida já tinha sido plantada e serviu como adubo em meio a sanha punitivista do tribunal de *fake-news* das redes sociais.

Não satisfeito e seguindo o manual golpista o PSDB protocolou no TSE, em 18 de dezembro de 2014, um pedido de cassação do registro de candidatura da chapa Dilma /Temer e reivindicava a imediata nomeação de Aécio Neves como presidente da República. O PSDB dava um passo decisivo na quebra do "pacto institucional civilizatório" de outrora. O argumento central do pedido tucano requentava a narrativa da operação Lava Jato e afirmava que a campanha de Dilma teria sido financiada com dinheiro de corrupção. Mais um ponto para a hipocrisia de nossa elite política. A solicitação foi malograda no TSE e Dilma Rousseff assumiu seu mandato em 1º de janeiro de 2015, mas o processo de instabilidade institucional avançava mais uma casa. O PSDB não conseguiu assimilar o golpe da derrota e manteve sua profissão de fé em questionar o sistema político que tanto lhe beneficiara em tempos anteriores. Aécio Neves encomendou ao jurista Miguel Reale Júnior um parecer sobre um possível pedido de *impeachment* de Dilma Rousseff. Reale Júnior, por sua vez, procurou a ajuda de uma discípula a professora da USP, Janaina Paschoal, que tempos depois reconheceu na Comissão do Senado de que teria recebido do PSDB o valor de 45 mil reais pelo serviço. Paschoal se transformaria em uma espécie de "musa do *impeachment*" e uma engrenagem interessante do processo golpista, pois passados dois anos do impedimento de Dilma Rousseff, Janaina Paschoal se aproximou do bolsonarismo e se elegeu deputada estadual em São Paulo com expressiva votação. Além de Paschoal, a onda em prol da queda de Dilma Rousseff, traria para a cena política uma plêiade de figuras caricatas que em 2018 se elegeriam ao parasitarem em torno do candidato de extrema direita Jair Bolsonaro.

A elite dirigente desencadeou o movimento golpista em paralelo à elite política. A grande mídia cumpriu a função de expor negativamente o governo e o PT, atuando como porta voz da operação Lava Jato. Desde a época da ação penal 470, conhecida como mensalão, os telejornais terceirizaram suas editorias para o STF transformando ministros como Joaquim Barbosa em estrela nacional. Com a Operação Lava Jato, Rede Globo *et caterva* fizeram com que indivíduos como Sergio Moro e Deltan Dallagnol fossem alçados à posição de heróis representativos da moralidade tacanha e oportunista de um setor da classe média. Os editoriais se revezavam assegurando a manutenção do clima de crise eminente e da inelutável necessidade de encurtamento do mandato de Rousseff. O pesquisador Pedro Nunes compilou quatro deles que simbolizaram a consolidação da narrativa golpista: "01) Isolada e à deriva (*Folha de S.Paulo*); 02) Nem Dilma nem Temer (*Folha de S. Paulo*); 03) O impeachment é uma saída institucional da crise (*O Globo*); 04) O fim do torpor (*O Estado de S. Paulo*)".[348] Ironicamente, em 2020, essa turma se uniu novamente com seus editoriais contra o governo do capitão Jair Bolsonaro, pagavam o alto preço de se lidar irresponsavelmente com a institucionalidade democrática. Ainda em 2016, meses depois do *impeachment*, o famoso PowerPoint do procurador Deltan Dallagnol, que identificava o ex-presidente Lula como chefe de uma organização criminosa, foi utilizado no Jornal Nacional da TV Globo quase como uma reportagem própria. A apresentação do Procurador seguia o desdobramento e a consolidação do golpismo contra a democracia. . Em 2021, em entrevista, Deltan Dallagnol teve o cinismo de se referir ao famigerado PowerPoint como um "erro de cálculo". O eminente representante de nosso judiciário desdenhava despreocupado com o impacto negativo que seu ato irresponsável provocou na vida de um cidadão brasileiro.

Em 2015 a burguesia nacional e a alta classe média foram às ruas pela primeira vez na vida e desencadearam o suposto "sentimento nacional" de combate à corrupção. Contaram com o apoio da grande mídia que transformou as manifestações a favor da derrubada do governo Dilma Rousseff em um grande evento de "congraçamento nacional". Seria cômico se não fosse trágico ver um ajuntamento de políticos como Geddel Vieira Lima e Eduardo Cunha levarem suas respectivas hipocrisias das ruas para as celas em uma pequena fração de tempo. O movimento pró *impeachment* conseguiu a proeza de formar a "frente nacional" conservadora, sempre reivindicada quando historicamente a elite dirigente precisa impor a estabilidade da ordem liberal e a reafirmação da democracia pelo alto.

Como em qualquer conjuntura que antecipa uma ação política golpista a economia se impõe como instrumento estratégico ainda que não seja, necessariamente, definidor. No fundo, são as tramas dos bastidores do campo político que definem um *impeachment*. Rousseff teve contra ela um baixo crescimento do produto interno bruto (PIB), crescimento do desemprego se aproximando de uma recessão, e não adiantou a presidente flertar com a lógica neoliberal trazendo para o governo um banqueiro como Joaquim Levy. Independentemente do que Dilma Rousseff fizesse em termos econômicos, o veredito de sua queda já tinha sido definido pela elite dirigente, faltava somente o carimbo da elite política. Outro poderoso membro da elite dirigente, o setor judiciário, cumpriu seu papel golpista fechando os olhos para as ações da dupla Moro/Dallagnol que em seletiva e obsessiva caçada antipetista agiu nas sombras e ao arrepio da Constituição Federal. Quanto ao STF, centro do poder judiciário, cimentou o terreno antidemocrático quando frases como "não tenho provas, mas a literatura jurídica me permite condenar" foram naturalizadas transformando-se em jurisprudência. A série de reportagens do site The Intercept, intitulada "Vaza Jato", ao revelar frases escandalosas trocadas entre o juiz Sergio Moro e Procuradores da Justiça tais como: "Aha, uhu, o Fachin é nosso!" e "In Fux we trust!", ilustraram muito bem a forma debochada com que foi tratado o Estado Democrático de Direito e expunha o funcionamento dissimulado dos bastidores da democracia pelo alto.

Entre os membros da elite dirigente, faltava os militares que andavam na sombra desde o fim da Ditadura Civil-Militar. Imbuídos em suavizar a imagem diante da opinião pública, depois de anos de identificação com torturas e ações de desrespeito aos direitos humanos, os militares tiveram que lidar com o retorno desse fantasma quando a ex-presidente Dilma criou a Comissão Nacional da Verdade. A Comissão passou a ser lida pelo Exército e por setores conservadores da sociedade como um desnecessário ato de revanchismo histórico. Diferente de outras nações da América Latina que cortaram na própria carne, julgando e condenando seus antigos ditadores, a elite dirigente brasileira optou, como sempre fez, por uma enganadora anistia "a todos os lados", que acomodasse sem tensões a base social da democracia pelo alto respaldado em seu atávico talento para a transição pactuada.

O fato de ter sido justamente Dilma Rousseff, uma ex-militante no combate à Ditadura, a responsável pela criação da Comissão da Verdade, fez dela um alvo direto do corpo militar, sempre prontos a defenderem sua narrativa histórica de baluartes da moralidade pública e da ordem institucional. Em dois de janeiro de 2019, em cerimônia de transmissão de cargo ao novo ministro da Defesa, o então presidente Jair Bolsonaro se dirigiu ao general Eduardo Villas Boas, que ocupou o posto de Comandante do Exército Brasileiro no segundo governo Dilma Rousseff, e pronunciou as seguintes palavras: "General Villas Bôas, o que já conversamos ficará entre nós. O senhor é um dos responsáveis por eu estar aqui".

Em 3 de abril de 2018 quando o Supremo Tribunal Federal (STF) preparava-se para julgar um habeas corpus em favor do ex-presidente Lula, o general Eduardo Villas Boas foi ao Twitter e de forma aparentemente "despretensiosa" escreveu: "Nessa situação que vive o Brasil, resta perguntar às instituições e ao povo quem realmente está pensando no bem do País e das gerações futuras e quem está preocupado apenas com interesses pessoais?", completou logo em seguida: "Asseguro à nação que o Exército Brasileiro julga compartilhar o anseio de todos os cidadãos de bem de repúdio à impunidade e de respeito à Constituição, à paz social e à democracia, bem como se mantém atento às suas missões institucionais". O general emparedava o juiz e o Exército enquadrava a justiça. À noite, o Jornal Nacional da TV Globo tratou de naturalizar o impropério do milico.

Lula teve o pedido negado pelo STF e foi preso logo em seguida. Já na época em que foram publicados, os Twittes do general foram considerados um esboço explícito de autoritarismo, mas acabou caindo na vala comum das arbitrariedades cotidianas cometidas por militares e juízes com o beneplácito dos chamados "cidadãos de bem". Em 2021, em um depoimento publicado em livro pela Fundação Getúlio Vargas, o general finalmente confessou o que todos já desconfiávamos o conteúdo dos tweets não partiu de uma motivação exclusivamente pessoal, foi resultado de uma decisão que teria passado por parte do Alto Comando do Exército, entre eles, três que se tornariam ministros do governo do capitão Jair Bolsonaro. Reproduzindo uma mentalidade que acompanha o Exército desde tempos remotos, afirmou Villas Boas: "tínhamos a consciência de estarmos realmente tangenciando o limite da responsabilidade institucional do Exército".[349] Esse episódio somente provou que o vilipêndio democrático representado pelo *impeachment* de Dilma Rousseff, e que mais tarde abriria as portas para a ascensão de um indivíduo impensável como Jair Bolsonaro, em algum momento recebeu a digital do nosso setor militar.

A narrativa golpista seguia acumulando parágrafos e argumentos, mas esbarrava no sistema político presidencialista. A força do poder Legislativo, investido no todo poderoso cargo de Presidente da Câmara dos Deputados, era a última quadra do golpe. Na época, comandava nossa Câmara Baixa, o deputado Eduardo Cunha que ao ver as investigações da Operação Lava Jato se aproximarem de seu pescoço colocou debaixo do braço os pedidos de abertura de processo de *impeachment* contra a presidente Dilma e enxergou nisso sua tábua de salvação. As denúncias contra Cunha foram ficando tão alarmantes que não foi possível evitar que chegasse ao Conselho de Ética da Câmara. A votação pela perda ou não do mandato transformou-se, imediatamente, no ponto de inflexão da trama golpista. Os bastidores ferviam e a boataria de que os petistas, membros do Conselho, tramavam a defesa de Cunha visando salvar o mandato de Rousseff foi ganhando força. Os petistas votaram pela cassação de Eduardo Cunha, e em represália o deputado se utilizou da prerrogativa de presidente da Câmara e encaminhou o pedido de *impeachment* de Dilma Rousseff. A presidente responderia ao ato com as seguintes palavras: "Eu jamais aceitaria ou concordaria com quaisquer tipos de barganha, muito menos aquelas que atentam contra o livre funcionamento das instituições democráticas do meu país, bloqueiam a justiça ou ofendam os princípios morais e éticos que devem governar a vida pública"[350]

Juridicamente o processo de *impeachment* de um governante está previsto no artigo 85 da Constituição Federal e seu rito é regulado pela lei nº 1.079, de 10 de abril de 1950. O pedido de *impeachment* acolhido por Eduardo Cunha contra Dilma se pautou nos artigos 9º e 10º dessa lei. O primeiro artigo diz respeito aos crimes de responsabilidade contra a probidade na administração. Essa é a parte dos argumentos eminentemente políticos utilizados para responder aos anseios moralistas de parte da sociedade. Inspirados no artigo 9º os autores criaram toda uma narrativa para vincular a ex-presidente Dilma Rousseff às investigações da Operação Lava Jato jogando sobre ela a suspeita de ter fechado os olhos para os crimes cometidos por seus subordinados. Quanto ao artigo 10º foram buscar o respaldo jurídico mais ortodoxo e menos subjetivo no seguinte trecho da lei: "ordenar ou autorizar, em desacordo com a lei, a realização de operação de crédito com qualquer um dos demais entes da Federação, inclusive suas entidades da administração indireta, ainda que na forma de renovação, refinanciamento ou postergação de dívida contraída anteriormente".[351]

A sociedade passou a incorporar dois novos termos: pedaladas fiscais e decretos complementares. Na época, uma perícia de técnicos do Senado chegou à conclusão de que as pedaladas fiscais apesar de terem acontecido, não contou com a participação da presidente Dilma.[352] Isso pouco importou para a narrativa golpista e a certeza de que nada os impediria do triunfo final foi a própria hipocrisia do senador Antônio Anastasia, relator do processo do *impeachment* no Senado, que entre 2011 e 2014, como governador de Minas Gerais editou centenas de decretos de suplementação orçamentária, as chamadas pedaladas fiscais. Os decretos complementares estão diretamente relacionados com atrasos de repasses por parte dos governos, no caso de Fernando Henrique Cardoso esses atrasos aconteceram quatro vezes entre 1996 e 2002. O próprio Lula também o fez. Mas a sorte de Rousseff já estava selada desde antes, os julgamentos na Câmara e no Senado foram somente o teatro jurídico/político para a elite política - com o perdão do infame neologismo - "performar".

O fatídico dia 17 de abril de 2016 entrará para a história da sociedade brasileira como o dia em que provamos ser possível construir uma civilização com base no que existe de mais incivilizado. A votação do *impeachment* foi o circo dos horrores capitaneado pelos membros do baixo clero da casa legislativa que não se sentiram constrangidos em chafurdar na lama, ocupando momentaneamente os holofotes no lugar da "massa cheirosa" que comanda a democracia pelo alto. É sempre bom lembrar que em 2018, foi a um dos "enlameados" que a elite dirigente resolveu recorrer em nome de uma indigente sanha antipetista e antiprogressista. Algumas das frases saídas daquele espetáculo bizarro antecipavam o Brasil do grotesco capitão Jair Bolsonaro:

1. Fernando Francischini (SD-PR): "Como delegado da PF, meu voto vai pelo fim da facção criminosa lulopetista, fim da pelegagem da CUT, fim da CUT e seus marginais. Viva a Lava-Jato e a República de Curitiba! E a minha bandeira nunca será vermelha!";
2. Takayama (PSC-PR): "Contra a ladroeira, contra a imposição e a esquerda desse partido que quer transformar o Brasil numa ditadura de esquerda.";
3. Mandetta (DEM-MS): "Por causa de Campo Grande, a morena mais linda do Brasil, o voto é sim.",
4. Ronaldo Fonseca (PROS-DF): "Pela paz de Jerusalém, eu voto sim";
5. Sérgio Moraes (PTB-RS): "Feliz aniversário, Ana, minha neta.";
6. Alceu Moreira (PMDB-RS): "Pelo fim da corrupção, pelo fim da vagabundização remunerada.";
7. Raquel Muniz (PSD-MG): "Senhor presidente. O meu voto é uma homenagem às vítimas da BR-251. O meu voto é pra dizer que o Brasil tem jeito e o prefeito de Montes Claros mostra isso pra todos nós com a sua gestão. O meu voto é pro Tiago, Gabriel, Mateus, minha neta Júlia, minha mãe Elza. Meu voto é pelo norte de Minas, é por Montes Claros, é por Minas Gerais, é pelo Brasil. Sim, sim, sim, sim";

8. Jair Bolsonaro (PSC-RJ): "Pela memória do Coronel Carlos Alberto Brilhante Ustra, o pavor de Dilma Rousseff, pelo exército de Caxias do Sul, pelas Forças Armadas, por um Brasil acima de tudo, por Deus acima de tudo, meu voto é sim!".

Entre outras coisas, essa votação provou mais do que nunca o provincianismo de nossa Câmara Baixa formada basicamente por verdadeiros "vereadores federais". No dia seguinte à votação, em meio à vibração popular da sempre moralista e seletiva classe média, parte da imprensa expôs a hipocrisia da elite política ao trazer a informação de que 40 dos 48 deputados que respondiam ações penais no Supremo Tribunal Federal (STF) votaram a favor do processo que levaria à deposição de Dilma Rousseff. Entre as acusações estavam crime de responsabilidade – o mesmo crime atribuído a Rousseff – corrupção, lavagem de dinheiro, formação de quadrilha e desvio de verba pública.[353] O caso da deputada Raquel Muniz do PSD de Minas Gerais foi simbólico. Ao votar, a parlamentar se referiu ao prefeito de Montes Claros como exemplo de gestão honesta e competente. No dia seguinte, esse mesmo prefeito, esposo da deputada, foi preso preventivamente pela Polícia Federal no âmbito da operação Mascara da Sanidade II que investigava fraudes para favorecer hospitais privados vinculados ao prefeito. Quanto ao voto do então deputado Jair Bolsonaro, ao colocar na mesma frase o nome de um torturador e o nome de Deus, começava a viabilizar sua eleição presidencial beneficiado pela terra arrasada que se tornou a política brasileira pós-golpe parlamentar. Aos olhos da sempre seletiva moral da classe média, o que importava era destruir o "monstro" petista, mesmo que para isso levasse junto a própria democracia. Entre o *impeachment* de Dilma Rousseff e a eleição de Jair Bolsonaro nos fizeram crer que estávamos vivenciando um tempo de pós-política. Ao se deixarem levar por esse engodo, muito incautos ajudaram a sedimentar a trajetória do capitão Jair e deteriorar ainda mais o nível da sempre combalida democracia brasileira.

Se foi golpe ou não a saída prematura de Rousseff do poder isto a literatura jurídica e política continuará debatendo até o fim dos tempos. Mas na linha de argumentação em que este livro vem sendo construído somos levados a concluir que tratou-se de mais um ato golpista por parte de nossa elite dirigente. Partindo da premissa técnica da acusação, ilustrada nas tais "pedaladas fiscais", um governante eleito democraticamente não pode ter seus votos subvertidos em nome de uma irregularidade contábil. Contra Dilma não se configurou, em realidade, nenhuma suspeita de enriquecimento ilícito ou do uso do cargo para aproveitamento pessoal. Para governantes que identificamos como gestores incompetentes o voto deve ser sempre a única forma de substitui-los. A democracia pode não ser o regime em que acertamos sempre na hora da escolha do que identificamos como o melhor, mas será sempre o regime em que podemos substituir com autonomia o que identificamos como o pior. As tramas golpistas desencadeadas pela elite dirigente, em muitos casos em cumplicidade com os setores médios e baixos da sociedade, somente substituem as decisões soberanas do voto popular pela vontade privada dos donos do poder.

Ações golpistas como a instigada contra Dilma Rousseff fazem parte da dinâmica de uma ampla crise de representação que tomou conta da América Latina desde os anos noventa do século XX. No caso de golpes travestidos de legalidade constitucional, ao serem analisados por uma antropologia dos golpes, têm como ponto central e convergente "a percepção da manipulação das regras e a percepção de que a manipulação está presente mesmo quando as regras são aparentemente cumpridas".[354] Usando uma premissa que já foi apresentada em momento anterior deste livro, de que a tradição histórica entende o golpe de Estado como ação realizada por atores institucionais de Estado, no caso do *impeachment* de Dilma Rousseff coube ao parlamento agir como ator institucional e aplicar o ato golpista. Entretanto, o golpe com roupagem "institucional" precisa do respaldo de agitadas conjunturas políticas e econômicas que ao colocar em risco o equilíbrio da ordem liberal justifique que a elite dirigente opte pelo caminho da quebra institucional desrespeitando as regras do jogo da própria democracia pelo alto.

A conjuntura que levou ao *impeachment* de Dilma foi demarcada pelo fenômeno da Operação Lava Jato cujo alcance no interior do campo político estabeleceu um ambiente de vulnerabilidade da elite política em que a retirada de Dilma e a ascensão de Temer representavam, como bem disse o senador Romero Jucá, o estancamento da sangria causada pela Lava Jato. Naquele momento, mesmo sendo fortemente centrado no Partido dos Trabalhadores, a operação Lava Jato resvalou de forma ampla e sem precedente no espectro político brasileiro. Refrescando a memória do leitor, não custa lembrar que o ministro do Tribunal de Contas da União (TCU) que condenou as tais "pedaladas fiscais" atribuídas a Dilma, foi o ex-deputado do Partido Progressista (PP) Augusto Nardes, citado em processo no STF na Operação Zelotes da Polícia Federal que investigava o recebimento de dinheiro em operações de compra de decisão judicial. Eduardo Cunha, Aécio Neves, Michel Temer, Geddel Vieira Lima e Augusto Nardes foram só algumas das figuras "ilibadas" da República que formaram a turma que maquinou o "golpe parlamentar" dos nossos "democratas" golpistas. Políticos e burguesia precisavam se juntar rapidamente para pactuar uma transição pelo alto a fim de restabelecer a *pax* política interna e devolver o curso normal ao grande capital. Tirar Dilma e por tabela o PT, a esquerda e qualquer resquício de uma política distributiva e defensora de direitos sociais se mostrou o único caminho em 2016.

Retomando o cientista político Aníbal Pérez-Liñan, os processos de julgamentos políticos semelhante ao sofrido por Dilma se converteram em um mecanismo habitual de superação de crises entre o Executivo e o Legislativo cuja solução através de uma transição pactuada pelo alto não só substituía o desafeto no poder, quanto evitava a quebra da própria democracia ao fazer o percurso processual respaldado na constitucionalidade e sob a chancela do STF. Era necessário que tudo mudasse para que tudo continuasse como sempre foi. Em 2014, quando foi eleita para seu segundo mandato, depois de 12 anos de governos petistas, Dilma Rousseff não sabia que lhe encurtariam artificialmente o mandato que lhe foi democraticamente entregue pelas urnas.

Muitos dos personagens que aqui apareceram se mostraram protagonistas e, de certa forma, ajudaram a modelar o curso da história da sociedade brasileira. Entre eles, talvez o de maior destaque tenha sido o ex-presidente Getúlio Vargas. Vargas, ao se vincular a revoluções, golpes e vitórias democráticas, simbolizou todos os atributos que formam a dinâmica do sistema político republicano brasileiro. Quando em 1950 resolveu voltar à presidência através do voto popular um de seus mais veementes adversários, o jornalista e político Carlos Lacerda, pronunciou uma frase que se transformaria no grande dogma a pairar sobre a democracia brasileira em seus piores momentos, disse Lacerda: "O sr. Getúlio Vargas, senador, não deve ser candidato à presidência. Candidato, não deve ser eleito. Eleito, não deve tomar posse. Empossado, devemos recorrer à revolução para impedi-lo de governar". Em 2014, apesar de ter conseguido ser candidata, o resto da frase de Lacerda se mostra perfeito para explicar o que aconteceu com Dilma Rousseff, o golpe parlamentar de 2016 foi somente sua plena realização.

Em suma, este livro se propôs a contar uma história da política brasileira republicana sob uma ótica nada elogiosa. Tratou-se de um desafio arriscado, pois pode levar a uma variedade de análises e conclusões sobre os rumos da dinâmica atual e futura das relações de poder no Brasil. Não pretendemos, com a narrativa aqui apresentada, estabelecer nenhum tipo de parâmetro que implique a defesa de causas específicas, mas somente apresentar um conjunto de ideias provocativas no propósito de levar o leitor a refletir sobre a trajetória histórica do fazer político brasileiro. A História até pode ser a "mestra da vida", como nos ensinou o romano Cícero, mas isto não significa que um instrumento jurídico/político como o *impeachment*, por exemplo, apresentado neste livro sob uma perspectiva crítica, não possa ser defendido, em determinada conjuntura, quando respaldado em legítimas justificativas legais e políticas. Em sua essência, o *impeachment* é um dispositivo constitucional e foi pensado pelo legislador como parte do funcionamento do sistema presidencialista brasileiro. O problema está em sua vulgarização como instrumento de disputa política. O ponto de partida de um processo de *impeachment* deve ser sempre a justificativa jurídica, devidamente embasada em amplos e comprovados atos de crime de responsabilidade por parte do governante. Em um processo de *impeachment* a política deveria vir somente depois da comprovação dos atos criminosos e sempre no sentido de assegurar o direito de ampla defesa do acusado, a preservação das instituições, do sistema político e da própria democracia. Portanto, cabe a cada sociedade, em específica conjuntura, interpretá-lo na medida de suas objetividades e subjetividades.

Em vista disso, deixo claro que este livro não se propõe induzir a uma interpretação essencialista e mecanicista da história política da República brasileira. O que fizemos foi uma reconstrução dos fatos que, por si só, ajudaram a configurar uma linearidade de ação por parte das elites política e dirigente com impacto direto nas relações de poder no âmbito da trajetória histórica das experiências democráticas no Brasil.

Por outro lado, o que realmente ousamos defender aqui é uma única síntese, a de que entre 1889 e 2020, ao manipular a democracia fazendo uso de transições pactuadas ou de soluções golpistas, a elite dirigente brasileira preocupou-se exclusivamente em dificultar ou impedir que setores da sociedade, vinculados ao campo popular, pudessem participar, em igualdade de condições, como interlocutores do debate público. É inspirada nessa dinâmica excludente e antidemocrática que a democracia brasileira vem sendo gestada nos últimos anos. E cabe ao povo, deliberadamente, estancar essa sangria.

Bibliografia

ABRANCHES, Sérgio Henrique Hudson de. *Presidencialismo de coalizão*: o dilema institucional brasileiro. dados-Revista de Sociais, Rio de Janeiro. vol. 31, n. 1, 1988.

AFFONSO, Almino. *Raízes do golpe*: da crise da legalidade ao parlamentarismo (1961-1963). São Paulo: Marco Zero, 1988.

AGAMBEN, Giorgio. *Estado de exceção*. São Paulo: Boitempo, 2004.

ALMEIDA, Miguel Vale de. Golpe Branco. *Revista de @ntropologia da UFSCar*. 8 (2), jul./dez. 2016.

ALONSO, Ângela. A apropriação de ideias no Segundo Reinado. In: GRINBERG, K; SALLES, R. *O Brasil Imperial*. Vol. III (1870-1889). Rio de Janeiro: Civilização Brasileira, 2009.

BALEEIRO, Aliomar. *Constituições Brasileiras*: 1891. Brasília: Senado Federal e Ministério da Ciência e Tecnologia, Centro de Estudos Estratégicos, 1999.

BARBÉ, Carlos. *Dicionário da política*. Norberto Bobbio, Nicola Matteucci e Gianfranco Pasquino. Brasília – DF. Editora Universidade de Brasília, 1995.

BARROS, Edgard Luiz de. *O Brasil de 1945 a 1964*. São Paulo: Contexto, 1991.

BASBAUM. Leôncio. *História Sincera da República*. São Paulo: Alfa-Omega, 1976.

BATALHA, Cláudio H. M. *O movimento operário na Primeira República*. Rio de Janeiro: Jorge Zahar, 2000.

BENEVIDES, Maria Victoria de Mesquita. *A UDN e o udenismo*. Rio de Janeiro: Paz e Terra, 1981.

BENEVIDES, Maria Vitória. Manifesto dos Mineiros. In: Abreu, Alzira Alves de, e outros (coord.) *Dicionário Histórico-Biográfico Brasileiro pós-1930*. Rio de Janeiro: CPDOC/Fundação Getúlio Vargas.

BOBBIO, N; Matteucci, N; Pasquino, G. *Dicionário de Política*. Brasília: Edunb,1992.

BOITO Jr., Armando. *O golpe de 1954*: a burguesia contra o populismo. São Paulo: Brasiliense, 1984.

BORDIEU, Pierre. O mistério do ministério: Das vontades particulares à "vontade geral". In. Letícia Bicalho Canêdo (Org). *O sufrágio universal e a invenção democrática*. São Paulo: Estação Liberdade, 2005.

BRANCO, Carlos Castello. Da conspiração à revolução. In. *Os idos de março e aqueda em abril*. Rio de Janeiro: José Álvaro Editor. 1964.

CALICCHIO, Vera. Movimento Queremista. In: ABREU, Alzira Alves de, e outros (coord.) *Dicionário Histórico-Biográfico Brasileiro pós-1930*. Rio de Janeiro: CPDOC/Fundação Getúlio Vargas

CALMON, Pedro. *História da Civilização Brasileira*. Brasília: Senado Federal, 2002.

CARONE, Edgard. *A República Velha*: evolução política. São Paulo: Difel, 1974.

CARONE, Edgard. *A Terceira República* (1937 – 1945). São Paulo: Difel, 1976.

CARVALHO, José Murilo de. *Os bestializados*: o Rio de Janeiro e a República que não foi. São Paulo: Companhia das Letras, 1987.

COELHO, Edmundo Campos. *Em busca de identidade*: o exército e a política na sociedade brasileira. Rio de Janeiro: Forense Universitária, 1976.

COHN, Gabriel. Problemas da industrialização no século XX. In. Carlos Guilherme Mota. (org). *Brasil em Perspectiva*. São Paulo: Difel, 1976.

D'ARAUJO, Maria Celina (org). *Getúlio Vargas*. Brasília: Câmara dos Deputados, Edições Câmara, 2011.

D'ARAUJO, Maria Celina. *O segundo governo Vargas 1951-1954*: democracia, partidos e crise política. São Paulo: Ática, 1992.

DREIFUSS, René Armand. *1964*: A conquista do Estado. Ação Política, Poder e Golpe de Classe. Petrópoles: Vozes, 1981.

ELIAS, Norbert. *Os estabelecidos e os outsiders*: Sociologia das relações de poder a partir de uma pequena comunidade. Rio de Janeiro: Jorge Zahar Ed.,2000.

FAORO, Raimundo. *Os donos do poder*: formação do pensamento político brasileiro. São Paulo: Globo; Publifolha,2000.

FAUSTO, Boris. *A revolução de 30*: historiografia e história. São Paulo: Companhia das Letras, 1997.

FERNANDES, Florestan. *A Ditadura em Questão*. São Paulo: HUCITEC, 1982.

FERNANDES, Florestan. *A Revolução Burguesa no Brasil*: Ensaio de interpretação sociológica. Rio de Janeiro: Zahar Editores,1976.

FERREIRA, Marieta de Moraes; Pinto, Surama Conde Sá. *A Crise dos anos 20 e a Revolução de Trinta*. Rio de Janeiro: CPDOC, 2006.

FICO, Carlos. O grande irmão: da operação Brother Sam aos anos de chumbo. O governo dos Estados Unidos e a ditadura militar brasileira. Rio de Janeiro: Civilização Brasileira, 2008.

FRÓES, Helmício. *Vésperas de primeiro de abril ou Nacionalismo X entreguismo*. Rio de Janeiro: Imágo Ed,1993.

GONÇALVES, E. *Prudência e razão de Estado na obra de Gabriel Naudé*. São Paulo, 2015. Dissertação (Mestrado em Filosofia) – Faculdade de Filosofia, Letras e Ciências Humanas, Universidade de São Paulo. São Paulo, 2015.

GRAMSCI, Antônio. *Cadernos do Cárcere*. V. 5. Rio de Janeiro: Civilização Brasileira, 2002.

HAYEK, Friedrich A. Von. *Direito, legislação e liberdade*: uma nova formulação dos princípios liberais de justiça e economia política. São Paulo, Visão, 1985.

HESPANHA, Antônio Manuel. Governos, elites e competência social: sugestões para um entendimento renovado da história das elites. In. Bicalho, Maria Fernanda; Ferlini, Vera Lúcia Amaral (org.). *Modos de Governar*: ideias e práticas políticas no império português. Séculos XVI-XIX. São Paulo: Alameda, 2005.

HILTON, Stanley. *O ditador e o embaixador*. Rio de Janeiro: Record, 1987.

HIPPOLITO, Lúcia. *De Raposas e Reformistas*: o PSD e a Experiência Democrática Brasileira (1945 – 1964). Rio de Janeiro: Paz e Terra, 1985.

JUREMA, Abelardo. *Juscelino & Jango*: PSD & PTB. Rio de Janeiro: Editora Artenova, 1979.

KOSELLECK, Reinhart. *Uma história dos conceitos*: problemas teóricos e práticos. Estudos Históricos, Rio de Janeiro, vol. 5, n. 10, 1992.

LABAKI, Amir. 1961: *A crise da renúncia e a solução parlamentarista*. São Paulo: Brasiliense,1986.

LAMARÃO, Sergio. Cruzada Brasileira Anticomunista. In: ABREU, Alzira Alves De, e outros (coord.) *Dicionário Histórico-Biográfico Brasileiro pós-1930*. Rio de Janeiro: CPDOC/Fundação Getúlio Vargas.

LENIN, Vladimir Ilich. *O Estado e a revolução*: a doutrina marxista do Estado e as tarefas do proletariado na revolução. São Paulo: Global, 1987.

LEVINE, Robert M. *O Regime de Vargas*: os anos críticos. Rio de Janeiro: Nova Fronteira, 1980.

LINZ, Juan J. Los peligros del presidencialismo. *Revista Latinoamericana de Política comparada* CELAEP. Vol. No. 7, Julio 2013.

LOSURDO, Domenico. *Contra-História do Liberalismo*. Aparecida, SP: Ideias & Letras, 2006.

LYRA, Heitor. *História da queda do império*. Vol. II. São Paulo: Cia Editora Nacional, 1964.

MAGALHÃES JUNIOR, Raimundo. *Deodoro - a espada contra o império*: O aprendiz de feiticeiro (da Revolta Praieira ao Gabinete Ouro Preto). Vol. I São Paulo: Cia Nacional, 1957.

MAGALHÃES JUNIOR, Raimundo. *Deodoro - a espada contra o império*: o galo na torre (do desterro em Mato Grosso à fundação da República). Vol. II, São Paulo: Cia Nacional, 1957.

MANDEL, Ernest. As causas da Segunda Guerra Mundial: os indivíduos e as classes sociais. *Revista Olho da História* n.1.

MARTINS, José de Souza. *A política do Brasil*: lúmpen e místico. São Paulo: Editora Contexto, 2011.

MARX, Karl. *O 18 de Brumário e Cartas a Kugelmann*. Rio de Janeiro: Paz e Terra, 1978.

MELO, Américo Brasiliense de Almeida. *Os programas dos partidos e o Segundo Império*. Brasília: Senado Federal; Rio de Janeiro: Fundação Casa de Rui Barbosa, 1979.

MENDONÇA, Nadir Domingues. *O uso dos conceitos*: uma tentativa de interdisciplinaridade. Petrópolis: Vozes, 1988.

MENDONÇA, Marina Gusmão de. *O demolidor de presidentes*. São Paulo: Códex, 2002.

MILLS, C. Wright. *A elite do Poder*. Rio de Janeiro: Zahar Editores, 1962.

MONTEIRO, Tobias. *Pesquisas e depoimentos para a História*. Rio de Janeiro: Francisco Alves, 1913.

MOORE JUNIOR, Barrington. *As origens sociais da ditadura e da democracia*: senhores e camponeses na construção do mundo moderno. São Paulo: Martins Fontes, 1975.

MOURÃO FILHO, Olímpio. Memórias: *A verdade de um revolucionário*. Porto Alegre: L&PM Editores, 1978.

NABUCO, Joaquim. *O abolicionismo*. Rio de Janeiro: Nova Fronteira; São Paulo: Publifolha, 2000.

NAPOLITANO, Marcos. *Golpe de Estado*: entre o nome e a coisa. ESTUDOS AVANÇADOS 33 (96), 2019.

NAUD, Leda Maria Cardoso. Estado de sítio – 1ª parte. *Revista de Informação Legislativa*, v. 2, n. 5, mar. 1965.

NAUD, Leda Maria Cardoso. Estado de sítio – 2ª parte. *Revista de Informação Legislativa*, v. 2, n. 6, jun. 1965.

NAUD, Leda Maria Cardoso. Estado de sítio – 3ª parte. *Revista de Informação Legislativa*, v. 2, n. 7, set. 1965.

NETTO, Araújo. A Paisagem. In. *Os idos de março e aqueda em abril*. Rio de Janeiro: José Álvaro Editor. 1964.

NETTO, Bento Munhoz da Rocha. *Radiografia de Novembro*. Rio de Janeiro: Editora Civilização Brasileira, 1961.

NEVES SARAIVA, João Gilberto. *Fagulhas vermelhas, cinzas de chão*: o nordeste brasileiro e os movimentos revolucionários de 1935 no The New York Times. Espaço Plural, vol. XV, núm. 31, julio-diciembre, 2014.

NUNES, Pedro. *Democracia fraturada*: a derrubada de Dilma Rousseff, a prisão de Lula e a Imprensa no Brasil [recurso eletrônico]. João Pessoa: Editora do CCTA; Aveiro: RIA Editorial, 2019.

OLIVEIRA, Juscelino Kubitschek de. *Juscelino Kubitschek I (depoimento, 1974)*. Rio de Janeiro, CPDOC, 1979.

PANDOLFI, Dulce Chaves e Grynszpan, Mario. Da Revolução de 30 ao golpe de 37: a depuração das elites. *Revista de Sociologia e Política*. N. 9, 1997.

PARENTE, Eduardo Oliveira. *Memórias da liderança*: Severino Sombra, Jeovah Motta e a Legião Cearense do Trabalho. Bilros, Fortaleza, v. 6, n. 11, p. 56-77, jan.-abril, 2018.

PASQUINO, Gianfranco. *Dicionário da política*. Norberto Bobbio, Nicola Matteucci e Gianfranco Pasquino. Brasília – DF. Editora Universidade de Brasília, 1995.

PASSOS, Pâmella. *Vozes a favor do golpe!*: o discurso anticomunista do Ipês como materialidade de um projeto de classe. Rio de Janeiro : Mórula, 2017.

PÉREZ-LINAN, Aníbal. *Juicio político al presidente y nueva inestabilidad política en américa latina*. Buenos Aires: Fondo de Cultura Económica, 2009.

PRESTES, Anita Leocádia. *70 anos da Aliança Nacional Libertadora (ANL) Estudos Ibero-Americanos*, vol. XXXI n. 1, junio, 2005.

PRESTES, Anita Leocádia. *A Coluna Prestes*. São Paulo: Brasiliense, 1991.

QUEIROZ, Rafael Mafei Rabelo. *A natureza jurídica dos crimes de responsabilidade presidencial no Direito brasileiro1*: lições a partir do impeachment de Dilma Rousseff. e-Pública Vol. 4 No. 2, Novembro 2017.

RAMOS, Guerreiro. *A crise do poder no Brasil*. Rio de Janeiro: Zahar Editores, 1961.

SÁ MOTTA, Rodrigo Patto. *A "Intentona Comunista" ou a construção de uma legenda negra*. Tempo, n. 13, julio, 2002.

SALDANHA, Nelson Nogueira. *História das Ideias Políticas no Brasil*. Brasília: Senado Federal, 2001.

SALLUM Jr., Brasilio. *O Impeachment de Fernando Collor*: Sociologia de uma crise. São Paulo: Editora 34, 2015.

SCHWARTZMAN, Simon. *Bases do autoritarismo brasileiro*. Rio de Janeiro: Campus, 1988.

SCHWARCZ, Lilia Moritz. *Sobre o autoritarismo brasileiro*. São Paulo: Companhia das Letras, 2019.

SENA, Ernesto. *Deodoro*: subsídios para a história. Brasília: Senado Federal, 1999.

SERRANO, Pedro. *Autoritarismo Líquido e as Novas Modalidades de Prática de Exceção no Século XXI*. R. Themis, Fortaleza, v. 18, n. 1, p.197-223, jan./jun. 2020.

SKIDMORE, Thomas E. *Brasil*: de Getúlio Vargas a Castelo Branco (1930 – 1964). Rio de Janeiro: Paz e Terra, 1982.

SODRÉ, Nelson Werneck. *A Coluna Prestes*: Análise e Depoimento. São Paulo: Círculo do Livro, 1978.

SODRÉ, Nelson Werneck. *História da burguesia brasileira*. Rio de Janeiro: Civilização Brasileira, 1976.

SOUSA, Carolina Soares. *"Para que o Brasil continue"*: Memória e História de um grupo derrotado na política nacional (1933-1945). Tese (Doutorado em História) - Programa de Pós Graduação em História da Universidade de Brasília. Brasília, 2016.

SOUZA, Izabela Medeiros de (Org). *Discursos selecionados do Presidente Artur Bernardes*. Brasília: Fundação Alexandre de Gusmão, 2009.

VARGAS, Getúlio. *A Nova Política do Brasil*: Da Aliança Liberal às realizações do 1º ano de Governo (1930 – 1931). Rio de Janeiro: Livraria José Olímpio Editora, 1938.

VARGAS, Getúlio. *Diários. São Paulo*: Siciliano; Rio de Janeiro: Fundação Getúlio Vargas, 1995, p.449.

VIANA, Oliveira. *O ocaso do Império*. Brasília: Senado Federal, 2004.

VIEIRA, Rafael. A Constituição de 1891 e o laboratório jurídico-político brasileiro do estado de sítio. In: *História Constitucional*. N. 12, Madrid, 2011.

VISCARDI, C. M. R. *O teatro das oligarquias*: uma revisão da "política do café com leite". Belo Horizonte: Fino Traço, 2019.

Notas

1 Mandel, Ernest. As causas da Segunda Guerra Mundial: os indivíduos e as classes sociais. Revista Olho da História n.1, p. 2.

2 Fernandes, Florestan. A Ditadura em Questão. São Paulo: HUCITEC, 1982.

3 Bourdieu, Pierre. O mistério do ministério: Das vontades particulares à "vontade geral". In. Letícia Bicalho Canêdo (Org). O sufrágio universal e a invenção democrática. São Paulo: Estação Liberdade, 2005, p.23.

4 Idem, p. 28.

5 Schwarcz, Lilia Moritz. Sobre o autoritarismo brasileiro. São Paulo: Companhia das Letras, 2019, p.49.

6 O cabresto é uma correia que tem uma extremidade armada para se firmar na cabeça do cavalo e que serve para amarrá-lo ou dirigi-lo. A expressão voto de cabresto, usada na época da Primeira República, significava um voto sem autonomia de escolha, um voto dirigido independente da vontade do eleitor.

7 Barros, Edgard Luiz. O Brasil de 1945 a 1964. São Paulo: Contexto, 1991, p.8.

8 Mandel, Ernest. As causas da Segunda Guerra Mundial: os indivíduos e as classes sociais. Revista Olho da História n.1, p. 8.

9 Idem.

10 Idem.

11 Boito Jr., Armando. O golpe de 1954: a burguesia contra o populismo. São Paulo: Brasiliense, 1984, p. 20.

12 Hespanha, Antônio Manuel. Governos, elites e competência social: sugestões para um entendimento renovado da história das elites. In. Bicalho, Maria Fernanda; Ferlini, Vera Lúcia Amaral (org.). Modos de Governar: ideias e práticas políticas no império português. Séculos XVI-XIX. São Paulo: Alameda, 2005, pp.40.

13 Bobbio, N; Matteucci, N; Pasquino, G. Dicionário de Política. Brasília: Edunb,1992, p. 385.

14 Mills, C. Wright. A elite do Poder. Rio de Janeiro: Zahar Editores, 1962, p. 11.

15 Fernandes, Florestan. A Revolução Burguesa no Brasil: Ensaio de interpretação sociológica. Rio de Janeiro: Zahar Editores, 1976, p. 311.

16 Martins, José de Souza. A política do Brasil: lúmpen e místico. São Paulo: Editora Contexto, 2011, p. 8.

17 Fernandes, Florestan. A Revolução Burguesa no Brasil: Ensaio de interpretação sociológica. Rio de Janeiro: Zahar Editores,1976, p. 312.

18 Idem, p. 312.

19 Idem.

20 Idem, p. 314.

21 Marx, Karl. O 18 de Brumário e Cartas a Kugelmann. Rio de Janeiro: Paz e Terra, 1978, p. 8.

22 Losurdo, Domenico. Contra- História do Liberalismo. Aparecida, SP: Ideias & Letras, 2006, p. 340.

23 Serrano, Pedro. Autoritarismo Líquido e as Novas Modalidades de Prática de Exceção no Século XXI. R. Themis, Fortaleza, v. 18, n. 1, p.197-223, jan./jun. 2020, p.198.

24 Esse conceito foi desenvolvido no livro: Hayek, Friedrich A. Von. Direito, legislação e liberdade: uma nova formulação dos princípios liberais de justiça e economia política. São Paulo, Visão, 1985.

25 Coelho, Edmundo Campos. Em busca de identidade: o exército e a política na sociedade brasileira. Rio de Janeiro: Forense Universitária, 1976, p. 69.

26 Dreifuss, René Armand. O Jogo da Direita: Na Nova República. Petrópolis: Vozes,1989, p. 25.

27 Idem, p. 27.

28 Tácito, Caio. Constituições Brasileiras:1988. Brasília: Senado federal e Ministério das Ciências e Tecnologia, Centro de Estudos Estratégicos, 1999, p.154.

29 Nabuco, Joaquim. O abolicionismo. Rio de Janeiro: Nova Fronteira; São Paulo: Publifolha, 2000, p.14.

30 Viana, Oliveira. O ocaso do Império. Brasília: Senado Federal, 2004, p.66.

31 Calmon, Pedro. História da Civilização Brasileira. Brasília: Senado Federal, 2002, p.261.

32 O cargo de presidente do Conselho de Ministros, que chefiava os gabinetes, foi criado em 20 de julho de 1847 pelo decreto n. 523. O presidente era indicado pelo Imperador Pedro II. Tratava-se de uma adequação administrativa do "parlamentarismo" monárquico brasileiro.

33 Melo, Américo Brasiliense de Almeida. Os programas dos partidos e o Segundo Império. Brasília: Senado Federal; Rio de Janeiro: Fundação Casa de Rui Barbosa,1979, p.25.

34 Alonso, Ângela. A apropriação de ideias no Segundo Reinado. In: GRINBERG, K; SALLES, R. O Brasil Imperial. Vol. III (1870-1889). Rio de Janeiro: Civilização Brasileira, 2009, p.89.

35 Saldanha, Nelson Nogueira. História das Ideias Políticas no Brasil. Brasília: Senado Federal, 2001, p.156

36 Calmon, Pedro. História da Civilização Brasileira. Brasília: Senado Federal, 2002, p.243.

37 Faoro, Raimundo. Os donos do poder: formação do pensamento político brasileiro. São Paulo: Globo; Publifolha, 2000, p.58.

38 Idem, p.60.

39 Calmon, Pedro. História da Civilização Brasileira. Brasília: Senado Federal, 2002, p.264.

40 Calmon, Pedro. História da Civilização Brasileira. Brasília: Senado Federal, 2002, p.125.

41 Monteiro, Tobias. Pesquisas e depoimentos para a História. Rio de Janeiro: Francisco Alves, 1913, p. 135.

42 Idem. p. 137.

43 http://cpdoc.fgv.br/sites/default/files/verbetes/primeira-republica/FONSECA,%20Deodoro%20da.pdf. (acesso em 27 /09/2020).

44 Idem.

45 Monteiro, Tobias. Pesquisas e depoimentos para a História. Rio de Janeiro: Francisco Alves, 1913, p. 139.

46 Calmon, Pedro. História da Civilização Brasileira. Brasília: Senado Federal, 2002, p.252.

47 Viana, Oliveira. O ocaso do Império. Brasília: Senado Federal, 2004, p.164.

48 Lyra, Heitor. História da queda do império. Vol. II. São Paulo: Cia Editora Nacional, 1964, p.145.

49 Idem, p.148.

50 Idem. p. 164.

51 Lyra, Heitor. História da queda do império. Vol. II. São Paulo: Cia Editora Nacional, 1964, p.180.

52 Magalhães Junior, Raimundo. Deodoro - a espada contra o império: O aprendiz de feiticeiro (da Revolta Praieira ao Gabinete Ouro Preto). Vol. I São Paulo: Cia Nacional, 1957, p. 51.

53 Magalhães Junior, Raimundo. Deodoro - a espada contra o império: o galo na torre (do desterro em Mato Grosso à fundação da República). Vol. II, São Paulo: Cia Nacional, 1957, p. 47.

54 Lyra, Heitor. História da queda do império. Vol. II. São Paulo: Cia Editora Nacional,1964, p.240.

55 Calmon, Pedro. História da Civilização Brasileira. Brasília: Senado Federal, 2002, p. 284.

56 Gazeta de Notícias – 16 de novembro de 1889.

57 Carvalho, José Murilo de. Os bestializados: o Rio de Janeiro e a República que não foi. São Paulo: Companhia das Letras, 1987, p.45.

58 http://www.planalto.gov.br/ccivil_03/decreto/1851-1899/D0085-A.htm#:~:text=DECRETO%20N%C2%BA%2085%2DA%2C%20DE%2023%20DE%20DEZEMBRO%20DE%201889.&text=Cr%C3%AAa%20uma%20commiss%C3%A3o%20militar%20para,as%20penas%20militares%20de%20sedi%C3%A7%C3%A3o. (acesso em 02 de outubro de 2020)

59 Deodoro da Fonseca é elevado a marechal no dia 15 de janeiro de 1890.

60 Calmon, Pedro. História da Civilização Brasileira. Brasília: Senado Federal, 2002, p. 290.

61 Sena, Ernesto. Deodoro: subsídios para a história. Brasília: Senado Federal, 1999, p.14.

62 Este nome se deve ao fato de que encilhamento significava o ato de encilhar, ou seja, arrear o cavalo para prepará-lo para a corrida é nesse momento em que são feitas as apostas e lembram as apostas no mercado financeiro causada pela política de Rui Barbosa.

63 https://www2.camara.leg.br/legin/fed/decret/1824-1899/decreto-164-17-janeiro-1890-518020-publicacaooriginal-1pe.html#:~:text=Reforma%20a%20lei%20n.&text=O%20Marechal%20Manoel%20Deodoro%20da,Art. (acesso em 01 de outubro de 2020)

64 Ramos, Guerreiro. A crise do poder no Brasil. Rio de Janeiro: Zahar Editores, 1961, p. 26.

65 Idem.

66 Baleeiro, Aliomar. Constituições Brasileiras: 1891.Brasília: Senado Federal e Ministério da Ciência e Tecnologia, Centro de Estudos Estratégicos, 1999, p. 28.

67 Na época a eleição de presidente e vice-presidente acontecia em separado.

68 De acordo com a Constituição o presidente do Senado seria o vice-presidente da República.

69 Magalhães Junior, Raimundo. Deodoro - a espada contra o império: o galo na torre (do desterro em Mato Grosso à fundação da República). Vol. II, São Paulo: Cia Nacional, 1957, p. 334.

70 Idem. p. 334.

71 Idem. p. 335.

72 Baleeiro, Aliomar. Constituições Brasileira: 1891. Brasília: Senado Federal e Ministério da Ciência e Tecnologia, Centro de Estudos Estratégicos,1999, p.100.

73 NAUD, Leda Maria Cardoso. Estado de sítio – 1ª parte. Revista de Informação Legislativa, v. 2, n. 5, mar. 1965ª, p. 139.

74 Idem. p. 147.

75 Idem. p. 162.

76 NAUD, Leda Maria Cardoso. Estado de sítio – 2ª parte. Revista de Informação Legislativa, v. 2, n. 6, jun. 1965. p. 61.

77 Idem. p. 81.

78 Idem. p. 85.

79 NAUD, Leda Maria Cardoso. Estado de sítio – 3ª parte. Revista de Informação Legislativa, v. 2, n. 7, set. 1965, p. 121.

80 Idem. p. 140.

81 Agamben, Giorgio. Estado de exceção. São Paulo: Boitempo, 2004, p. 11.

82 Baleeiro, Aliomar. Constituições Brasileira: 1946. Brasília: Senado Federal e Ministério da Ciência e Tecnologia, Centro de Estudos Estratégicos, 1999, p.115.

83 Tácito, Caio. 1988. Brasília: Senado Federal e Ministério da Ciência e Tecnologia, Centro de Estudos Estratégicos, 1999, p.153.

84 Idem, p. 13.

85 Serrano, Pedro. Autoritarismo Líquido e as Novas Modalidades de Prática de Exceção no Século XXI. R. Themis, Fortaleza, v. 18, n. 1, p. 197-223, jan./jun. 2020, p. 200.

86 Idem, p. 201.

87 Agamben, Giorgio. Estado de exceção. São Paulo: Boitempo, 2004, p. 12.

88 Idem, p.13.

89 VIEIRA, Rafael. A Constituição de 1891 e o laboratório jurídico-político brasileiro do estado de sítio. In: Historia Constitucional, n. 12, Madrid, 2011, p.346-347.

90 Magalhães Junior, Raimundo. Deodoro - a espada contra o império: o galo na torre (do desterro em Mato Grosso à fundação da República). Vol. II, São Paulo: Cia Nacional, 1957, p. 347.

91 Idem. p. 348.

92 Idem. p. 348.

93 Basbaum. Leôncio. História Sincera da República. São Paulo: Alfa-Omega, 1976, p.25.

94 Baleeiro, Aliomar. Constituições Brasileiras: 1891. Brasília: Senado Federal e Ministério da Ciência e Tecnologia, Centros de Estudos Estratégicos, 1999, p. 87.

95 NAUD, Leda Maria Cardoso. Estado de sítio – 1ª parte. Revista de Informação Legislativa, v. 2, n. 5, mar. 1965ª, p. 138.

96 Coelho, Edmundo Campos. Em busca de identidade: o exército e a política na sociedade brasileira. Rio de Janeiro: Forense Universitária, 1976, p. 68.

97 Correio da Manhã - 9 de outubro de 1921.

98 A historiadora Claudia Viscardi, em Tese de doutorado que depois se transformaria no livro "O Teatro das Oligarquias: uma revisão da política do café com leite" apresentou a tese de que a aliança entre Minas Gerais e São Paulo não necessariamente afastou da disputa política qualquer grau de imprevisibilidade.

99 Ferreira, Marieta de Moraes; Pinto, Surama Conde Sá. A Crise dos anos 20 e a Revolução de Trinta. Rio de Janeiro: CPDOC, 2006, p. 2.

100 Calmon, Pedro. A História do Brasil: A República - v.5.São Paulo: Companhia Editora Nacional,1956, p. 310.

101 http://cpdoc.fgv.br/sites/default/files/verbetes/primeira-republica/REA%C3%87%C3%83O%20 REPUBLICANA.pdf (acesso em 12 de outubro de 2020).

102 Citado por Faoro, Raimundo. Os donos do poder: formação do patronato político brasileiro vol. 2. São Paulo: Globo; Publifolha, 2000, p. 292.

103 Souza, Izabela Medeiros de (Org). Discursos selecionados do Presidente Artur Bernardes. Brasília: Fundação Alexandre de Gusmão, 2009, p. 47.

104 Reinhart, Koselleck. Uma história dos conceitos: problemas teóricos e práticos. Estudos Históricos, Rio de Janeiro, vol. 5, n. 10, 1992, p. 135.

105 Mendonça, Nadir Domingues. O uso dos conceitos: uma tentativa de interdisciplinaridade. Petrópolis: Vozes, 1988, p. 96.

106 Mendonça, Nadir Domingues. O uso dos conceitos: uma tentativa de interdisciplinaridade. Petrópolis: Vozes, 1988, p. 97.

107 Pasquino, Gianfranco. Dicionário da política. Norberto Bobbio, Nicola Matteucci e Gianfranco Pasquino. Brasília – DF. Editora Universidade de Brasília, 1995, p. 1121.

108 Idem. p. 1121.

109 Barbé, Carlos. Dicionário da política. Norberto Bobbio, Nicola Matteucci e Gianfranco Pasquino. Brasília – DF. Editora Universidade de Brasília, 1995, p. 547.

110 Napolitano, Marcos. Golpe de Estado: entre o nome e a coisa. ESTUDOS AVANÇADOS 33 (96), 2019, p. 400.

111 Idem.

112 Gonçalves, E. Prudência e razão de Estado na obra de Gabriel Naudé. São Paulo, 2015. Dissertação (Mestrado em Filosofia) – Faculdade de Filosofia, Letras e Ciências Humanas, Universidade de São Paulo. São Paulo, 2015, p. 33.

113 Barbé, Carlos. Dicionário da política. Norberto Bobbio, Nicola Matteucci e Gianfranco Pasquino. Brasília – DF. Editora Universidade de Brasília, 1995, p. 547

114 Gramsci, Antônio. Cadernos do Cárcere. V. 5. Rio de Janeiro: Civilização Brasileira, 2002.

115 Idem.p. 547.

116 Napolitano, Marcos. Golpe de Estado: entre o nome e a coisa. ESTUDOS AVANÇADOS 33 (96), 2019, p. 403.

117 A ideia de que o movimento de 1930 foi fruto de uma revolução, por mais que tenha até hoje exercido certa hegemonia, não deixou de sofrer tentativas vigorosas de revisão historiográfica. Um bom exemplo disso é a obra "1930 o silêncio dos Vencidos: memória, história e revolução" do historiador Edgar Salvadori De Decca.

118 Viscardi, C. M. R. O teatro das oligarquias: uma revisão da "política do café com leite". Belo Horizonte: Fino Traço, 2019, p. 59.

119 Carone, Edgard. A República Velha: evolução política. São Paulo: Difel, 1974, p. 399.

120 Fausto, Boris. A revolução de 30: historiografia e história. São Paulo: Companhia das Letras, 1997, p. 22.

121 O termo é aplicado de forma generalizada a movimentos dos anos vinte do século XX que contavam de forma ampla com a participação de militares, na sua maioria de baixa patente ou patente média como a de tenente. Assim como o termo "Revolução de 30" o tenentismo, enquanto grupo orgânico representativo das reivindicações políticas e sociais de setores da classe média, também tem sofrido alguma revisão histórica.

122 Sodré, Nelson Werneck. A Coluna Prestes: Análise e Depoimento. São Paulo: Círculo do Livro, 1978, p. 28.

123 Prestes, Anita Leocádia. A Coluna Prestes. São Paulo: Brasiliense, 1991, p. 337.

124 Batalha, Cláudio H. M. O movimento operário na Primeira República. Rio de Janeiro: Jorge Zahar, 2000, p. 29.

125 Idem. p. 20.

126 Viscardi, C. M. R. O teatro das oligarquias: uma revisão da "política do café com leite". Belo Horizonte: Fino Traço, 2019, p. 43.

127 Fausto, Boris. A revolução de 30: historiografia e história. São Paulo: Companhia das Letras, 1997, p.11.

128 Schwartzman, Simon. Bases do autoritarismo brasileiro. Rio de Janeiro: Campus, 1988, p.122.

129 Fausto, Boris. A revolução de 30: historiografia e história. São Paulo: Companhia das Letras, 1997, p. 109.

130 Lenin, Vladimir Ilich. O Estado e a revolução: a doutrina marxista do Estado e as tarefas do proletariado na revolução. São Paulo: Global, 1987, p. 54-55.

131 Schwartzman, Simon. Bases do autoritarismo brasileiro. Rio de Janeiro: Campus, 1988, p. 123.

132 Idem, p.118.

133 Correio da Manhã – 21.07.1929. (acesso em 15 de outubro de 2020).

134 Idem.

135 Idem.

136 Documentos referentes à atuação de Juarez Távora como chefe militar da Revolução de 1930 no Norte do país. CPDOC - Arquivo: Juarez Távora - JT dpf 1930.05.00.

137 Carone, Edgard. A República Velha: evolução política. São Paulo: Difel, 1974, p. 408.

138 Idem. p. 410.

139 Skidmore, Thomas E. Brasil: de Getúlio a Castelo (1930-1964). Rio de Janeiro: Paz e Terra, 1975, p. 25.

140 Barbé, Carlos. Dicionário de política. Norberto Bobbio, Nicola Matteucci e Gianfranco Pasquino. Brasília – DF. Editora Universidade de Brasília, 1995, p. 547.

141 Pandolfi, Dulce Chaves e Grynszpan, Mario. Da Revolução de 30 ao golpe de 37: a depuração das elites. Revista de Sociologia e Política, N. 9, 1997, p. 8.

142 Faoro, Raimundo. Os donos do poder: formação do pensamento político brasileiro. São Paulo: Globo; Publifolha,2000, p. 312.

143 Decreto nº 457, de 26 de Novembro de 1935. https://www2.camara.leg.br/legin/fed/decret/1930-1939/decreto-457-26-novembro-1935-516652-publicacaooriginal-1pe.html#:~:text=Decreto%20n%C2%BA%20457%2C%20de%2026%20de%20Novembro%20de%201935,Declara%20

em%20estado&text=RESOLVE%3A,territ%C3%B3rio%20brasileiro%2C%20por%20trinta%20 dias. (acesso em 10 de março de 2020)

144 O conceito foi apresentado em seu artigo: Golpe de Estado: entre o nome e a coisa. ESTUDOS AVANÇADOS 33 (96), 2019

145 Decreto Legislativo Nº 6, de 1935. https://www2.camara.leg.br/legin/fed/decleg/1930-1939/decretolegislativo-6-18-dezembro-1935-532805-publicacaooriginal-15177-pl.html. (acesso em 10 de março de 2020.)

146 Decreto nº 702, de 21 de Março de 1936. https://www2.camara.leg.br/legin/fed/decret/1930-1939/decreto-702-21-marco-1936-472177-publicacaooriginal-1-pe.html. (acesso em 10 de março de 2020)

147 Termo de como ficou conhecida a Constituição do Estado Novo por ter sido supostamente inspirada na Constituição polonesa de 1935 que trazia traços abertamente autoritários e foi influenciada pelo ditador Józef Piłsudski.

148 Faoro, Raimundo. Os donos do poder: formação do pensamento político brasileiro. São Paulo: Globo; Publifolha, 2000, p. 334.

149 Vargas, Getúlio. Diários. São Paulo: Siciliano; Rio de Janeiro: Fundação Getúlio Vargas, 1995, p. 449.

150 Sousa, Carolina Soares. "Para que o Brasil continue": Memória e História de um grupo derrotado na política nacional (1933-1945). Tese (Doutorado em História) - Programa de Pós Graduação em História da Universidade de Brasília. Brasília, p. 30. 2016.

151 Idem. p. 25.

152 Levine, Robert M. O Regime de Vargas: os anos críticos. Rio de Janeiro: Nova Fronteira, 1980, p. 217.

153 Vargas, Getúlio. Diários. São Paulo: Siciliano; Rio de Janeiro: Fundação Getúlio Vargas, 1995, p.48.

154 Discurso de Getúlio Vargas aos integralistas. CPDOC - Arquivo: Getúlio Vargas – GV confid.1937.05.00/1.

155 Vargas, Getúlio. Diários. São Paulo: Siciliano; Rio de Janeiro: Fundação Getúlio Vargas, 1995, p. 69.

156 Levine, Robert M. O Regime de Vargas: os anos críticos. Rio de Janeiro: Nova Fronteira, 1980, p. 223.

157 Vargas, Getúlio. Diários. São Paulo: Siciliano; Rio de Janeiro: Fundação Getúlio Vargas, 1995, p. 71.

158 Jornal Correio da Manhã – 04 de novembro de 1937.

159 Jornal Correio da Manhã – 05 de novembro de 1937.

160 Vargas, Getúlio. Diários. São Paulo: Siciliano; Rio de Janeiro: Fundação Getúlio Vargas, 1995, p. 81.

161 Idem. p. 82.

162 http://www.fgv.br/cpdoc/acervo/dicionarios/verbete-biografico/armando-de-sales-oliveira.(acesso em 12 de março de 2020).

163 Idem.

164 Vargas, Getúlio. Diários. São Paulo: Siciliano; Rio de Janeiro: Fundação Getúlio Vargas, 1995, p. 83.

165 Proclamação ao Povo Brasileiro. Coordenação Geral de Documentação e Informação - Biblioteca da Presidência da República, p. 20.

166 Idem, p.21.

167 Idem, p.23.

168 Idem, p.32.

169 D' Araújo, Maria Celina (org.). Getúlio Vargas. Brasília: Câmara dos Deputados, Edições Câmara, 2011, p. 411.

170 https://www.integralismo.org.br/manifesto-de-7-de-outubro-de-1932.Acesso em: 15 jun. 2020)

171 Idem.

172 Idem.

173 https://www.integralismo.org.br/manifesto-de-7-de-outubro-de-1932. Acesso em: 15 de jun. 2020).

174 Os integralistas ficaram popularmente conhecidos como "camisas verdes" devido à cor de seus uniformes.

175 Levine, Robert M. O Regime de Vargas: os anos críticos. Rio de Janeiro: Nova Fronteira, 1980, p.248.

176 Vargas, Getúlio. Diários. São Paulo: Siciliano; Rio de Janeiro: Fundação Getúlio Vargas, 1995, p.79.

177 Aqui Faoro se refere ao Integralismo.

178 Idem. p. 78.

179 Parente, Eduardo Oliveira. Memórias da liderança: Severino Sombra, Jeovah Motta e a Legião Cearense do Trabalho. Bilros, Fortaleza, v. 6, n. 11, p. 56-77, jan.-abril, 2018, p. 58.

180 Vargas, Getúlio. Diários. São Paulo: Siciliano; Rio de Janeiro: Fundação Getúlio Vargas, 1995, p. 89.

181 Levine, Robert M. O Regime de Vargas: os anos críticos. Rio de Janeiro: Nova Fronteira, 1980, p.252.

182 http://www.biblioteca.presidencia.gov.br/presidencia/ex-presidentes/getulio-vargas/discursos/1938/08.pdf/@@download/file/08.pdf (acesso em 15 de junho de 2020).

183 Vargas, Getúlio. A Nova Política do Brasil: Da Aliança Liberal às realizações do 1º ano de Governo (1930 – 1931). Rio de Janeiro: Livraria José Olímpio Editora, 1938, p. 80.

184 Oliveira, Olavo. O Estado Novo e o seu Presidente. Cultura Política: Revista mensal de estudos brasileiros. Rio de Janeiro. Ano I num. 5, julho de 1941, p. 129.

185 Benevides, Maria Vitória. Manifesto dos Mineiros. In: Abreu, Alzira Alves De, e outros (coord.) Dicionário Histórico-Biográfico Brasileiro pós-1930. Rio de Janeiro: CPDOC/Fundação Getúlio Vargas. (Acesso em 12 de julho de 2020).

186 Carone, Edgard. A Terceira República (1937 – 1945). São Paulo: Difel, 1976, p. 77.

187 Idem.

188 Idem, p. 78.

189 Idem, p. 79.

190 Vargas, Getúlio. Diários. São Paulo: Siciliano; Rio de Janeiro: Fundação Getúlio Vargas, 1995, p. 458.

191 Pedido de demissão de Roberto Carneiro de Mendonça da Diretoria do Banco do Brasil em solidariedade ao ex-ministro. CPDOC – Arquivo: Getúlio Vargas – GV c 1944.08.17.

192 Correio da Manhã – 22 de fevereiro de 1945.

193 Idem.

194 Legislação Informatizada - LEI CONSTITUCIONAL Nº 9, DE 28 DE FEVEREIRO DE 1945. https://www2.camara.leg.br. Acesso em: 12 ago. 2020.

195 Legislação Informatizada - DECRETO-LEI Nº 7.474, DE 18 DE ABRIL DE 1945. https://www2.camara.leg.br/.(acesso em 12 de agosto de 2020).

196 Telegrama de congratulações de Luiz Carlos Prestes a Getúlio Vargas pelo reatamento de relações entre Brasil e URSS e apelando pela anistia e pela livre organização de partidos políticos. CPDOC - Arquivo: Getúlio Vargas - GV c 1945.04.03.

197 Legislação Informatizada - DECRETO-LEI Nº 7.586, DE 28 DE MAIO DE 1945. https://www2.camara.leg.br. Acesso em 12 ago. 2020.

198 http://memorialdademocracia.com.br/card/udn-lanca-o-brigadeiro-bonito-e-solteiro (acesso em 15 de novembro de 2020).

199 Tribuna Popular – 13 de outubro de 1945.

200 Correio da Manhã – 4 de outubro de 1945.

201 Carta de Luís Fernandes Vargara a Getúlio Vargas encaminhando sugestões relativas à reforma da lei eleitoral e propondo eleições gerais em 2 de dezembro. CPDOC – Arquivo: Getúlio Vargas – GV c 1945.10.00/2.

202 Idem.

203 Correio da Manhã – 13 de outubro de 1945.

204 Carta de Cassiano Ricardo a Andrade Queirós informando sobre a crescente popularidade de Getúlio Vargas no Estado de São Paulo. CPDOC - Arquivo: Getúlio Vargas - GV c 1945.10.00/4.

205 Hilton, Stanley. O ditador e o embaixador. Rio de Janeiro: Record, 1987, p. 86.

206 Idem, p. 85.

207 Idem, p. 84.

208 Idem, p. 99.

209 Calicchio, Vera. Movimento Queremista. In: ABREU, Alzira Alves De, e outros (coord.) Dicionário Histórico-Biográfico Brasileiro pós-1930. Rio de Janeiro: CPDOC/Fundação Getúlio Vargas. (Acesso em 13 de agosto de 2020).

210 Idem.

211 A Manhã – 27 de outubro de 1945.

212 Diário Carioca – 30 de outubro de 1945.

213 Bases relativas aos procedimentos para a renúncia de Getúlio Vargas. CPDOC - Arquivo: Getúlio Vargas - GV c 1945.10.29/3

214 Nota, proclamações e mensagens de Getúlio Vargas ao povo gaúcho e brasileiro comunicando sua renúncia, suas preocupações para com os trabalhadores e razões de seu afastamento. CPDOC - Arquivo: Getúlio Vargas - GV c 1945.10.29/2

215 Hilton, Stanley. O ditador e o embaixador. Rio de Janeiro: Record, 1987, p. 123.

216 Nota, proclamações e mensagens de Getúlio Vargas ao povo gaúcho e brasileiro comunicando sua renúncia, suas preocupações para com os trabalhadores e razões de seu afastamento. CPDOC - Arquivo: Getúlio Vargas - GV c 1945.10.29/2.

217 Cohn, Gabriel. Problemas da industrialização no século XX. In. Carlos Guilherme Mota. (org.). Brasil em Perspectiva. São Paulo: Difel, 1976, p.304.

218 Sodré, Nelson Werneck. História da burguesia brasileira. Rio de Janeiro: Civilização Brasileira, 1976, p.311.

219 Benevides, Maria Victoria de Mesquita. A UDN e o udenismo. Rio de Janeiro: Paz e Terra, 1981, p. 80.

220 Idem, p. 82.

221 D'Araujo, Maria Celina. O segundo governo Vargas 1951-1954: democracia, partidos e crise política. São Paulo: Ática, 1992, p. 117.

222 Benevides, Maria Victoria de Mesquita. A UDN e o udenismo. Rio de Janeiro: Paz e Terra, 1981, p. 84.

223 Sodré, Nelson Werneck. História da burguesia brasileira. Rio de Janeiro: Civilização Brasileira, 1976, p. 323.

224 Diário Carioca – 16 de fevereiro de 1954.

225 Idem.

226 Luta Democrática – 18 de fevereiro de 1954.

227 Impasse na democracia brasileira, 1951-1955; coletânea de documentos. Org. por Adelina Maria Alves Novaes e Cruz, Célia Maria Leite Costa, Maria Celina Soares D'Araújo e Suely Braga da Silva. Rio de Janeiro: Fundação Getúlio Vargas, 1983, p. 281.

228 Tribuna de Imprensa – 6 de agosto de 1954.

229 Idem.

230 Idem.

231 Tribuna de Imprensa – 9 de agosto de 1954

232 Idem.

233 Documento 104. Manifesto dos generais à nação, 22/08/554.Impasse na democracia brasileira, 1951-1955; coletânea de documentos. Org. por Adelina Maria Alves Novaes e Cruz, Célia Maria Leite Costa, Maria Celina Soares D'Araújo e Suely Braga da Silva. Rio de Janeiro: Fundação Getúlio Vargas, 1983, p. 305.

234 Documento 105. Notas de Danton Coelho com informes sobre a situação das forças golpistas, 23/08/54. Impasse na democracia brasileira, 1951-1955; coletânea de documentos. Org. por Adelina Maria Alves Novaes e Cruz, Célia Maria Leite Costa, Maria Celina Soares D'Araújo e Suely Braga da Silva. Rio de Janeiro: Fundação Getúlio Vargas, 1983, p. 306.

235 Documento 106. Declaração de Getúlio Vargas, anotada por Alzira do Amaral Peixoto, durante reunião ministerial, 23/08/54. Impasse na democracia brasileira, 1951-1955; coletânea de documentos Org.

por Adelina Maria Alves Novaes e Cruz, Célia Maria Leite Costa, Maria Celina Soares D'Araújo e Suely Braga da Silva. Rio de Janeiro: Fundação Getúlio Vargas, 1983, p. 306.

236 Ex-governador de Pernambuco e um dos fundadores do PSD. Em 1955 foi nomeado pelo presidente Café Filho como Ministro do Tribunal de Contas da União (TCU).

237 Vice-presidente da Câmara dos Deputados em 1955. Assumiu a presidência da República por dois meses entre novembro de 1955 e janeiro de 1956.

238 Oliveira, Juscelino Kubitschek de. Juscelino Kubitschek I (depoimento, 1974). Rio de Janeiro, CPDOC, 1979, p.8.

239 Idem.

240 Idem.

241 Discurso pronunciado por Café Filho em 27/01/55. Impasse na democracia brasileira, 1951-1955; coletânea de documentos. Org. por Adelina Maria Alves Novaes e Cruz, Célia Maria Leite Costa, Maria Celina Soares D'Araújo e Suely Braga da Silva. Rio de Janeiro: Fundação Getúlio Vargas, 1983, p. 367.

242 Idem, p. 371.

243 Diário de atividades de Juarez Távora, do período de 1954 a 1956. CPDOC – Arquivo Juarez Távora - JT dfp 1954.00.00.

244 Diário de atividades de Juarez Távora, do período de 1954 a 1956. CPDOC – Arquivo Juarez Távora - JT dfp 1954.00.00.

245 Declaração de votos das seções do Rio Grande do Sul, Pernambuco e Santa Catarina na convenção nacional do Partido Social Democrático (PSD), em 10/02/55. Impasse na democracia brasileira, 1951-1955; coletânea de documentos. Org. por Adelina Maria Alves Novaes e Cruz, Célia Maria Leite Costa, Maria Celina Soares D'Araújo e Suely Braga da Silva. Rio de Janeiro: Fundação Getúlio Vargas, 1983, p. 375.

246 Relato apresentado por Reginaldo Fernandes de Oliveira sobre os entendimentos para o acordo Café Filho/Jânio Quadros, realizados nos dias 1 e 2/04/55. Impasse na democracia brasileira, 1951-1955; coletânea de documentos. Org. por Adelina Maria Alves Novaes e Cruz, Célia Maria Leite Costa, Maria Celina Soares D'Araújo e Suely Braga da Silva. Rio de Janeiro: Fundação Getúlio Vargas, 1983, p. 377.

247 Benevides, Maria Victoria de Mesquita. A UDN e o udenismo. Rio de Janeiro: Paz e Terra, 1981, p. 95.

248 Idem.

249 Carta aberta de Etelvino Lins, de 23/06/55. Impasse na democracia brasileira, 1951-1955; coletânea de documentos. Org. por Adelina Maria Alves Novaes e Cruz, Célia Maria Leite Costa, Maria Celina Soares D'Araújo e Suely Braga da Silva. Rio de Janeiro: Fundação Getúlio Vargas, 1983, p. 386.

250 Tribuna de Imprensa – 12 de agosto de 1955.

251 Tribuna de Imprensa – 12 de agosto de 1955.

252 Tribuna de Imprensa – 9 de setembro de 1955

253 Idem.

254 Tribuna de Imprensa – 17 de setembro de 1955.

255 Idem.

256 Tribuna de Imprensa – 4 de outubro de 1955.

257 Correio da Manhã – 18 de outubro de 1955.

258 Tribuna de Imprensa – 18 de outubro de 1955.

259 Lamarão, Sergio. Cruzada Brasileira Anticomunista. In: ABREU, Alzira Alves De, e outros (coord.) Dicionário Histórico-Biográfico Brasileiro pós-1930. Rio de Janeiro: CPDOC/Fundação Getúlio Vargas. (Acesso em 12 de julho de 2020).

260 Skidmore, Thomas E. Brasil: de Getúlio Vargas a Castelo Branco (1930 – 1964). Rio de Janeiro: Paz e Terra, 1982, p. 192.

261 Boletim de informações n. 11 do Movimento Militar Constitucionalista de 10/09/55. Impasse na democracia brasileira, 1951-1955; coletânea de documentos. Org. por Adelina Maria Alves Novaes e

Cruz, Célia Maria Leite Costa, Maria Celina Soares D'Araújo e Suely Braga da Silva. Rio de Janeiro: Fundação Getúlio Vargas, 1983, p. 415.

262 Benevides, Maria Victoria de Mesquita. A UDN e o udenismo. Rio de Janeiro: Paz e Terra, 1981, p. 98.

263 Netto, Bento Munhoz da Rocha. Radiografia de Novembro. Rio de Janeiro: Editora Civilização Brasileira, 1961, p. 74.

264 Skidmore, Thomas E. Brasil: de Getúlio Vargas a Castelo Branco (1930 – 1964). Rio de Janeiro: Paz e Terra, 1982, p. 190.

265 Rocha, Munhoz da. Radiografia de Novembro. Rio de Janeiro: Editora Civilização Brasileira, 1961, p.77.

266 Tribuna de Imprensa – 9 de novembro de 1955.

267 Rocha, Munhoz da. Radiografia de Novembro. Rio de Janeiro: Editora Civilização Brasileira, 1961, p. 39.

268 Documento 144. Telegrama de Carlos Luz a Eduardo Gomes, de 10/11/55. Impasse na democracia brasileira, 1951-1955; coletânea de documentos. Org. por Adelina Maria Alves Novaes e Cruz, Célia Maria Leite Costa, Maria Celina Soares D'Araújo e Suely Braga da Silva. Rio de Janeiro: Fundação Getúlio Vargas, 1983, p. 426.

269 Benevides, Maria Victoria de Mesquita. A UDN e o udenismo. Rio de Janeiro: Paz e Terra, 1981, p. 108.

270 Idem, p.109.

271 Skidmore, Thomas E. Brasil: de Getúlio Vargas a Castelo Branco (1930 – 1964). Rio de Janeiro: Paz e Terra, 1982, p. 249.

272 Hippolito, Lúcia. De Raposas e Reformistas: o PSD e a Experiência Democrática Brasileira (1945 – 1964). Rio de Janeiro: Paz e Terra, 1985, p. 111.

273 Skidmore, Thomas E. Brasil: de Getúlio Vargas a Castelo Branco (1930 – 1964). Rio de Janeiro: Paz e Terra, 1982, p. 247.

274 Jornal do Brasil – 26 de agosto de 1961.

275 Jornal do Brasil – 27 de agosto de 1961.

276 Baleeiro, Aliomar. Constituições Brasileira: 1946. Brasília: Senado Federal e Ministério da Ciência e Tecnologia, Centro de Estudos Estratégicos, 1999, p. 82.

277 Labaki, Amir. 1961: A crise da renúncia e a solução parlamentarista. São Paulo: Brasiliense, 1986, p.147.

278 Idem, p. 150.

279 Labaki, Amir. 1961: A crise da renúncia e a solução parlamentarista. São Paulo: Brasiliense, 1986, p. 151.

280 https://politica.estadao.com.br/noticias/geral,coronel-aviador-narra-operacao-para-matar-jango-em-61,1028493. (acesso em 19 de setembro de 2019).

281 Affonso, Almino. Raízes do golpe: da crise da legalidade ao parlamentarismo (1961-1963). São Paulo: Marco Zero, 1988, p.41.

282 https://chomsky.info/19850319/ (acesso em 15 de outubro de 2020).

283 https://chomsky.info/19850319/ (acesso em 15 de outubro de 2020).

284 Esse conceito propunha que em alguns países o processo de modernização teria acontecido de cima para baixo e sobre o controle dos setores agrários. O conceito foi apresentado no livro: Moore Junior, Barrington. As origens sociais da ditadura e da democracia: senhores e camponeses na construção do mundo moderno. São Paulo: Martins Fontes, 1975.

285 Dreifuss, René Armand. 1964: A conquista do Estado. Ação Política, Poder e Golpe de Classe. Petrópoles: Vozes, 1981, p. 161.

286 Correio da Manhã – 1 de março de 1964.

287 Idem.

288 Idem.

289 Jornal do Brasil – 3 de março de 1964.

290 Idem.

291 Jornal do Brasil – 8 de março de 1964.

292 Idem.

293 Branco, Carlos Castello. Da conspiração à revolução. In. Os idos de março e aqueda em abril. Rio de Janeiro: José Álvaro Editor. 1964, p. 19.

294 Mourão Filho, Olímpio. Memórias: A verdade de um revolucionário. Porto Alegre: L&PM Editores, 1978, p. 367.

295 Dreifuss, René Armand. 1964: A conquista do Estado. Ação Política, Poder e Golpe de Classe. Petrópoles: Vozes, 1981, p. 161.

296 Netto, Araújo. A Paisagem. In. Os idos de março e aqueda em abril. Rio de Janeiro: José Álvaro Editor. 1964, p.19.

297 Na época do golpe os dois estavam rompidos e vieram a se reconciliar ainda no exílio no Uruguai.

298 Jornal do Brasil – 14 de março de 1964.

299 Jornal do Brasil – 13 de março de 1964.

300 Idem.

301 Netto, Araújo. A Paisagem. In. Os idos de março e aqueda em abril. Rio de Janeiro: José Álvaro Editor. 1964, p.38.

302 Benevides, Maria Victoria de Mesquita. A UDN e o udenismo. Rio de Janeiro: Paz e Terra, 1981, p. 252.

303 Idem, p. 253.

304 Ultima Hora – 27 de março de 1964.

305 Jornal do Brasil – 1 de abril de 1964.

306 O Globo – 2 de abril de 1964.

307 Idem.

308 Idem.

309 Fróes, Helmício. Vésperas de primeiro de abril ou Nacionalismo X entreguismo. Rio de Janeiro: Imágo Ed,1993, p. 180.

310 O historiador Carlos Fico fez uma profunda pesquisa sobre essa operação na obra: O GRANDE IRMÃO: da operação brother sam aos anos de chumbo. O governo dos Estados Unidos e a ditadura militar brasileira. Rio de Janeiro: Civilização Brasileira, 2008.

311 https://www.youtube.com/watch?v=DR9LstVkyyg&feature=emb_logo (acesso em 09 de fevereiro de 2021).

312 Rebelião promovida por cabos e sargentos da Aeronáutica e da Marinha, em 12 de setembro de1963, em represália à decisão do Supremo Tribunal Federal (STF) de reafirmar a inelegibilidade dos sargentos para os órgãos do Poder Legislativo.

313 Jurema, Abelardo. Juscelino & Jango: PSD & PTB. Rio de Janeiro: Editora Artenova, 1979, p. 90.

314 Diários da câmara dos deputados. http://imagem.camara.gov.br/imagem/d/pdf/dcd25ago1964.pdf#page=(acesso em 12 de outubro de 2020).

315 Idem.

316 Fico, Carlos. O GRANDE IRMÃO: da operação brother sam aos anos de chumbo. O governo dos estados unidos e a ditadura militar brasileira. Rio de Janeiro: Civilização Brasileira, 2008, p. 75.

317 Idem, p. 76.

318 Mourão Filho, Olímpio. Memórias: A verdade de um revolucionário. Porto Alegre: L&PM Editores, 1978, p. 370.

319 D'Araujo, Maria Celina. O segundo governo Vargas 1951-1954: democracia, partidos e crise política. São Paulo: Ática, 1992, p. 117.

320 Jornal do Brasil – 19 de abril de 1984.

321 Correio Braziliense – 26 de abril de 1984.

322 Idem.

323 Correio Braziliense – 01 de abril de 1984.

324 Sallum Jr., Brasilio. O Impeachment de Fernando Collor: Sociologia de uma crise. São Paulo: Editora 34, 2015, p. 9.

325 Idem.

326 Mandel, Ernest. As causas da Segunda Guerra Mundial: os indivíduos e as classes sociais. Revista Olho da História n. 1, p. 8.

327 Idem, p. 3.

328 Idem, p. 9.

329 http://iela.ufsc.br/noticia/da-necessidade-historica-de-vilipendiar-o-petucanismo. (acesso em 12 de agosto de 2020)

330 Sallum Jr., Brasilio. O Impeachment de Fernando Collor: Sociologia de uma crise. São Paulo: Editora 34, 2015, p. 64.

331 http://media.folha.uol.com.br/datafolha/2013/05/02/aval_pres_01061992.pdf (acesso em 25 de novembro de 2020).

332 Essa tese pode ser encontrada em: Linz, Juan J. Los peligros del presidencialismo. Revista Latinoamericana de Política comparada CELAEP. Vol. N. 7, Julio 2013.

333 PÉREZ-LIÑÁN, Aníbal, Juicio político al presidente y nueva inestabilidad política en américa latina. Buenos Aires: Fondo de Cultura Económica, 2009, p. 29.

334 Serrano, Pedro. Autoritarismo Líquido e as Novas Modalidades de Prática de Exceção no Século XXI. R. Themis, Fortaleza, v. 18, n. 1, p.197-223, jan./jun. 2020, p. 200.

335 Idem, p. 23.

336 Idem, p. 29

337 Idem, p. 20.

338 Queiroz, Rafael Mafei Rabelo. A natureza jurídica dos crimes de responsabilidade presidencial no Direito brasileiro1: lições a partir do impeachment de Dilma Rousseff. e-Pública Vol. 4 N. 2, novembro 2017, p. 226.

339 Sallum Jr., Brasilio. O Impeachment de Fernando Collor: Sociologia de uma crise. São Paulo: Editora 34, 2015, p. 238.

340 Abranches, Sérgio Henrique Hudson de. Presidencialismo de coalizão: o dilema institucional brasileiro. dados- Revista de Sociais, Rio de Janeiro. vol. 31, n. 1, 1988, p. 10.

341 Idem.

342 Pérez-Liñán, Aníbal, Juicio político al presidente y nueva inestabilidad política en américa latina. Buenos Aires: Fondo de Cultura Económica, 2009, p. 26.

343 Diário da Câmara dos Deputados. Câmara dos Deputados. 30 de setembro de 1992. (Acesso em 20 de novembro de 2020).

344 Sallum Jr., Brasilio. O Impeachment de Fernando Collor: Sociologia de uma crise. São Paulo: Editora 34, 2015, p. 338.

345 https://noticias.uol.com.br/politica/ultimas-noticias/2014/04/24/maioria-dos-ministros-do-stf-absolve-collor-por-falta-de-provas.htm. (Acesso em 20 de novembro de 2020).

346 Agência Senado.

347 http://g1.globo.com/politica/noticia/2014/10/psdb-pede-ao-tse-auditoria-para-verificar-lisura-da-eleicao.html. (acesso em 22 de novembro de 2020).

348 Nunes, Pedro. Democracia fraturada: a derrubada de Dilma Rousseff, a prisão de Lula e a Imprensa no Brasil [recurso eletrônico]. João Pessoa: Editora do CCTA; Aveiro: RIA Editorial, 2019, p. 42.

349 https://noticias.uol.com.br/colunas/rubens-valente/2021/02/10/general-villas-boas-depoimento-fgv-politica.htm.

350 https://noticias.uol.com.br/politica/ultimas-noticias/2015/12/02/dilma-de-diz-indignada-com-pedido-de-impeachment.htm?cmpid=copiaecola. (acesso em 21 de novembro de 2020).

351 http://www.planalto.gov.br/ccivil_03/LEIS/L1079.htm. (Acesso em 23 de novembro de 2020).

352 http://g1.globo.com/jornal-nacional/noticia/2016/06/pericia-conclui-que-dilma-nao-participou-de-pedaladas-fiscais.html. (acesso em 23 de novembro de 2020).

353 https://congressoemfoco.uol.com.br/especial/noticias/reus-e-investigados-na-lava-jato-apoiaram-impeachment/ (acesso em 15 de dezembro de 2020).

354 Almeida, Miguel Vale de. Golpe Branco. Revista de @ntropologia da UFSCar, 8 (2), jul./dez. 2016, p.29.

GOLPE

pólen soft 80 gr/m2
tipologia Adobe Garamond Pro
impresso no verão de 2022